www.kimnbook.co.kr

꿈을 향한 도전,
김앤북이 함께 합니다!

「김앤북」은 **편입** 교재 외에 **컴퓨터/IT** 관련 교재,
전기/소방, 미용사/사회복지사 등 전문 **자격** 수험서까지
다양한 분야의 도서를 출간하는 **종합 출판사**로 성장하고 있습니다.

편입수험도서 ✕ **취업실용도서**
출판전문   출판전문

합격을 완성할 단 하나의 선택!
편입수험서 No.1 김앤북

김영편입 영어 시리즈

어휘시리즈

이론 (문법, 구문독해)

1단계 기출 (문법, 독해, 논리)

1단계 워크북 (문법, 독해, 논리)

2단계 기출 (문법, 독해, 논리)

2단계 워크북 (문법, 독해, 논리)

3단계 기출문제 해설집

김영편입 수학 시리즈

미분법

적분법

선형대수

다변수미적분

공학수학

워크북 (미분법, 적분법, 선형대수, 다변수미적분, 공학수학)

기출문제 해설집

 축적된 **방대한 자료**와 **노하우**를 바탕으로 **전문 연구진**들의 교재 개발,
실제 시험과 **유사한** 형태의 **문항**들을 개발하고 있습니다.
수험생들의 **합격을 위한 맞춤형 콘텐츠**를 제공하고자 합니다.

내일은 시리즈 (자격증/실용 도서)

자격증

정보처리기사 필기, 실기

컴퓨터활용능력 1급, 2급 실기

빅데이터분석기사 필기, 실기

데이터분석 준전문가(ADsP)

GTQ 포토샵 1급

GTQi 일러스트 1급

리눅스마스터 2급

SQL개발자

실용

코딩테스트

파이썬

C언어

플러터

자바

코틀린

SQL

유니티

스프링부트(출간예정)

머신러닝(출간예정)

전기/소방 자격증

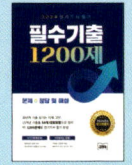
2024 전기기사 필기
필수기출 1200제

2025 소방설비기사 필기
공통과목 필수기출 400제

2025 소방설비기사 필기
전기분야 필수기출 400제

2025 소방설비기사 필기
기계분야 필수기출 500제

김앤북의 가치

도전 신뢰
끊임없이 개선하며 **창의적인 사고**와 **혁신적인 마인드**를 중요시합니다.
정직함과 **도덕성**을 갖춘 사고를 바탕으로 회사와 고객, 동료에게 **믿음**을 줍니다.

함께 성장
자신과 회사의 **발전**을 위해 **꾸준히 학습**하며, 배움을 나누기 위해 노력합니다.
학생, 선생님 모두 **만족시킬** 수 있는 **최고의 교육 콘텐츠**와 **최선의 서비스**를 위해 노력합니다.

독자 중심
한 명의 독자라도 **즐거움**과 **만족**을 느낄 수 있는 책, 많은 독자들이 함께 **교감**하는 책을 만들기 위해 노력합니다. **분야를 막론**하고 **독자들의 마음속**에 오래도록 깊이 남는 **좋은 콘텐츠**를 만들어가겠습니다.

김앤북은 메가스터디 아이비김영의
다양한 교육 전문 브랜드와 함께 합니다.

김영편입　　김영평생교육원　　미대편입 Changjo

UNISTUDY　　더조은아카데미　　메가스터디아카데미

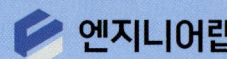　엔지니어랩

합격을 완성할 단 하나의 선택

김영편입 수학

공학수학

김앤북
KIM&BOOK

합격을 완성할 단 하나의 선택
김영편입 수학
공학수학

PREFACE

공학수학, 이렇게 출제된다!

○ **공학수학의 핵심 개념 이해**
공학수학은 선적분, 면적분, 미분방정식, 라플라스 변환, 푸리에 급수 등으로 구성되며 각 영역마다 고유한 수학적 원리와 응용 방법을 갖추고 있습니다. 이러한 과목의 특성상 각 주제의 개념과 기법을 명확하게 구분하고 심도 있게 이해하는 것이 필수적입니다.

4단계 추천 학습법

○ **1단계 | 기본공식 암기**
공식 적용만으로 득점할 수 있는 문제가 출제되므로 영역별로 공식을 따로 정리하여 암기합니다.

○ **2단계 | 문제 적용력 향상**
개념과 공식이 문제에 적용되는 방법을 '개념적용' 문제를 풀며 파악합니다.

○ **3단계 | 대표출제유형 파악**
학습한 개념과 공식을 대표 빈출문제를 통해 다시 한번 명확하게 정리합니다.

○ **4단계 | 유형 익히기**
각 주제별로 출제되는 다양한 유형을 '실전 기출문제'로 접하고 반복하여 풀이 시간을 절약합니다.

김영편입 공학수학을 추천하는 이유!

○ **최신 출제경향을 완벽 반영한 이론서**
"김영편입 수학 기출문제 해설집"에서 제공하고 있는 대학별 출제 비중 및 출제경향을 분석해 출제빈도가 높은 유형을 이론별 난이도에 맞게 수록하였습니다.

○ **이해하기 쉬운 해설**
초보자도 이해하기 쉽게 생략된 풀이과정이 없도록 상세히 풀어 썼습니다.

HOW TO STUDY

STEP 01 → 핵심을 강조한 이론과 공식을 토대로 한 개념학습

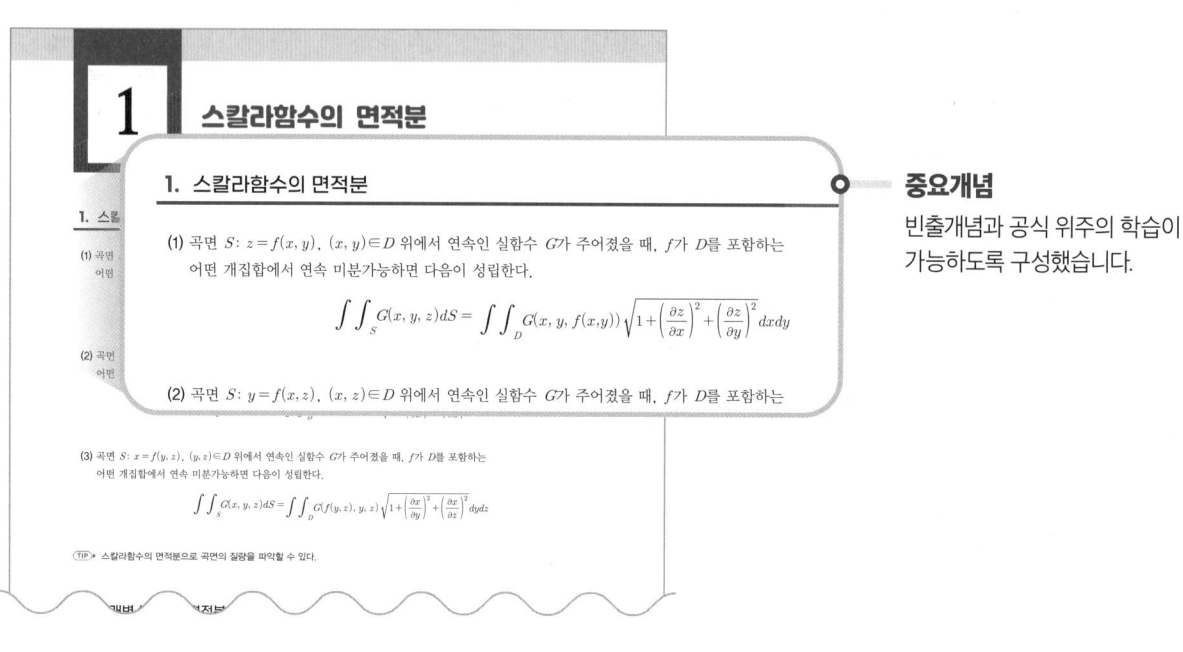

중요개념
빈출개념과 공식 위주의 학습이 가능하도록 구성했습니다.

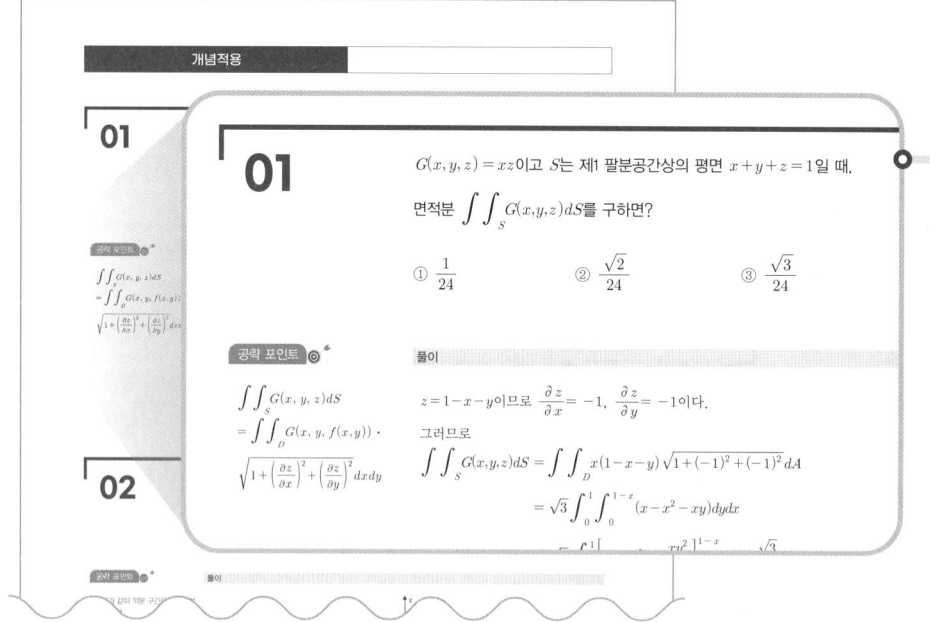

개념적용문제
앞서 배운 개념을 적용할 수 있는 문제로 학습 이해도를 높였습니다.

또한, 관련 개념은 공략포인트로 제공하여 풀이와 함께 문제 적응력을 높일 수 있습니다.

편입수학 문제풀이에 꼭 필요한
개념 이해 & 공식 정리!

STEP 02 → 최신 출제경향을 반영한 대표출제유형 학습

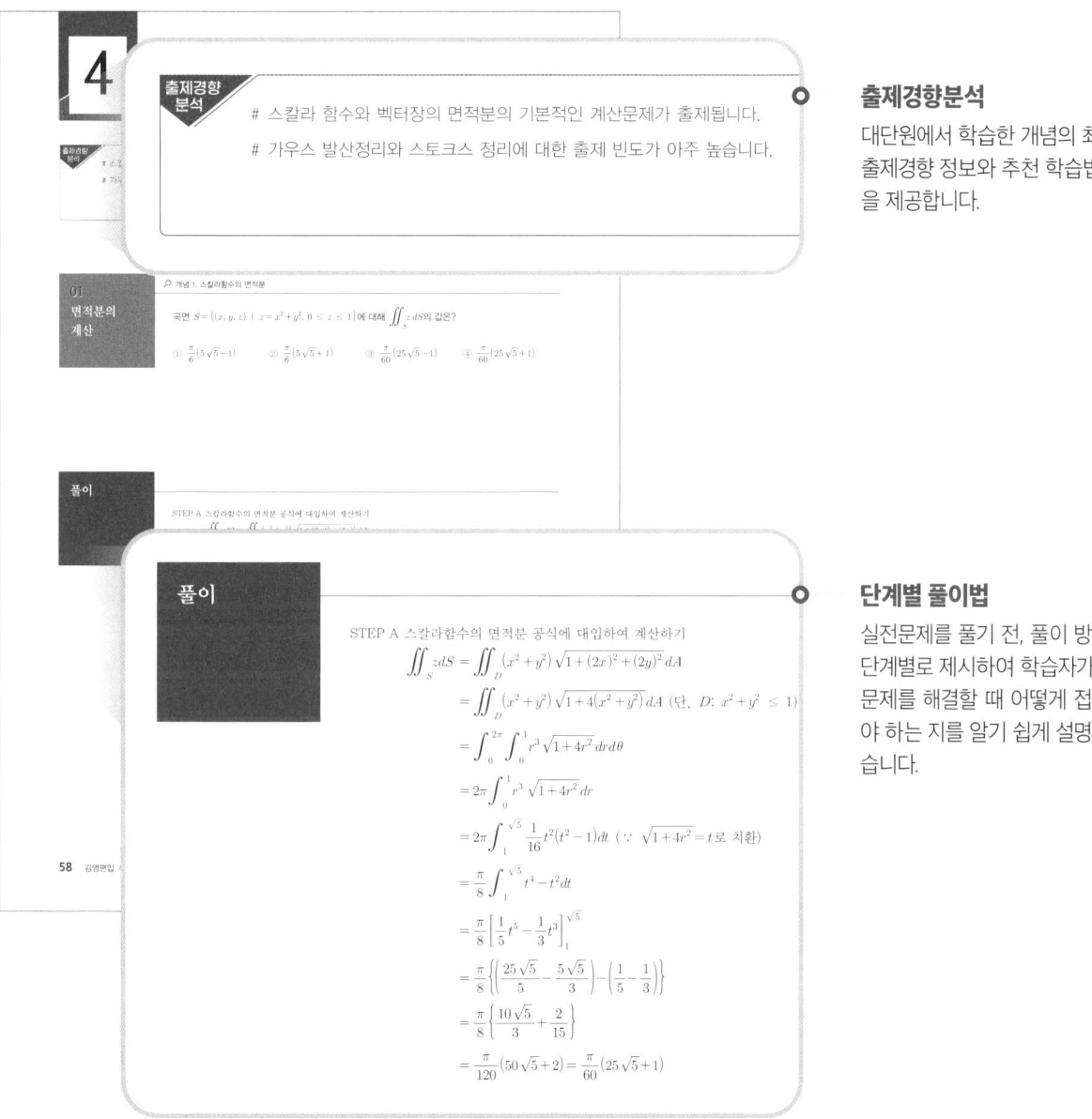

출제경향분석
대단원에서 학습한 개념의 최신 출제경향 정보와 추천 학습법 등을 제공합니다.

단계별 풀이법
실전문제를 풀기 전, 풀이 방법을 단계별로 제시하여 학습자가 문제를 해결할 때 어떻게 접근해야 하는 지를 알기 쉽게 설명하였습니다.

최신 출제경향을 분석한 대표출제유형 문제로
단계별 풀이법 제시!

HOW TO STUDY

STEP 03 → 실제 시험장에서 만나볼 실전문제

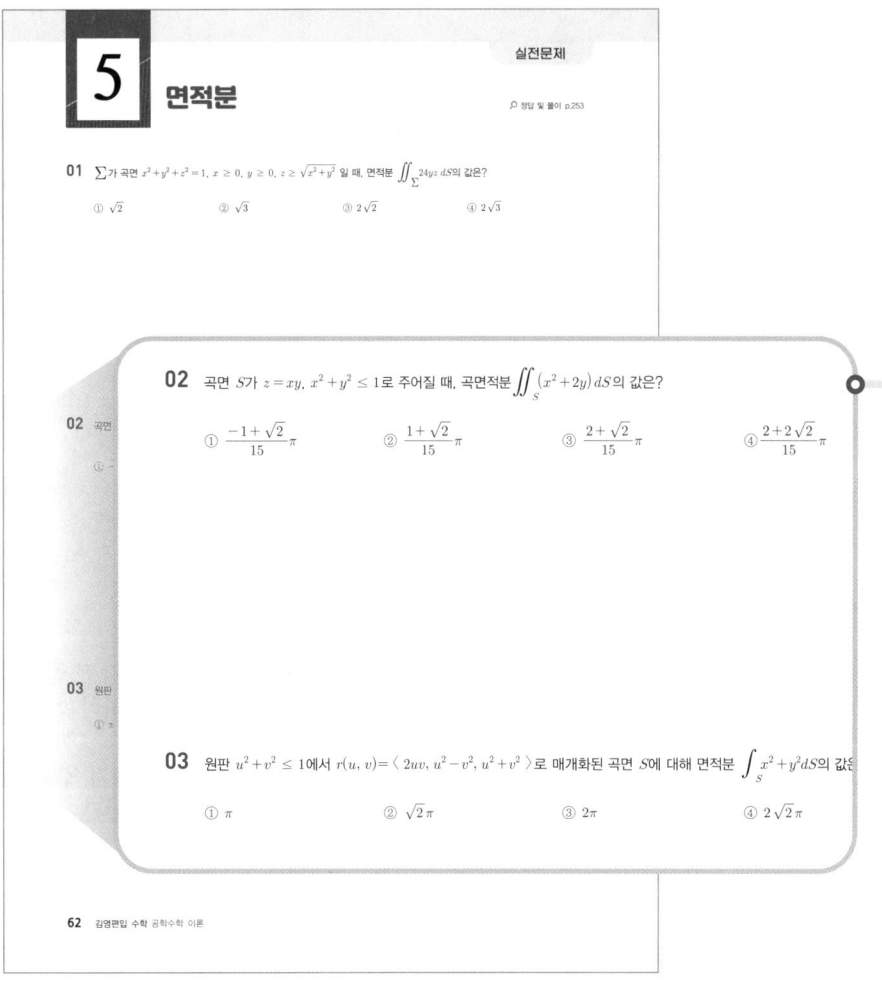

실전문제

앞서 배운 개념과 관련한 기출 문제를 수록하였습니다. 엄선한 실전문제를 통해 실전 적응력을 높일 수 있습니다.

**이론 단계에 맞춘 난이도 구성에 더해
최신 출제경향을 완벽 반영한 실전문제!**

STEP 04 → 수학 초보자도 이해할 수 있는 친절한 해설

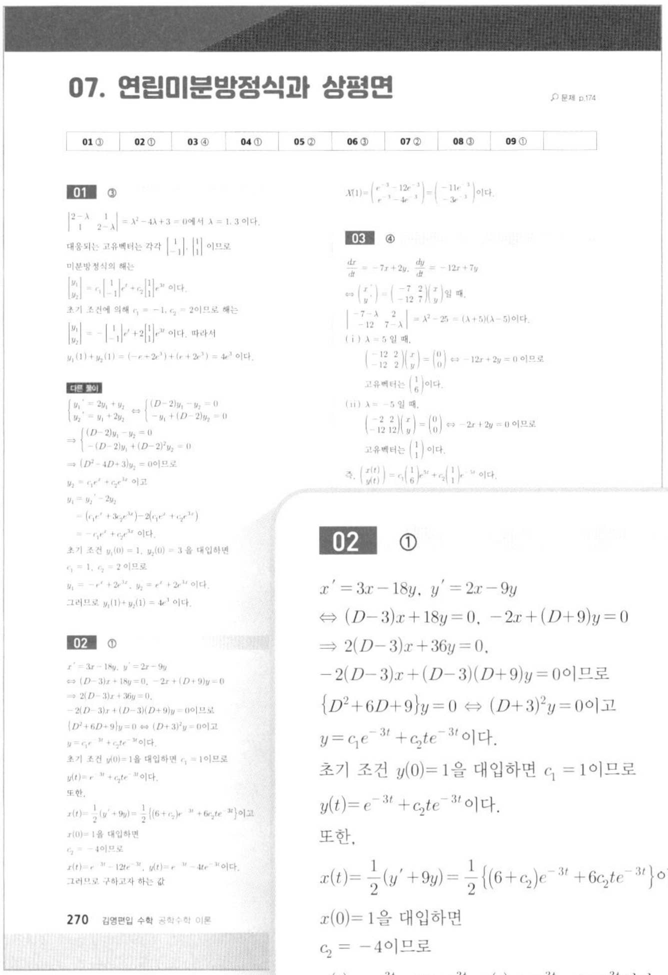

02 ①

$x' = 3x - 18y,\ y' = 2x - 9y$

$\Leftrightarrow (D-3)x + 18y = 0,\ -2x + (D+9)y = 0$

$\Rightarrow 2(D-3)x + 36y = 0,$

$-2(D-3)x + (D-3)(D+9)y = 0$이므로

$\{D^2 + 6D + 9\}y = 0 \Leftrightarrow (D+3)^2 y = 0$이고

$y = c_1 e^{-3t} + c_2 te^{-3t}$이다.

초기 조건 $y(0) = 1$을 대입하면 $c_1 = 1$이므로

$y(t) = e^{-3t} + c_2 te^{-3t}$이다.

또한,

$x(t) = \frac{1}{2}(y' + 9y) = \frac{1}{2}\{(6 + c_2)e^{-3t} + 6c_2 te^{-3t}\}$이고

$x(0) = 1$을 대입하면

$c_2 = -4$이므로

$x(t) = e^{-3t} - 12te^{-3t},\ y(t) = e^{-3t} - 4te^{-3t}$이다.

그러므로 구하고자 하는 값

상세한 해설

초보자도 쉽게 이해할 수 있도록 해설을 풀어 설명했습니다.

또한, TIP을 더해 해당 문제에 필요한 공식을 간결하게 확인할 수 있도록 구성했습니다.

풀이 과정의 중간 생략을 줄이고 실제 학습자가

이해하기 쉬운 풀이해설과 관련팁 제공!

CONTENTS

01 선적분

1. 평면곡선에서의 선적분 ············· 12
2. 벡터장의 선적분, 보존적 벡터장 ········ 19
3. 그린 정리 ·················· 25

대표출제유형 ·················· 29
실전문제 ···················· 33

02 면적분

1. 스칼라함수의 면적분 ············· 40
2. 벡터함수의 면적분 ·············· 46
3. 발산정리와 스토크스 정리 ·········· 50

대표출제유형 ·················· 58
실전문제 ···················· 62

03 1계 미분방정식

1. 미분방정식의 개요 ·············· 68
2. 변수분리형 ·················· 72
3. 동차형 ···················· 77
4. 완전미분방정식 ················ 79
5. 적분인수와 1계 선형미분방정식 ······· 82
6. 베르누이·자율형 미분방정식 ········· 86

대표출제유형 ·················· 91
실전문제 ···················· 97

04 2계 미분방정식

1. 2계 선형미분방정식 ············· 104
2. 2계 비제차 미분방정식 ··········· 107
3. 역연산자를 이용해 특수해를 구하는 방법 ·· 110
4. 매개변수변화법, 차수축소법 ········ 115

대표출제유형 ·················· 121
실전문제 ···················· 127

05 고계 미분방정식

1. n계 선형미분방정식 ········· 136
대표출제유형 ········· 140
실전문제 ········· 142

06 변수계수를 가지는 미분방정식

1. 코시-오일러의 미분방정식 ········· 146
2. 멱급수해 ········· 151
대표출제유형 ········· 155
실전문제 ········· 158

07 연립미분방정식과 상평면

1. 연립미분방정식 ········· 164
2. 상평면 ········· 167
대표출제유형 ········· 170
실전문제 ········· 174

08 모델링

1. 지수적 증가, 감소 모델 ········· 178
2. 연립미분방정식의 모델링 ········· 184
대표출제유형 ········· 188
실전문제 ········· 192

CONTENTS

09 라플라스 변환

1. 라플라스 변환 ·· 196
2. 제1 이동 정리 ··· 200
3. 라플라스 변환의 미분과 적분 ················ 202
4. 미분과 적분의 라플라스 변환 ················ 205
5. 특수함수의 라플라스 변환 ····················· 208
6. 제2 이동 정리 ··· 210
7. 합성곱 ·· 213
8. 라플라스 변환의 응용 ····························· 216

대표출제유형 ·· 219
실전문제 ·· 226

10 푸리에 급수·적분·변환

1. 푸리에 급수 ··· 234
2. 푸리에 적분과 푸리에 변환 ···················· 240

대표출제유형 ·· 243
실전문제 ·· 247

정답 및 풀이

01 선적분 ·· 250
02 면적분 ·· 253
03 1계 미분방정식 ·· 257
04 2계 미분방정식 ·· 261
05 고계 미분방정식 ······································· 265
06 변수계수를 가지는 미분방정식 ············· 267
07 연립미분방정식과 상평면 ······················· 270
08 모델링 ·· 273
09 라플라스 변환 ··· 275
10 푸리에 급수·적분·변환 ··························· 279

01

선적분

🎯 출제 비중 & 빈출 키워드 리포트

단원	출제 비중	합계 16%	빈출 키워드
1. 평면곡선에서의 선적분	▇▇▇	4%	· 벡터장
2. 벡터장의 선적분, 보존적 벡터장	▇▇▇	4%	· 그린 정리
3. 그린 정리	▇▇▇▇	8%	

1 평면곡선에서의 선적분

1. 스칼라장과 벡터장

(1) 스칼라장

평면(또는 공간)상의 점 $P(x,y)$(또는 $P(x,y,z)$)를 스칼라 $f(x,y)$(또는 $f(x,y,z)$)로 대응시키는 함수를 스칼라함수라 정의하며, 스칼라함수가 정의되어 있는 공간을 스칼라장이라 한다.

(2) 벡터장

① 정의

2차원(또는 3차원) 평면(또는 공간)상의 벡터함수는 점 $P(x,y)$ (또는 $P(x,y,z)$)를 벡터함수 F에 의해 2차원(또는 3차원)벡터로 대응시키는 함수이며, 벡터함수가 정의되어 있는 공간을 벡터장이라 한다.

② 예시

$f(x,y) = x^2 + y^2$에서 $\nabla f(x,y) = 2x\vec{i} + 2y\vec{j}$는 평면상의 벡터장이다.

2. 스칼라 함수의 선적분 정의와 계산법

(1) 정의

f가 매개방정식 $x = x(t)$, $y = y(t)$, $a \leq t \leq b$로 주어진 매끄러운 곡선 C 위에서 정의될 때, C 위에서 f의 극한이 존재하는 경우에 아래와 같이 정의한다.

$$\int_C f(x,y)ds = \lim_{n \to \infty} \sum_{k=1}^{n} f(x_k^*, y_k^*) \Delta s_k$$

(2) 스칼라 함수의 선적분 계산법

함수 $f(x,y)$를 곡선 C를 포함하는 영역 D에서 연속이고, 곡선 C는 $(x(t), y(t))$ $(a \leq t \leq b)$에 의해 매개화된다고 할 때, 선적분 계산은 다음과 같다.

$$\int_C f(x,y)ds = \int_a^b f(x(t), y(t)) \sqrt{\left(\frac{dx}{dt}\right)^2 + \left(\frac{dy}{dt}\right)^2}\, dt$$

3. 곡선이 유한개 선분의 합으로 표현된 경우의 선적분

(1) 곡선 C가 구분적(조각적)으로 매끄러운 곡선이라 하고, C가 유한개의 부분 곡선들로 이루어져 있다면 C 위에서 f의 선적분은 각각의 부분곡선들의 합으로 정의한다. 즉,

$$\int_C f(x,y)ds = \int_{C_1} f(x,y)ds + \cdots + \int_{C_n} f(x,y)ds$$

(2) 참고사항

① 평면곡선 $C: r(t) = x(t)\vec{i} + y(t)\vec{j}$, $a \leq t \leq b$에 대하여 $\dfrac{dx}{dt}$, $\dfrac{dy}{dt}$가 $[a,b]$에서 연속이고 (a,b)에서 동시에 0이 아닐 때 매끄러운 곡선이라 한다. 곡선 C가 구분적으로 매끄럽다는 것은 $[a,b]$를 유한개의 소구간으로 쪼갰을 때, 각각의 소구간에서 C가 매끄러운 경우이다.

② 시점이 r_0, 종점 r_1인 선분의 벡터식은 $r(t) = (1-t)r_0 + tr_1$, $0 \leq t \leq 1$로 표현할 수 있다.

③ 함수 $f(x,y)$가 곡선 C를 포함하는 영역 D에서 연속이고, 곡선 C는 $(x(t), y(t))(a \leq t \leq b)$에 의해 매개화된다고 하면 다음이 성립한다.

- $\displaystyle\int_C f(x,y)dx = \int_a^b f(x(t), y(t))x'(t)\,dt$

- $\displaystyle\int_C f(x,y)dy = \int_a^b f(x(t), y(t))y'(t)\,dt$

4. 공간에서의 선적분

(1) 계산법

곡선 C가 매개변수방정식 $x = x(t)$, $y = y(t)$, $z = z(t)$, $a \leq t \leq b$ 또는 $r(t) = x(t)\vec{i} + y(t)\vec{j} + z(t)\vec{k}$에 의하여 주어진 매끄러운 곡선이라 가정하고 f가 C를 포함하는 어떤 영역상에서 연속인 3변수함수일 때, C 위에서 f의 선적분은 다음과 같이 계산할 수 있다.

$$\int_C f(x,y,z)ds = \int_a^b f(x(t), y(t), z(t))\sqrt{\left(\dfrac{dx}{dt}\right)^2 + \left(\dfrac{dy}{dt}\right)^2 + \left(\dfrac{dz}{dt}\right)^2}\,dt$$
$$= \int_a^b f(r(t))|r'(t)|\,dt$$

(2) 함수 $f(x,y,z)$가 곡선 C를 포함하는 영역 D에서 연속이고 곡선 C는 $(x(t), y(t), z(t))(a \leq t \leq b)$에 의해 매개화된다고 하면 다음이 성립한다.

① $\displaystyle\int_C f(x,y,z)dx = \int_a^b f(x(t), y(t), z(t))x'(t)\,dt$

② $\displaystyle\int_C f(x,y,z)dy = \int_a^b f(x(t), y(t), z(t))y'(t)\,dt$

③ $\displaystyle\int_C f(x,y,z)dz = \int_a^b f(x(t), y(t), z(t))z'(t)\,dt$

(3) 함수 $f(x,y,z)$를 방향을 가지는 곡선 C를 포함하는 영역 D에서 연속이고, C가 조각적으로 매끄러운 곡선이라면 다음이 성립한다.

$$\int_{-C} f(x,y,z)dx = -\int_C f(x,y,z)dx$$

5. 곡선의 질량과 무게중심

	평면($\mathbb{R}^2$)상의 곡선 $C: x=x(t), y=y(t)$	공간($\mathbb{R}^3$)상의 곡선 $C: x=x(t), y=y(t), z=z(t)$
질량	$\int_C \rho(x,y)ds$	$\int_C \rho(x,y,z)ds$
무게중심 (밀도함수 ρ가 주어질 때)	$\bar{x}=\dfrac{\int_C x\rho(x,y)ds}{\int_C \rho(x,y)ds},\ \bar{y}=\dfrac{\int_C y\rho(x,y)ds}{\int_C \rho(x,y)ds}$	$\bar{x}=\dfrac{\int_C x\rho(x,y,z)ds}{\int_C \rho(x,y,z)ds},\ \bar{y}=\dfrac{\int_C y\rho(x,y,z)ds}{\int_C \rho(x,y,z)ds},\ \bar{z}=\dfrac{\int_C z\rho(x,y,z)ds}{\int_C \rho(x,y,z)ds}$
무게중심 (밀도가 일정할 때)	$\bar{x}=\dfrac{\int_C xds}{\int_C ds},\ \bar{y}=\dfrac{\int_C yds}{\int_C ds}$	$\bar{x}=\dfrac{\int_C xds}{\int_C ds},\ \bar{y}=\dfrac{\int_C yds}{\int_C ds},\ \bar{z}=\dfrac{\int_C zds}{\int_C ds}$

개념적용

01 선적분(line integral) $\int_C ye^x ds$를 계산하시오.

(여기서 C는 반원 $x^2+y^2=1$ $(y \geq 0)$을 나타내는 곡선이다.)

① $e - \dfrac{1}{e}$ ② $-e + \dfrac{1}{e}$ ③ $-e - \dfrac{1}{e}$ ④ $e + \dfrac{1}{e}$

공략 포인트

매개화된 곡선의 선적분
$\int_C f(x, y) ds$
$= \int_a^b f(x(t), y(t)) \sqrt{\left(\dfrac{dx}{dt}\right)^2 + \left(\dfrac{dy}{dt}\right)^2} dt$

풀이

$x^2 + y^2 = 1$ $(y \geq 0)$에서 $x = \cos t, \ y = \sin t \ (0 \leq t \leq \pi)$로 매개화하면

$\int_C ye^x ds = \int_0^\pi \sin t \cdot e^{\cos t} \sqrt{(-\sin t)^2 + (\cos t)^2} \, dt$

$= \int_1^{-1} -e^u du = e - \dfrac{1}{e}$

정답 ①

---

02 C가 점 $(3, -1)$에서 점 $(3, 1)$까지 포물선 $x = 4 - y^2$을 따라간 곡선일 때,

선적분 $\int_C y^3 \, dx - 3x^2 \, dy$는?

① -85 ② -84 ③ -83 ④ -82

공략 포인트

매개화된 곡선의 선적분
$\int_C f(x, y) dx$
$= \int_a^b f(x(t), y(t)) x'(t) \, dt$
$\int_C f(x, y) dy$
$= \int_a^b f(x(t), y(t)) y'(t) \, dt$

풀이

$r(t) = (4 - t^2, t), \ -1 \leq t \leq 1$

$\Rightarrow \int_C y^3 \, dx - 3x^2 \, dy$

$= \int_{-1}^1 t^3 (-2t) dt - 3(4 - t^2)^2 \, dt$

$= \int_{-1}^1 (-5t^4 + 24t^2 - 48) dt$

$= [-t^5 + 8t^3 - 48t]_{-1}^1$

$= -82$

정답 ④

03

C가 $(0, 0)$에서 $(1, 1)$까지 포물선 $y = x^2$의 호 C_1과 $(1, 1)$에서 $(1, 3)$까지의 수직선분 C_2의 합으로 이루어질 때, $\int_C 4x\,ds$를 구하시오.

① $\dfrac{5\sqrt{5}-1}{2}+4$ ② $\dfrac{5\sqrt{5}-1}{4}+8$ ③ $\dfrac{5\sqrt{5}-1}{3}+8$ ④ $\dfrac{5\sqrt{5}-8}{3}+1$

공략 포인트

매개화된 곡선의 선적분
$$\int_C f(x, y)\,ds = \int_a^b f(x(t), y(t))\sqrt{\left(\dfrac{dx}{dt}\right)^2 + \left(\dfrac{dy}{dt}\right)^2}\,dt$$

C가 구분적(조각적)으로 매끄러운 곡선이라 하고, C가 유한개의 부분곡선들로 이루어져 있다면 C 위에서 f의 선적분은 각각의 부분곡선들의 합으로 정의한다. 즉,
$$\int_C f(x, y)\,ds = \int_{C_1} f(x, y)\,ds + \cdots + \int_{C_n} f(x, y)\,ds$$

풀이

(i) C_1은 x를 변수로 갖는 함수의 그래프이므로 x를 매개변수로 택할 수 있고, C_1에 대한 매개변수 방정식은 $x = x$, $y = x^2$, $0 \leq x \leq 1$이 된다.

그러므로 $\displaystyle\int_{C_1} 4x\,ds = \int_0^1 4x\sqrt{\left(\dfrac{dx}{dx}\right)^2 + \left(\dfrac{dy}{dx}\right)^2}\,dx$

$\qquad\qquad\qquad = \displaystyle\int_0^1 4x\sqrt{1 + (2x)^2}\,dx = \dfrac{5\sqrt{5}-1}{3}$

(ii) C_2 위에서 y를 매개변수로 택할 때, C_2에 대한 매개변수 방정식은 $x = 1$, $y = y$, $1 \leq y \leq 3$이 된다.

그러므로 $\displaystyle\int_{C_2} 4x\,ds = \int_1^3 4(1)\sqrt{\left(\dfrac{dx}{dy}\right)^2 + \left(\dfrac{dy}{dy}\right)^2}\,dy = \int_1^3 4\,dy = 8$

$\therefore \displaystyle\int_C 4x\,ds = \int_{C_1} 4x\,ds + \int_{C_2} 4x\,ds = \dfrac{5\sqrt{5}-1}{3} + 8$

정답 ③

04

공간곡선 C가 벡터함수 $r(t) = <t^3, t, -t>$로 주어졌을 때, 점 $(0, 0, 0)$에서 점 $(1, 1, -1)$까지의 선적분 $\displaystyle\int_C x^2 yz\,dz$의 값은?

① $\dfrac{1}{9}$ ② $\dfrac{1}{4}$ ③ 1 ④ $\dfrac{3}{2}$

공략 포인트

매개화된 곡선의 선적분
$$\int_C f(x, y, z)\,dz = \int_a^b f(x(t), y(t), z(t))\,z'(t)\,dt$$

풀이

$\displaystyle\int_C x^2 yz\,dz = \int_0^1 t^6 (t)(-t)(-1)\,dt = \dfrac{1}{9}$

정답 ①

05

C가 방정식 $x = \cos t$, $y = \sin t$, $z = 2t$ $(0 \leq t \leq 4\pi)$에 의해 주어진 곡선이라 할 때, $\int_C xyz\,ds$를 구하시오.

① $-4\pi\sqrt{5}$ ② $-2\pi\sqrt{5}$ ③ $4\pi\sqrt{5}$ ④ $6\pi\sqrt{5}$

공략 포인트

C가 매개변수방정식 $x = x(t)$, $y = y(t)$, $z = z(t)$, $a \leq t \leq b$ 에 의하여 주어진 매끄러운 곡선이라 가정하고 f가 C를 포함하는 어떤 영역상에서 연속인 3변수함수일 때, C 위에서 f의 선적분은 다음과 같이 계산할 수 있다.

$\int_C f(x,y,z)ds$
$= \int_a^b f(x(t), y(t), z(t))$
$\sqrt{\left(\frac{dx}{dt}\right)^2 + \left(\frac{dy}{dt}\right)^2 + \left(\frac{dz}{dt}\right)^2}\,dt$

풀이

$$\int_C xyz\,ds = \int_0^{4\pi} 2t\cos(t)\sin(t)\sqrt{\left(\frac{dx}{dt}\right)^2 + \left(\frac{dy}{dt}\right)^2 + \left(\frac{dz}{dt}\right)^2}\,dt$$
$$= \int_0^{4\pi} 2t\left(\frac{1}{2}\sin(2t)\right)\sqrt{\sin^2 t + \cos^2 t + 4}\,dt$$
$$= \int_0^{4\pi} (t\sin(2t))\sqrt{5}\,dt$$
$$= \sqrt{5}\left[\frac{1}{4}\sin(2t) - \frac{t}{2}\cos(2t)\right]_0^{4\pi} = -2\pi\sqrt{5}$$

정답 ②

06

주어진 곡선 C를 따라 $\int_C (4xz + 2y)dx$를 계산하면?

(1) C는 $(2, 1, 0)$에서 $(4, 0, 2)$까지의 선분

(2) C는 $(4, 0, 2)$에서 $(2, 1, 0)$까지의 선분

공략 포인트

함수 $f(x, y, z)$는 방향을 가지는 곡선 C를 포함하는 영역 D에서 연속이고, C가 조각적으로 매끄러운 곡선이라면 다음이 성립한다.

$\int_{-C} f(x, y, z)dx$
$= -\int_C f(x, y, z)dx$

풀이

(1) $\int_C (4xz + 2y)dx = \int_0^1 (16t^2 + 14t + 2)(2)dt = \frac{86}{3}$

(2) $\int_C (4xz + 2y)dx = \int_1^0 (16t^2 + 14t + 2)(2)dt = -\frac{86}{3}$

정답 (1) $\frac{86}{3}$ (2) $-\frac{86}{3}$

07

가는 철사가 반원 $x^2+y^2=4$, $y \geq 0$의 모양으로 구부러져 있다. 철사의 각 점에서 밀도가 $\rho(x,y) = x^4 y$일 때, 철사의 질량은?

① $\dfrac{125}{3}$ ② 20 ③ $\dfrac{128}{5}$ ④ $\dfrac{129}{6}$

공략 포인트

평면상에서 곡선의 질량
$\int_C \rho(x,y)ds$

풀이

$x^2+y^2=4$, $y \geq 0 \Rightarrow x = 2\cos t$, $y = 2\sin t$ $(0 \leq t \leq \pi)$이므로 구하고자 하는 철사의 질량은 다음과 같다.

$$\int_0^\pi \rho(x(t),y(t))\sqrt{(x')^2+(y')^2}\,dt = \int_0^\pi (2\cos t)^4(2\sin t)\sqrt{(-2\sin t)^2+(2\cos t)^2}\,dt$$

$$= \int_0^\pi 64\cos^4 t \sin t\,dt = \left[-\dfrac{64}{5}\cos^5 t\right]_0^\pi = \dfrac{128}{5}$$

정답 ③

08

사분원 $x^2+y^2=1$ $(x \geq 0, y \geq 0)$의 모양으로 휘어진 얇은 철선의 무게중심의 x좌표는? (단, 철선의 밀도는 일정하다.)

① $\dfrac{1}{2}$ ② $\dfrac{2}{\pi}$ ③ $\dfrac{3}{5}$ ④ $\dfrac{5}{2\pi}$

공략 포인트

평면상에서 곡선의 무게중심
$\bar{x} = \dfrac{\int_C x\,ds}{\int_C ds}$, $\bar{y} = \dfrac{\int_C y\,ds}{\int_C ds}$

풀이

사분원 $x^2+y^2=1$ $(x \geq 0, y \geq 0)$을 매개화하면
$x = \cos t$, $y = \sin t$ $(0 \leq t \leq \dfrac{\pi}{2})$이다.

밀도가 일정한 경우이므로 곡선의 x 중심좌표는

$$\bar{x} = \dfrac{\int_C x\,ds}{\int_C 1\,ds} = \dfrac{\int_0^{\pi/2} \cos t \sqrt{(-\sin t)^2+(\cos t)^2}\,dt}{\dfrac{\pi}{2}} = \dfrac{\int_0^{\pi/2}\cos t\,dt}{\dfrac{\pi}{2}} = \dfrac{1}{\dfrac{\pi}{2}} = \dfrac{2}{\pi}$$이다.

정답 ②

2. 벡터장의 선적분, 보존적 벡터장

1. 벡터장의 선적분

(1) 정의

$F = P(x, y, z)\vec{i} + Q(x, y, z)\vec{j} + R(x, y, z)\vec{k}$는 벡터함수 $r(t)$로 주어진 매끄러운 곡선 C 위에서 정의된 연속벡터장이라 할 때, C 위에서 F의 선적분은 다음과 같다. (단, $a \leq t \leq b$)

$$\int_C F \cdot dr = \int_a^b F(r(t)) \cdot r'(t) dt = \int_C Pdx + Qdy + Rdz$$

(2) 벡터장에 의해 한 일

벡터장 $F = P(x, y, z)\vec{i} + Q(x, y, z)\vec{j} + R(x, y, z)\vec{k}$가 공간에 있는 한 영역 전체에 있는 힘을 나타낼 때, $r(t) = x(t)\vec{i} + y(t)\vec{j} + z(t)\vec{k}$, $a \leq t \leq b$는 이 영역에 있는 매끄러운 곡선이라 가정한다. 그러면 곡선의 단위 접벡터 방향으로의 F의 스칼라 성분인 $F \cdot T$를 이 곡선 위에서 a에서 b까지 적분한 것이라 할 수 있고, 이것을 F에 의해 한 일이라 한다.

(3) 매끄러운 곡선 위에서의 한 일의 정의

$t = a$에서 $t = b$까지 연결하는 매끄러운 곡선 $r(t)$ 위에서 힘 $F = P\vec{i} + Q\vec{j} + R\vec{k}$에 의해 한 일은 다음과 같다.

$$W = \int_a^b F \cdot T ds = \int_a^b F \cdot dr = \int_a^b F \cdot \frac{dr}{dt} dt = \int_a^b \left(P\frac{dx}{dt} + Q\frac{dy}{dt} + R\frac{dz}{dt} \right) dt = \int_a^b Pdx + Qdy + Rdz$$

(4) 벡터 선적분인 경우에 경로 C의 반대방향을 $-C$로 표현하면 다음이 성립한다.

$$\int_{-C} F \cdot dr = -\int_C F \cdot dr$$

(단, 스칼라 선적분인 경우에는 $\int_C f(x,y)ds = \int_{-C} f(x,y)ds$이다.)

2. 보존적 벡터장과 포텐셜 함수

(1) 보존적 벡터장

F를 공간에 있는 어떤 열린영역 D에 정의된 벡터장이라 하고, D에 있는 임의의 두 점 A에서 B까지 움직일 때 한 일 $\int_A^B F \cdot dr$이 A에서 B까지의 모든 경로에서 항상 같다고 가정한다. 이때, 적분 $\int F \cdot dr$은 D에서 경로에 대하여 독립적이라고 하고 벡터장 F를 D 위에서 보존적 벡터장이라고 한다.

(2) 보존적 벡터장이 되기 위한 필요충분조건

벡터장 F가 열린 연결영역 D에서 연속이라 하면

$\int_C F \cdot dr$이 경로에 독립적 $\Leftrightarrow$ F는 보존적 벡터장 $\Leftrightarrow$ 적당한 스칼라 함수 f에 대하여 $F = \nabla f$

(3) 정리

① $F = P(x,y)\vec{i} + Q(x,y)\vec{j}$가 열린 영역 D에서 보존적 벡터장이고 P, Q가 D에서 연속인 일계 편도함수를 가지면 각 점 $(x,y) \in D$에 대하여 $\dfrac{\partial Q}{\partial x} = \dfrac{\partial P}{\partial y}$이다.

② $F = P(x,y)\vec{i} + Q(x,y)\vec{j}$는 $\mathbb{R}^2$상의 열린 단순 영역 D에서 정의된 벡터장일 때, P, Q가 D에서 연속인 일계편도함수를 가지고 모든 $(x,y) \in D$에 대하여 $\dfrac{\partial P}{\partial y} = \dfrac{\partial Q}{\partial x}$이면 F는 D에서 보존적이다.

③ $F = P(x,y,z)\vec{i} + Q(x,y,z)\vec{j} + R(x,y,z)\vec{k}$는 $\mathbb{R}^3$상의 열린 단순 영역 D에서 정의된 벡터장일 때, P, Q, R이 D에서 연속인 일계편도함수를 가지고 모든 $(x,y,z) \in D$에 대하여 $\operatorname{curl} F = 0$이면 F는 보존적이다.

 $\Leftrightarrow \dfrac{\partial Q}{\partial x} = \dfrac{\partial P}{\partial y},\ \dfrac{\partial R}{\partial y} = \dfrac{\partial Q}{\partial z},\ \dfrac{\partial R}{\partial x} = \dfrac{\partial P}{\partial z}$이면 F는 D에서 보존적이다.

④ $F = P(x,y,z)\vec{i} + Q(x,y,z)\vec{j} + R(x,y,z)\vec{k}$는 R^3상의 연결된 단순 연결 영역 D에서 정의된 벡터장일 때, P, Q, R이 D에서 연속인 일계편도함수를 가지면 F는 D에서 보존적이다.

 $\Leftrightarrow \dfrac{\partial Q}{\partial x} = \dfrac{\partial P}{\partial y},\ \dfrac{\partial R}{\partial y} = \dfrac{\partial Q}{\partial z},\ \dfrac{\partial R}{\partial x} = \dfrac{\partial P}{\partial z}$

 ($\mathbb{R}^2$에서 정의된 벡터장에 대해서는 $\dfrac{\partial P}{\partial y} = \dfrac{\partial Q}{\partial x}$이다.)

⑤ 선적분의 기본정리

- C를 벡터함수 $r(t)\ (a \le t \le b)$에 의하여 주어진 조각적으로 매끄러운 곡선이라 하고, f는 ∇f가 C 위에서 연속인 2변수 혹은 3변수의 미분가능한 함수라 하면

$$\int_C \nabla f \cdot dr = f(r(b)) - f(r(a)) = \int_a^b \left(\frac{\partial f}{\partial x}\frac{dx}{dt} + \frac{\partial f}{\partial y}\frac{dy}{dt} + \frac{\partial f}{\partial z}\frac{dz}{dt} \right) dt = \int_a^b \frac{d}{dt}f(r(t))\,dt\ (\because \text{연쇄법칙})$$

$$= f(r(b)) - f(r(a))\ (\because \text{미적분학의 기본정리})$$

- 적분이 A에서 B를 연결하는 경로에서 독립적이면 그 적분값은 다음과 같다.

$$\int_A^B F \cdot dr = f(B) - f(A)$$

개념적용

01

$0 \leq t \leq 2\pi$에서 $\vec{r}(t) = (\cos t, \sin t, t)$로 주어진 곡선 C에서 벡터장 $F(x,y,z) = (y,x,z)$의 선적분 $\int_C F \cdot d\vec{r}$의 값은?

① π　　　　② 2π　　　　③ π^2　　　　④ $2\pi^2$

공략 포인트

벡터장의 선적분
$\int_C F \cdot dr$
$= \int_a^b F(r(t)) \cdot r'(t)dt$
$= \int_C Pdx + Qdy + Rdz$

삼각함수 배각 공식
$\cos 2x = \cos^2 x - \sin^2 x$

풀이

$\int_C F \cdot d\vec{r} = \int_C ydx + xdy + zdz$를 구하면 된다.

$x = \cos t$ 라고 하면 $dx = -\sin t\, dt$
$y = \sin t$ 라고 하면 $dy = \cos t\, dt$
$z = t$ 라고 하면 $dz = dt$가 되고 주어진 식에 대입하면 다음과 같다.

$\int_0^{2\pi} \sin t(-\sin t) + \cos t(\cos t) + t\, dt = \int_0^{2\pi} \cos^2 t - \sin^2 t + t\, dt$
$= \int_0^{2\pi} \cos 2t + t\, dt$
$= \left[\frac{1}{2}\sin 2t + \frac{1}{2}t^2\right]_0^{2\pi} = 2\pi^2$

정답 ④

02

곡선 $C = \{(t^3, t^2, t) | 1 \leq t \leq 2\}$를 따라가면서 힘 $F(x,y,z) = yz\vec{i} + xz\vec{j} + xy\vec{k}$가 한 일은?

① 57　　　　② 59　　　　③ 61　　　　④ 63

공략 포인트

벡터장의 선적분
$\int_C F \cdot dr$
$= \int_a^b F(r(t)) \cdot r'(t)dt$
$= \int_C Pdx + Qdy + Rdz$

풀이

$\int_1^2 (t^3, t^4, t^5) \cdot (3t^2, 2t, 1)dt = 6\int_1^2 t^5 dt = 63$

정답 ④

03

$F(x,y,z) = axy\vec{i} + (x^2+2yz)\vec{j} + y^2\vec{k}$가 보존벡터장이 되는 a는?

① 1　　　② 2　　　③ 3　　　④ 4

공략 포인트

보존벡터장이 되기 위한 필요충분조건
$F = P(x,y,z)\vec{i} + Q(x,y,z)\vec{j} + R(x,y,z)\vec{k}$를 R^3상의 열린 단순 영역 D에서 정의된 벡터장일 때, P, Q, R이 D에서 연속인 일계편도함수를 가지고 모든 $(x,y,z) \in D$에 대하여 $\text{curl}\, F = 0$이면 F는 보존적이다.
$\Leftrightarrow \dfrac{\partial Q}{\partial x} = \dfrac{\partial P}{\partial y}$, $\dfrac{\partial R}{\partial y} = \dfrac{\partial Q}{\partial z}$, $\dfrac{\partial R}{\partial x} = \dfrac{\partial P}{\partial z}$이면 F는 D에서 보존적이다.

풀이

$F(x,y,z) = P(x,y,z)\vec{i} + Q(x,y,z)\vec{j} + R(x,y,z)\vec{k}$가 보존벡터장이 되려면
$P_y = Q_x,\ P_z = R_x,\ Q_z = R_y$이다.
$(axy)_y = (x^2+2yz)_x \Rightarrow ax = 2x$
따라서 $a = 2$이다.

정답 ②

04

벡터장 $F(x,y) = <3+3x^2y,\ x^3-3y^2>$일 때, 포텐셜(potential) 함수 $f(x,y)$를 구하시오.

공략 포인트

포텐셜 함수
$\nabla f = F$

풀이

$\nabla f = F$가 되는 포텐셜(potential) 함수 $f(x,y)$를 구하면 된다.

즉, $\dfrac{\partial f}{\partial x} = 3+3x^2y$, $\dfrac{\partial f}{\partial y} = x^3-3y^2$에서 $f = 3x + x^3y + K(y)$가 되고

이것을 y에 관하여 편미분하면 $\dfrac{\partial f}{\partial y} = x^3 + K'(y)$이므로

비교하면 $K'(y) = -3y^2$이 된다. 이 식을 적분하면 $K(y) = -y^3 + C$이므로 구하고자 하는 포텐셜 함수는 다음과 같다.
$f(x,y) = 3x + x^3y - y^3 + C$

정답 풀이 참조

05

$F(x, y, z) = y^2\vec{i} + (2xy + e^{3z})\vec{j} + 3ye^{3z}\vec{k}$일 때, $\nabla f = F$ 가 되는 함수 f를 구하시오.

공략 포인트

포텐셜 함수
$\nabla f = F$

풀이

$\nabla f = F$가 되는 함수 f가 존재한다면
$f_x(x, y, z) = y^2$ ···(i)
$f_y(x, y, z) = 2xy + e^{3z}$ ···(ii)
$f_z(x, y, z) = 3ye^{3z}$ ···(iii)
(i)를 x에 관하여 편적분하면 다음과 같다.
$f(x, y, z) = xy^2 + g(y, z)$···(iv)
여기서 $g(y, z)$는 x에 관한 상수이다.
(iv)를 y에 관하여 편미분하면 다음과 같다.
$f_y(x, y, z) = 2xy + g_y(y, z)$···(v)
(v)를 (ii)와 비교해 보면 $g_y(y, z) = e^{3z}$···(vi)
(vi)를 y에 관하여 편적분하면 $g(y, z) = ye^{3z} + h(z)$···(vii)
(vii)를 (iv)에 대입하면 $f(x, y, z) = xy^2 + ye^{3z} + h(z)$···(viii)
(viii)를 z에 대해 편미분하면 $f_z(x, y, z) = 3ye^{3z} + h'(z)$···(ix)
(ix)를 (iii)와 비교해보면 $h'(z) = 0$이기 때문에 $h(z) = C$(상수)이다.
$\therefore f(x, y, z) = xy^2 + ye^{3z} + C$

정답 풀이 참조

06

$\mathbb{R}^2$상의 벡터장 $\vec{F}(x, y) = (3x^2y, 3xy^2)$과 시점 $(0, 0)$, 종점 $(1, 1)$이고 매끈한 경로 C가 주어져 있다. 선적분 $\int_C \vec{F} \cdot d\vec{r}$의 값은?

① 0 ② $\dfrac{\pi}{2}$ ③ 3 ④ 경로에 따라 다르다.

공략 포인트

보존적 벡터장
경로에 대하여 독립적인 벡터장

풀이

$\dfrac{d(3x^2y)}{dy} \neq \dfrac{d(3xy^2)}{dx}$이므로 벡터장이 보존적이지 않다.
즉, $(0, 0)$에서 $(1, 1)$까지 선적분 값은 경로에 따라서 달라진다.

정답 ④

07

평면 벡터장 F가 $F(x,y) = (2xy - \sin x, x^2 + \cos y)$이고 세 곡선 C_1, C_2, C_3가 다음과 같이 주어졌다.

> C_1 : $(0,0)$에서 $(1,1)$까지의 선분
> C_2 : (t, t^2), $0 \leq t \leq 1$
> C_3 : $\left(\dfrac{2t}{\pi}, \sin t\right)$, $0 \leq t \leq \dfrac{\pi}{2}$

각 곡선을 따른 F의 선적분 값이 가장 큰 것은?

① C_1 ② C_2 ③ C_3 ④ 모두 같다.

공략 포인트

보존적 벡터장
경로에 대하여 독립적인 벡터장

풀이

$P(x,y) = 2xy - \sin x$, $Q(x,y) = x^2 + \cos y$라고 할 때,
$\dfrac{\partial P}{\partial y} = 2x = \dfrac{\partial Q}{\partial x}$ 이므로 벡터장이 보존적(완전적)이다.
그러므로 시점과 끝점이 같으면 선적분의 값이 같게 된다.
경로 C_1, C_2, C_3의 시점과 끝점이 모두 같으므로 위의 선적분 값은 모두 같다.

정답 ④

3 그린 정리

1. 그린 정리

(1) 그린 정리(Green's Theorem)

C는 평면에 놓인 양의 방향을 갖는 조각적으로 매끄러운 단순닫힌곡선이라 하고, D를 C에 의해 둘러싸인 영역이라 한다. 벡터장 $F = P\vec{i} + Q\vec{j}$라 할 때, P와 Q가 D를 포함하는 열린 영역 위에서 연속인 편도함수를 가지면 다음과 같다.

$$\int_C F \cdot dr = \int_C Pdx + Qdy = \iint_D \left(\frac{\partial Q}{\partial x} - \frac{\partial P}{\partial y} \right) dA$$

(2) 그린 정리에서 닫순닫힌곡선 C의 양의 방향은 C가 반시계 방향으로 단순히 선회하는 것을 의미한다.

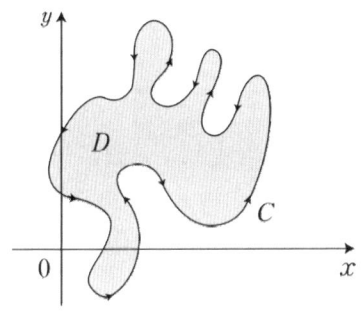

[양의 방향]

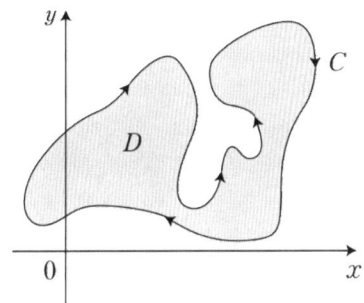

[음의 방향]

> **TIP**
> 1. 그린 정리는 평면상의 단순닫힌곡선 C를 따른 선적분과 C에 의해 둘러싸인 평면영역 D상에서 이중적분 사이의 연결 관계를 알려준다. 유체흐름의 해석이나 전자기학에 사용되는 이론이다.
> 2. 그린의 정리를 적용할 때 P와 Q가 D를 포함하는 열린 영역 위에서 연속인 편도함수를 가지는지 확인하고 문제를 풀어야 한다. 만약 이를 만족하지 못한다면 매개화를 통하여 문제를 풀면 된다.
> 3. 그린 정리의 응용은 넓이 계산이다. 평면상의 영역 D의 넓이 $A(D) = \iint_D 1 dA$이므로 P와 Q를 $\frac{\partial Q}{\partial x} - \frac{\partial P}{\partial y} = 1$이 되도록 선택하면 된다.

2. 그린 정리의 확장

$R = R_1 \cup R_2$이라 하고 R_1과 R_2에 각각 그린 정리를 적용하면

$$\iint_R \left(\frac{\partial Q}{\partial x} - \frac{\partial P}{\partial y} \right) dA = \iint_{R_1} \left(\frac{\partial Q}{\partial x} - \frac{\partial P}{\partial y} \right) dA + \iint_{R_2} \left(\frac{\partial Q}{\partial x} - \frac{\partial P}{\partial y} \right) dA$$

$$= \int_{\partial R_1} Pdx + Qdy + \int_{\partial R_2} Pdx + Qdy$$

$$= \int_{C_1} Pdx + Qdy + \int_{C_2} Pdx + Qdy$$

$$= \int_C Pdx + Qdy$$

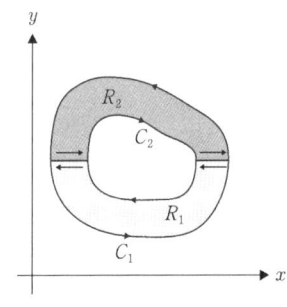

개념적용

01

그래프 $y = x^2$ 과 $y = 2x$로 둘러싸인 영역의 경계선을 C라고 할 때, $\oint_C (2xy - y^2)dx$의 값은 얼마인가? (단, C의 방향은 반시계방향이다.)

① 0 ② $\dfrac{8}{5}$ ③ $\dfrac{44}{15}$ ④ 24

공략 포인트

그린 정리
$\int_C F \cdot dr = \int_C Pdx + Qdy$
$= \iint_D \left(\dfrac{\partial Q}{\partial x} - \dfrac{\partial P}{\partial y} \right) dA$

풀이

$y = x^2$ 과 $y = 2x$로 둘러싸인 영역의 경계선 C의 내부영역을 Ω이라 하면, C는 단순폐곡선이므로 그린 정리를 이용한다.

$\therefore \oint_C (2xy - y^2)dx = \iint_\Omega \left(\dfrac{\partial(0)}{\partial x} - \dfrac{\partial(2xy - y^2)}{\partial y} \right) dydx$

$= -2 \iint_\Omega (x - y) dydx$

$= -2 \int_0^2 \int_{x^2}^{2x} (x - y) dydx$

$= -2 \int_0^2 \left[xy - \dfrac{1}{2}y^2 \right]_{x^2}^{2x} dx$

$= -2 \int_0^2 \left\{ \left(2x^2 - \dfrac{1}{2} \cdot 4x^2 \right) - \left(x^3 - \dfrac{1}{2}x^4 \right) \right\} dx$

$= -2 \int_0^2 \left(\dfrac{1}{2}x^4 - x^3 \right) dx = \dfrac{8}{5}$

정답 ②

02

∂T를 세 점 $(0, 0)$, $(2, 0)$, $(0, 1)$을 반시계 방향으로 잇는 삼각형의 둘레라고 할 때, 다음 선적분의 값을 구하면?

$$\int_{\partial T} (3x^2 + y)dx + (5x + y^3)dy$$

① 1 ② 2 ③ 3 ④ 4

공략 포인트

그린 정리
$\int_C F \cdot dr = \int_C Pdx + Qdy$
$= \iint_D \left(\dfrac{\partial Q}{\partial x} - \dfrac{\partial P}{\partial y} \right) dA$

D의 면적 = 삼각형의 넓이

풀이

세 점 $(0, 0)$, $(2, 0)$, $(0, 1)$을 반시계 방향으로 잇는 삼각형 경로의 내부영역을 D라고 하면, ∂T는 단순폐곡선이므로 그린 정리를 이용한다.

$\int_{\partial T} (3x^2 + y)dx + (5x + y^3)dy = \iint_D \left(\dfrac{\partial(5x + y^3)}{\partial x} - \dfrac{\partial(3x^2 + y)}{\partial y} \right) dydx$

$= \iint_D (5 - 1) dydx$

$= 4 \iint_\Omega dydx$

$= 4 \times (D\text{의 면적}) = 4 \times \dfrac{1}{2} \cdot 1 \cdot 2 = 4$

정답 ④

03

$C: \dfrac{x^2}{4} + \dfrac{y^2}{9} = 1$ 일 때, 벡터장 $F = -2y\vec{i} + x\vec{j}$에 대하여 $\oint_C F \cdot dr$를 구하시오.

① 12π ② 14π ③ 16π ④ 18π

공략 포인트

그린 정리
$\int_C F \cdot dr = \int_C P dx + Q dy$
$= \iint_D \left(\dfrac{\partial Q}{\partial x} - \dfrac{\partial P}{\partial y} \right) dA$

타원
$\dfrac{x^2}{a^2} + \dfrac{y^2}{b^2} = 1$
넓이: $\pi \cdot a \cdot b$

풀이

그린정리에 의해 닫힌 타원 구간을 D라 하면
$\oint_C F \cdot dr = \iint_D \dfrac{\partial}{\partial x}(x) - \dfrac{\partial}{\partial y}(-2y) dA$
$= 3\iint_D dA = 3 \times (6\pi) = 18\pi$

다른 풀이

$C: x = 2\cos t, y = 3\sin t$를 매개변수로 놓고 선적분을 계산하면 다음과 같다.
$\oint_C (P dy - Q dx) = \oint_C (x\,dy - 2y\,dx)$
$= \int_0^{2\pi} (2\cos t)(3\cos t\, dt) - 2(3\sin t)(-2\sin t\, dt)$
$= \int_0^{2\pi} (6\cos^2 t + 12 \sin^2 t) dt = 18\pi$

정답 ④

04

중심이 원점이고 반지름이 1인 원을 따라 시계반대방향으로 한 바퀴 회전하는 경로를 C라 할 때, 다음 선적분의 값을 구하면?

$$\int_C \left(2x^2 y + \dfrac{2}{3} y^3 \right) dx + (2x^3 + 6xy^2) dy$$

① $\dfrac{\pi}{2}$ ② π ③ $\dfrac{3\pi}{2}$ ④ 2π

공략 포인트

그린 정리
$\int_C F \cdot dr = \int_C P dx + Q dy$
$= \iint_D \left(\dfrac{\partial Q}{\partial x} - \dfrac{\partial P}{\partial y} \right) dA$

풀이

경로 C가 폐곡선이고 그린 정리를 이용하면 다음과 같다.
$\int_C \left(2x^2 y + \dfrac{2}{3} y^3 \right) dx + (2x^3 + 6xy^2) dy = \iint_D \left(\dfrac{\partial Q}{\partial x} - \dfrac{\partial P}{\partial y} \right) dA$
$= \iint_D 4(x^2 + y^2) dA$
$= \int_0^{2\pi} \int_0^1 4r^2 \cdot r\, dr\, d\theta$
$= 2\pi \int_0^1 4r^3 dr = 2\pi$

정답 ④

05

극좌표 매개방정식 $r = 2 + \cos\theta$, $0 \leq \theta \leq 2\pi$로 주어진 곡선 C 위에서 선적분 $\oint_C xdy - ydx$의 값은?

① 0 ② π ③ 3π ④ 9π

공략 포인트

그린 정리의 응용은 넓이 계산이다. 평면상의 영역 D의 넓이 $A(D) = \iint_D 1 dA$이므로 P와 Q를 $\frac{\partial Q}{\partial x} - \frac{\partial P}{\partial y} = 1$이 되도록 선택하면 된다.

풀이

주어진 선적분의 경로는 단순폐곡선이므로 그린 정리를 이용하여 선적분의 값을 구하면 다음과 같다.

$$\iint_D \left(\frac{\partial(x)}{\partial x} - \frac{\partial(-y)}{\partial y} \right) dxdy = \iint_D 2 dxdy$$
$$= 2\iint_D 1 dxdy$$
$$= 2 \times (\text{영역 } D\text{의 넓이})$$
$$= 2 \times \frac{9}{2}\pi = 9\pi$$

정답 ④

06

곡선 C를 타원 $\frac{x^2}{2} + \frac{y^2}{3} = 1$이라 할 때, 선적분(line integral) $\int_C \frac{-ydx + xdy}{x^2 + y^2}$의 값을 계산하면? (단, 선적분은 반시계방향으로 한다.)

① 0 ② π ③ 2π ④ 4π

공략 포인트

그린 정리의 확장

$$\iint_R \left(\frac{\partial Q}{\partial x} - \frac{\partial P}{\partial y} \right) dA$$
$$= \iint_{R_1} \left(\frac{\partial Q}{\partial x} - \frac{\partial P}{\partial y} \right) dA$$
$$+ \iint_{R_2} \left(\frac{\partial Q}{\partial x} - \frac{\partial P}{\partial y} \right) dA$$
$$= \int_{\partial R_1} Pdx + Qdy$$
$$+ \int_{\partial R_2} Pdx + Qdy$$
$$= \int_{C_1} Pdx + Qdy$$
$$+ \int_{C_2} Pdx + Qdy$$
$$= \int_C Pdx + Qdy$$

풀이

적분경로가 단순폐곡선이지만 내부에 불연속점을 포함하고 있어 그린 정리를 사용할 수 없다. 중심이 원점이고 반지름이 1인 원을 따라 시계반대방향으로 가는 경로를 C_0라 하고, 이 원을 제외한 영역을 D라 하면 이 영역은 그린 정리를 만족하므로 그린정리를 적용하면 다음과 같다.

$$\int_C \frac{-ydx + xdy}{x^2 + y^2} = \iint_D \left\{ \frac{-x^2 + y^2}{(x^2 + y^2)^2} - \frac{y^2 - x^2}{(x^2 + y^2)^2} \right\} dxdy = 0$$

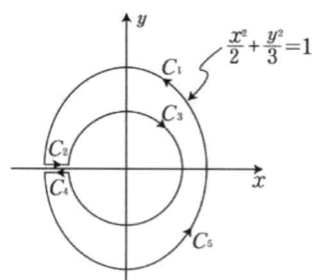

C_0: 중심이 원점이고 반지름이 1인 원을 따라 시계반대방향으로 가는 경로
C_1: $(\sqrt{2}, 0) \rightarrow (-\sqrt{2}, 0)$으로 타원을 따라 시계반대방향으로 가는 경로
C_2: $(-\sqrt{2}, 0) \rightarrow (-1, 0)$으로 x축을 따라 가는 경로
C_3: $-C_0$: $(-1, 0) \rightarrow (-1, 0)$으로 원을 따라 시계방향으로 가는 경로
C_4: $(-1, 0) \rightarrow (-\sqrt{2}, 0)$으로 x축을 따라 가는 경로
C_5: $(-\sqrt{2}, 0) \rightarrow (\sqrt{2}, 0)$으로 타원을 따라 시계반대방향으로 가는 경로

또한, 영역 D의 경로를 $C_1, C_2, \cdots, C_5$라 하고 각 경로의 방향을 따라서 선적분하면

$$\int_{C_1} F \cdot dr + \int_{C_2} F \cdot dr + \int_{C_3} F \cdot dr + \int_{C_4} F \cdot dr + \int_{C_5} F \cdot dr = 0 \text{이다.}$$

경로 C_0를 매개화하면 $x = \cos\theta$, $y = \sin\theta$, $0 \leq \theta \leq 2\pi$이므로

$$\int_0^{2\pi} \left(\frac{-\sin\theta}{\sin^2\theta + \cos^2\theta}, \frac{\cos\theta}{\sin^2\theta + \cos^2\theta} \right) \cdot (-\sin\theta, \cos\theta) d\theta = \int_0^{2\pi} d\theta = 2\pi$$

정답 ③

4 선적분

대표출제유형

 출제경향 분석

\# 선적분의 기본정리를 이용한 문제가 자주 출제되므로 포텐셜 함수를 반드시 계산할 수 있어야 합니다.

\# 그린 정리와 확장된 그린 정리를 적용하는 문제의 출제 빈도가 높습니다.

01 스칼라 함수의 선적분 계산

🔍 개념 1. 평면곡선에서의 선적분

곡선 C가 xy평면에서 $y=x^3+2$ 그래프의 점 $(0,\ 2)$에서 $(1,\ 3)$까지의 부분일 때,

선적분 $\int_C (x^2 y\, dx + x\, dy)$의 값은?

① $\dfrac{19}{12}$ ② $\dfrac{23}{12}$ ③ $\dfrac{19}{15}$ ④ $\dfrac{23}{15}$

풀이

STEP A $x,\ y$를 t에 대해 매개화하기

$$r(t) = <x(t), y(t)> = <t, t^3+2> \quad (0 \le t \le 1)$$

STEP B 매개화된 곡선의 선적분 계산하기

$$\int_C (x^2 y\, dx + x\, dy) = \int_0^1 (t^2(t^3+2) + t(3t^2))\, dt$$

$$= \int_0^1 (t^5 + 3t^3 + 2t^2)\, dt$$

$$= \frac{1}{6} + \frac{3}{4} + \frac{2}{3} = \frac{19}{12}$$

정답 ①

02 보존적 벡터장

🔍 개념 2. 벡터장의 선적분, 보존적 벡터장

벡터장 $F(x, y) = (4x^3y + e^{x^2})\vec{i} + (x^4 + 2y\cos(y^2))\vec{j}$ 이고

C는 $r(t) = \left(e^{t^3-t^2} - \cos(2\pi t)\right)\vec{i} + \left(3\sin\left(\frac{\pi}{2}t^3\right) - 2t^7\right)\vec{j}$, $0 \leq t \leq 1$로 주어진 곡선일 때,

선적분 $\int_C F \cdot dr$의 값은?

① $\sin 1$ ② $\cos 1$ ③ 0 ④ $\dfrac{11}{26}$

풀이

STEP A 보존적 벡터장인지 판별하기

$$\frac{\partial}{\partial y}(4x^3y + e^{x^2}) = 4x^3 = \frac{\partial}{\partial x}(x^4 + 2y\cos(y^2))$$이므로

벡터장 F는 보존적 벡터장이다.

STEP B 선적분의 기본정리를 이용하여 선적분 계산하기

또한, $t=0$일 때 $r(0) = (0,0)$, $r(1) = (0,1)$이다.
선적분의 기본정리에 의하여

$$\int_C F \cdot dr = \int_0^0 (4x^3y + e^{x^2})dx + \int_0^1 2y\cos(y^2)dy = \sin 1$$이다.

다른 풀이

보존적 벡터장이므로 경로를 변경하여 $C_1 : r(t) = (0, t)$, $0 \leq t \leq 1$로 계산하면

$$\int_{C_1} (4x^3y + e^{x^2})dx + (x^4 + 2y\cos(y^2))dy = \int_0^1 2t\cos(t^2)dy = \sin 1$$

정답 ①

03 그린 정리의 응용

🔍 개념 3. 그린 정리

아래 그림과 같이 곡선 C는 세 점 $(0, 0)$, $(0, 1)$, $(1, 0)$을 꼭짓점으로 하는 삼각형의 경계일 때, 벡터장 $\vec{F}(x, y) = <3x^4, xy>$에 대하여 선적분 $\int_C \vec{F} \cdot d\vec{r}$의 값은?

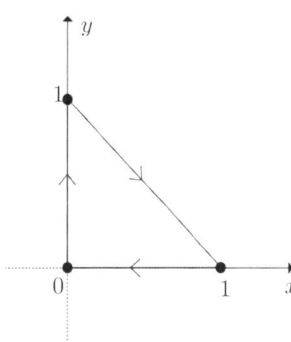

① $-\dfrac{1}{2}$ ② $-\dfrac{1}{6}$ ③ $\dfrac{1}{6}$ ④ $\dfrac{1}{2}$

풀이

STEP A 문제 조건 파악하기

곡선 C로 둘러싸인 영역을 D라고 할 때, 영역 D에서 벡터장 $\vec{F}(x, y) = <3x^4, xy>$이 해석적이므로 그린 정리를 이용한다.

STEP B 그린 정리를 이용하여 선적분 계산하기

그린 정리를 이용하면 반시계 방향으로의 선적분 값은

$$\int_C \vec{F} \cdot d\vec{r} = \iint_D y\,dA = (y\text{의 중심}) \times (D\text{의 넓이}) = \dfrac{1}{3} \times \dfrac{1}{2} = \dfrac{1}{6}$$ 이다.

이때, 곡선 C의 방향이 시계방향이므로 $\int_C \vec{F} \cdot d\vec{r} = -\dfrac{1}{6}$이다.

정답 ②

04 그린 정리의 확장

🔍 개념 3. 그린 정리

꼭짓점이 $(2, 1)$, $(-2, 1)$, $(-1, -1)$, $(1, -1)$인 사다리꼴의 반시계방향 곡선 C와 벡터장 $\vec{F} = \dfrac{1}{x^2 + 4y^2} <-y, x>$에 대하여, 선적분 $\int_C \vec{F} \cdot d\vec{r}$의 값은?

① 0 ② $\dfrac{\pi}{2}$ ③ π ④ 2π

풀이

STEP A 그린 정리를 적용할 수 있는 조건인지 확인하기

적분경로가 단순폐곡선이지만 내부에 불연속점을 포함하고 있어 그린 정리를 사용할 수 없다.

STEP B 경로를 나누어 각각에 그린 정리를 적용하기

C로 둘러싸인 폐영역 내부에 속하고 원점을 둘러싸는 임의의 반시계방향 타원을 경로 C_1이라 하고, C_1과 C 사이의 폐영역을 D라 하면 주어진 벡터장은 영역 D에서 연속인 일계편도함수를 가지므로 그린 정리를 사용할 수 있다. 이때, 영역 D의 양의 방향의 경계는 $C \cup (-C_1)$이므로

$$\oint_{C \cup (-C_1)} \vec{F} \cdot d\vec{r} = \iint_D \left(\frac{\partial Q}{\partial x} - \frac{\partial P}{\partial y} \right) dA$$

$$= \iint_D \left(\frac{-x^2 + 4y^2}{(x^2 + 4y^2)^2} - \frac{-x^2 + 4y^2}{(x^2 + 4y^2)^2} \right) dA = 0$$

즉, $\oint_C \vec{F} \cdot d\vec{r} = \oint_{C_1} \vec{F} \cdot d\vec{r}$이 성립한다.

C_1을 $x = 2\cos t$, $y = \sin t$ $(0 \leq t \leq 2\pi)$로 매개화되는 타원으로 정하면

$$\oint_{C_1} \vec{F} \cdot d\vec{r} = \int_0^{2\pi} \frac{1}{4} (-\sin t, 2\cos t) \cdot (-2\sin t, \cos t) dt = \frac{1}{2} \int_0^{2\pi} dt = \pi \text{이다.}$$

정답 ③

5 선적분

실전문제

정답 및 풀이 p.250

01 곡선 $X(t) = \left(\dfrac{2t}{\pi(1+t^2)}, \dfrac{4(1-t^2)}{1+t^2}\right)$ $(0 \leq t \leq 1)$에 대하여 선적분 $\displaystyle\int_X x\,dy$를 구하시오.

① -2 ② -1 ③ 0 ④ 1

02 곡선 $C = \left\{(x, y) \in \mathbb{R}^2 \mid x = \cos t, y = \sin t, 0 \leq t \leq \dfrac{\pi}{4}\right\}$ 일 때, 선적분 $\displaystyle\int_C \dfrac{1}{x}\,ds$의 값은?
(단, s는 호의 길이를 매개화한 것이다.)

① $\ln(\sqrt{3}+1)$ ② $\ln(\sqrt{2}+1)$ ③ $\ln\sqrt{3}$ ④ $\ln\sqrt{2}$

03 두 점 $(0,0,0)$과 $(1,2,2)$를 양 끝점으로 하는 선분 L에 대하여 선적분 $\displaystyle\int_L xyz\,ds$의 값은?

① 1 ② 2 ③ 3 ④ 4

04 질점이 점 $(0, 0, 1)$에서 점 $(2, 1, 0)$까지의 선분을 따라 움직이는데 힘의 장

$$\vec{F}(x, y, z) = (x - y^2)\vec{i} + (y - z^2)\vec{j} + (z - x^2)\vec{k}$$

가 하는 일은?

① $\dfrac{7}{3}$ ② $\dfrac{8}{3}$ ③ 3 ④ $\dfrac{10}{3}$

05 곡선 $C : y = x^4$ ($x = 0$에서 $x = 1$까지)을 따라 힘(force) $\vec{F}(x, y) = (2x + e^{-y})\vec{i} + (4y - xe^{-y})\vec{j}$가 한 일을 구하고자 한다. 보기 중 옳은 것을 모두 고른 것은?

| 보 기 |

ㄱ. $\vec{F}$는 보존장이다.
ㄴ. $\vec{F}$는 퍼텐셜 함수 $\phi(x, y)$가 존재하며, $\phi(x, y) = x^2 + xe^{-y} + 2y^2 + k$ (k는 상수)이다.
ㄷ. $\vec{F}$가 곡선 C를 따라 한 일은 곡선 $y = x$ ($x = 0$에서 $x = 1$까지)를 따라 한 일과 같다.

① ㄱ, ㄴ ② ㄱ, ㄷ ③ ㄴ, ㄷ ④ ㄱ, ㄴ, ㄷ

06 두 포물선 $y = x^2$과 $x = y^2$로 둘러싸인 영역의 경계를 반시계방향으로 한 바퀴 도는 경로를 C라 할 때, $\displaystyle\int_C (y + e^{\sqrt{x}})dx + (2x + \cos y^2)dy$의 값은?

① $\dfrac{1}{4}$ ② $\dfrac{1}{3}$ ③ $\dfrac{2}{3}$ ④ $\dfrac{1}{2}$

07 양의 방향을 갖는 매끄러운 단순폐곡선 C에 대하여 선적분 $\oint_C 3y^3 dx + \left(x - \dfrac{4}{3}x^3\right)dy$의 값이 최대가 되는 곡선 C에 의해서 둘러싸인 영역 D의 넓이는?

① $\dfrac{\pi}{6}$ ② $\dfrac{\pi}{3}$ ③ $\dfrac{\pi}{2}$ ④ π

08 평면 위의 곡선 C가 두 개의 원 $x^2 + y^2 = 4$와 $x^2 + y^2 = 9$ 사이의 영역 D의 경계일 때, $\int_C (x^2 - y^3)\, dx + (x^3 + y^2)\, dy$ 의 값은?

① $\dfrac{287}{6}\pi$ ② $\dfrac{231}{4}\pi$ ③ $\dfrac{203}{3}\pi$ ④ $\dfrac{195}{2}\pi$

09 그림과 같이 C가 $\mathrm{P}(1, 0)$에서 $\mathrm{Q}(2, 0)$까지의 선분, Q에서 $\mathrm{R}(0, 2)$까지 중심이 원점이고 반지름이 2인 원의 호, R에서 $\mathrm{S}(0, 1)$까지의 선분 그리고 S에서 P까지의 중심이 원점이고 반지름이 1인 원의 호로 이루어진 곡선일 때, 선적분 $\int_C (2x^2y^2 + y^4)dx + (ye^{-2y})dy$ 의 값은?

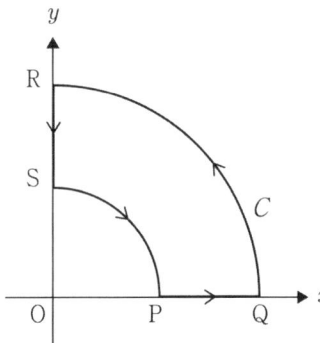

① $-\dfrac{124}{5}$ ② -15 ③ 0 ④ 15

10 꼭짓점이 $(2, 1)$, $(-2, 1)$, $(-1, -1)$, $(1, -1)$인 사다리꼴의 반시계방향 곡선 C와 벡터장 $\vec{F} = \dfrac{1}{x^2 + 4y^2}<-y, x>$에 대하여 선적분 $\displaystyle\int_C \vec{F} \cdot d\vec{r}$의 값은?

① 0 ② $\dfrac{\pi}{2}$ ③ π ④ 2π

11 곡선 C가 $(-2, 0)$부터 $(2, 0)$까지의 반원 $y = -\sqrt{4-x^2}$일 때, 다음 선적분을 구하면?

$$\int_C (4y - 3x^2)dx + \left(6x + \sqrt{y^6 + 1}\right)dy$$

① $8\pi - 16$ ② 6π ③ $6\pi + 4$ ④ $4\pi - 16$

12 극곡선 $C : r = 1 + 2\cos\theta\,(0 \leq \theta \leq 2\pi)$와 벡터마당 $F(x, y) = <-\dfrac{2y}{(2x-1)^2 + y^2}, \dfrac{2x-1}{(2x-1)^2 + y^2}>$에 대하여 선적분 $\displaystyle\int_C F \cdot dr$을 구하면?

① 0 ② 2π ③ 4π ④ 6π

[13~15] 중심이 원점이고 반지름이 2인 원을 시계반대방향으로 회전하는 곡선을 C_1이라 한다. 다음 그림에서와 같이 두 개의 반원과 두 개의 선분으로 이루어진 단일폐곡선을 C_2라 하고, 곡선 C_2로 둘러싸인 영역을 R이라 한다. 다음 각 물음에 답하시오.

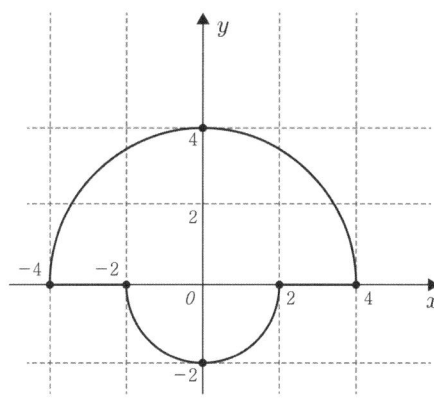

13 다음의 선적분을 구하시오.

$$\int_{C_1} \frac{(x^2-y^2)\,dx + 2xy\,dy}{(x^2+y^2)^2}$$

① $-\dfrac{\pi}{2}$ ② $-\dfrac{\pi}{4}$ ③ 0 ④ $\dfrac{\pi}{4}$

14 다음 선적분을 구하시오. (단, 곡선 C_2의 방향은 시계반대방향이다.)

$$\int_{C_2} \frac{((x^2-y^2)-y(x^2+y^2)+y(x^2+y^2)^2)\,dx + (2xy+x(x^2+y^2))\,dy}{(x^2+y^2)^2}$$

① 10π ② -10π ③ 8π ④ -8π

15 영역 R 모양의 얇은 판(lamina)을 생각하자. R의 각 점에서의 밀도가 원점으로부터의 거리에 비례한다고 할 때, R의 무게중심(centroid)의 y좌표를 구하시오.

① $\dfrac{56\pi}{15}$ ② $\dfrac{5}{\pi}$ ③ $\dfrac{56}{15\pi}$ ④ $\dfrac{\pi}{5}$

02 면적분

출제 비중 & 빈출 키워드 리포트

단원	출제 비중	합계 13%	빈출 키워드
1. 스칼라함수의 면적분		3%	· 면적분 계산
2. 벡터함수의 면적분		3%	· 발산정리
3. 발산정리와 스토크스 정리		7%	· 스토크스 정리

1 스칼라함수의 면적분

1. 스칼라함수의 면적분

(1) 곡면 $S: z = f(x, y)$, $(x, y) \in D$ 위에서 연속인 실함수 G가 주어졌을 때, f가 D를 포함하는 어떤 개집합에서 연속 미분가능하면 다음이 성립한다.

$$\iint_S G(x, y, z)dS = \iint_D G(x, y, f(x,y))\sqrt{1 + \left(\frac{\partial z}{\partial x}\right)^2 + \left(\frac{\partial z}{\partial y}\right)^2}\,dxdy$$

(2) 곡면 $S: y = f(x, z)$, $(x, z) \in D$ 위에서 연속인 실함수 G가 주어졌을 때, f가 D를 포함하는 어떤 개집합에서 연속 미분가능하면 다음이 성립한다.

$$\iint_S G(x, y, z)dS = \iint_D G(x, f(x,z), z)\sqrt{1 + \left(\frac{\partial y}{\partial x}\right)^2 + \left(\frac{\partial y}{\partial z}\right)^2}\,dxdz$$

(3) 곡면 $S: x = f(y, z)$, $(y, z) \in D$ 위에서 연속인 실함수 G가 주어졌을 때, f가 D를 포함하는 어떤 개집합에서 연속 미분가능하면 다음이 성립한다.

$$\iint_S G(x, y, z)dS = \iint_D G(f(y,z), y, z)\sqrt{1 + \left(\frac{\partial x}{\partial y}\right)^2 + \left(\frac{\partial x}{\partial z}\right)^2}\,dydz$$

TIP ▶ 스칼라함수의 면적분으로 곡면의 질량을 파악할 수 있다.

2. 매개변수함수의 면적분

(1) 곡면 S가 매개변수함수 $r(u, v)$로 표현되고 $(u, v) \in D$라 하면 다음이 성립한다.

$$\iint_S f(x, y, z)dS = \iint_D f(x(u,v), y(u,v), z(u,v))|r_u \times r_v|\,dudv$$

(2) S가 구분적으로 매끄러운 곡면인 그들의 경계에서만 만나는 유한개의 매끄러운 곡면 $S_1, S_2, \cdots, S_n$의 합집합일 때, S상에서 f의 면적분은 다음과 같이 정의된다.

$$\iint_S f(x, y, z)dS = \iint_{S_1} f(x, y, z)dS + \cdots + \iint_{S_n} f(x, y, z)dS$$

3. 곡면의 총질량과 질량중심

	$\mathbb{R}^3$에서 곡면 S의 중심
밀도함수 ρ가 주어질 때	$\bar{x} = \dfrac{\iint_S x\rho(x,y,z)dS}{\iint_S \rho(x,y,z)dS}$, $\bar{y} = \dfrac{\iint_S y\rho(x,y,z)dS}{\iint_S \rho(x,y,z)dS}$, $\bar{z} = \dfrac{\iint_S z\rho(x,y,z)dS}{\iint_S \rho(x,y,z)dS}$
밀도가 일정할 때	$\bar{x} = \dfrac{\iint_S xdS}{\iint_S dS}$, $\bar{y} = \dfrac{\iint_S ydS}{\iint_S dS}$, $\bar{z} = \dfrac{\iint_S zdS}{\iint_S dS}$

여기서 $\iint_S \rho(x,y,z)dS$는 $\mathbb{R}^3$에서 밀도함수 $\rho(x,y,z)$에 대한 곡면 S의 총질량을 의미한다.

개념적용

01

$G(x,y,z) = xz$ 이고 S는 제1 팔분공간상의 평면 $x+y+z=1$ 일 때, 면적분 $\iint_S G(x,y,z)dS$를 구하면?

① $\dfrac{1}{24}$ ② $\dfrac{\sqrt{2}}{24}$ ③ $\dfrac{\sqrt{3}}{24}$ ④ $\dfrac{1}{12}$

공략 포인트

$\iint_S G(x, y, z)dS$
$= \iint_D G(x, y, f(x,y)) \cdot \sqrt{1+\left(\dfrac{\partial z}{\partial x}\right)^2+\left(\dfrac{\partial z}{\partial y}\right)^2} \, dxdy$

풀이

$z = 1-x-y$ 이므로 $\dfrac{\partial z}{\partial x} = -1$, $\dfrac{\partial z}{\partial y} = -1$ 이다.

그러므로
$\iint_S G(x,y,z)dS = \iint_D x(1-x-y)\sqrt{1+(-1)^2+(-1)^2}\, dA$
$= \sqrt{3}\int_0^1 \int_0^{1-x} (x-x^2-xy)\, dydx$
$= \sqrt{3}\int_0^1 \left[xy-x^2y-\dfrac{xy^2}{2}\right]_0^{1-x} dx = \dfrac{\sqrt{3}}{24}$

정답 ③

02

곡면 S가 $z=1$과 $z=2$ 사이에 놓여 있는 $z=\sqrt{x^2+y^2}$의 부분일 때, $\iint_S y^2z^2 \, dS$를 구하면?

① 21π ② $\dfrac{21\pi}{\sqrt{2}}$ ③ 24π ④ $\dfrac{24\pi}{\sqrt{3}}$

공략 포인트

그림과 같이 적분 구간을 파악하여 계산한다.

풀이

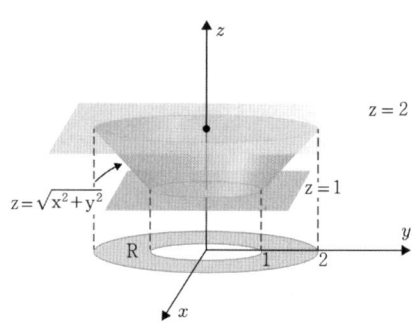

$z_x = \dfrac{x}{\sqrt{x^2+y^2}}$, $z_y = \dfrac{y}{\sqrt{x^2+y^2}}$ $\Rightarrow \sqrt{(z_x)^2+(z_y)^2+1} = \sqrt{2}$

$\iint_\sigma y^2 z^2 \, d\boldsymbol{S} = \iint_R y^2(\sqrt{x^2+y^2})^2 \sqrt{2}\, dA$
$= \sqrt{2}\int_0^{2\pi}\int_1^2 (r\sin\theta)^2(r^2) r\, drd\theta = \dfrac{21\pi}{\sqrt{2}}$

정답 ②

03

상수밀도 $\delta(x,y,z)=\delta_0$를 가지는 $z=1$ 아래에 있는 $z=x^2+y^2$의 부분을 곡면 σ라 할 때, σ의 질량을 구하면?

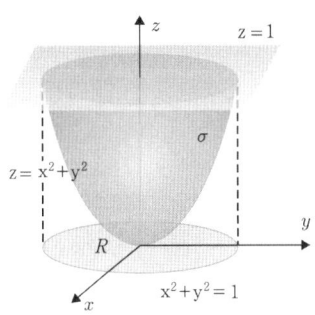

① $\dfrac{\pi\delta_0}{6}(5\sqrt{5}-1)$ ② $\dfrac{\pi\delta_0}{6}(\sqrt{5}+1)$

③ $\pi\delta_0\sqrt{5}$ ④ $\dfrac{\pi\delta_0}{2}(5\sqrt{5}-1)$

공략 포인트

극좌표계에서의 적분으로 계산할 때, 적분 구간에 주의한다.

풀이

$z_x=2x$, $z_y=2y$이므로

질량 $M = \iint_\sigma \delta_0 \, dS$

$= \delta_0 \iint_R \sqrt{1+4x^2+4y^2}\, dA$

$= \delta_0 \int_0^{2\pi}\int_0^1 \sqrt{4r^2+1}\, r\, dr\, d\theta$ ($\because$ 극좌표계에서의 적분)

$= \dfrac{\pi\delta_0}{6}(5\sqrt{5}-1)$

정답 ①

04

$z = x^2 + y^2$과 $z = 1$로 둘러싸인 표면 위에서 정의된 함수를
$f(x, y, z) = x^2 + y^2 + z + 2$라 할 때, $\iint_S f(x, y, z) dS$를 계산하시오.

① 1 ② $\dfrac{7}{2}\pi$ ③ $\dfrac{5\sqrt{5}\pi}{2} + \dfrac{16}{5}\pi$ ④ $\dfrac{5\sqrt{5}\pi}{4}$

공략 포인트

S가 구분적으로 매끄러운 곡면인 그들의 경계에서만 만나는 유한개의 매끄러운 곡면 S_1, S_2, $\cdots$, S_n의 합집합일 때, S상에서 f의 면적분은 다음과 같이 정의된다.

$\iint_S f(x, y, z) dS$
$= \iint_{S_1} f(x, y, z) dS + \cdots$
$+ \iint_{S_n} f(x, y, z) dS$

풀이

S_1을 $z = x^2 + y^2$이라 하고 S_2를 $z = 1$이라 할 때,
S_1을 r과 θ 두 변수에 의해 나타내면
$R(r, \theta) = (r\cos\theta, r\sin\theta, r^2)$, $0 \leq r \leq 1$, $0 \leq \theta \leq 2\pi$
$\Rightarrow |R_r \times R_\theta| = \sqrt{4r^2 + 1} \cdot r$

$\iint_{S_1} f(r\cos\theta, r\sin\theta, r^2) |R_r \times R_\theta| dr d\theta$
$= \int_0^{2\pi} \int_0^1 (r^2 + r + 2) \sqrt{4r^2 + 1}\, r\, dr d\theta$
$= \dfrac{5\sqrt{5}}{2}\pi - \dfrac{3}{10}\pi$

S_2를 매개변수로 표현하면
$R(r, \theta) = (r\cos\theta, r\sin\theta, 1) \Rightarrow |R_r \times R_\theta| = r$

$\iint_{S_2} f(r\cos\theta, r\sin\theta, 1) |R_r \times R_\theta| dr d\theta$
$= \int_0^{2\pi} \int_0^1 (r^2 + 3) r\, dr d\theta$
$= \dfrac{7}{2}\pi$

$\therefore \iint_S f(x, y, z) dS = \int_{S_1} f(x, y, z) dS + \int_{S_2} f(x, y, z) dS = \dfrac{5\sqrt{5}\pi}{2} + \dfrac{16}{5}\pi$

정답 ③

05

제1 팔분공간에 놓여 있는 구면 $x^2+y^2+z^2=4$ 부분의 질량중심의 z좌표를 구하면?

① $\dfrac{1}{2}$ ② $\dfrac{2}{\pi}$ ③ $\dfrac{3}{5}$ ④ 1

공략 포인트

질량중심의 z좌표
$$\bar{z}=\dfrac{\iint_S zdS}{\iint_S dS}$$

풀이

$$\bar{z}=\dfrac{\iint_S zdS}{\iint_S dS}=\dfrac{\iint_S zdS}{S넓이}$$

(i) 제1 팔분공간에 놓여 있는 구면 $x^2+y^2+z^2=4$ 부분을 S라 하면
S의 넓이는 $\dfrac{1}{8}\cdot 4\pi\cdot 2^2=2\pi$이다.

(ii) $S: z=\sqrt{4-x^2-y^2}$ 에서 $D: x^2+y^2\leq 4, x\geq 0, y\geq 0$일 때,
$$\begin{aligned}\iint_S zdS &=\iint_D \sqrt{4-x^2-y^2}\sqrt{1+(z_x)^2+(z_y)^2}\,dA\\ &=\iint_D \sqrt{4-x^2-y^2}\dfrac{2}{\sqrt{4-x^2-y^2}}dA\\ &=2\iint_D dA\\ &=2\cdot\dfrac{1}{4}\cdot 4\pi\\ &=2\pi\text{이다.}\end{aligned}$$

즉, 구하고자 하는 질량중심의 z좌표는 다음과 같다.
$$\bar{z}=\dfrac{\iint_S zdS}{\iint_S dS}=1$$

정답 ④

2. 벡터함수의 면적분

1. 벡터함수의 면적분

(1) F가 단위법선벡터 n을 가지는 유향곡면 S상에서 정의된 연속벡터장이면, S상 F의 면적분은
$$\iint_S F \cdot dS = \iint_S F \cdot n\, dS$$
이다. 이 적분을 S를 통과하는 F의 유량(flux)이라고 한다.

(2) **유향곡면**

가향(양면)곡면 S 위의 경계점을 제외한 점 (x, y, z)에서 단위법선벡터 n을 S 위에서 연속적으로 변하도록 택할 수 있으면 S를 유향곡면이라 부르고, n의 선택에 따라 S의 방향을 결정할 수 있다.
임의의 가향곡면에 대하여 두 가지 방향이 존재한다.

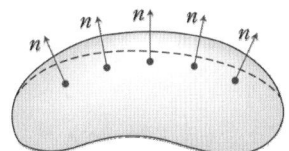

단위법선벡터의 방향이 곡면의 위쪽(상향)

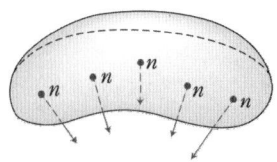

단위법선벡터의 방향이 곡면의 아래쪽(하향)

(3) **곡면의 방향**

가향곡면 S가 속이 꽉찬 영역 E의 경계인 닫힌곡면일 때, 법선벡터가 E의 바깥쪽으로 향하면 S는 양의 방향을 가지고 법선벡터가 E의 안쪽으로 향하면 S는 음의 방향을 가진다.

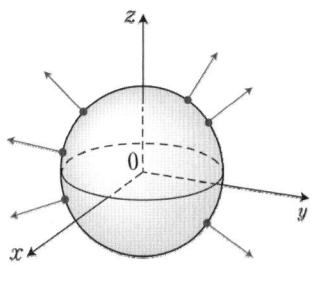

양의 방향

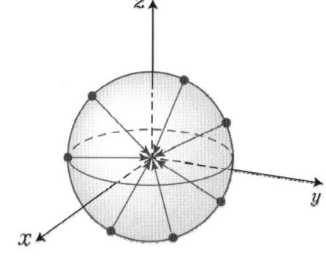

음의 방향

(4) S를 $z = f(x, y)$, $y = f(x, z)$, $x = f(y, z)$의 형태를 가지는 매끄러운 곡면이라 하고, 벡터장 F의 성분 함수들이 S 위에서 연속이라 한다. S에 대한 방정식을 $G(x, y, z) = 0$으로 표현하고 R을 f의 독립변수들에 의해 결정되는 평면 위로의 사영된 영역이라 하면 다음과 같이 나타낼 수 있다.

$$\iint_S F \cdot n\, dS = \iint_R F \cdot \nabla G\, dA$$

(여기서 $G(x, y, z) = z - f(x, y) \Rightarrow \nabla G = -f_x \vec{i} - f_y \vec{j} + \vec{k} = -z_x \vec{i} - z_y \vec{j} + \vec{k}$이다.)

(5) 단위법선벡터 n을 가지는 유향곡면 S를 벡터 방정식 $r = r(u,v)$에 의해 매개화되는 매끄러운 곡면이라 하고 uv-평면 상의 영역을 $(u,v) \in D$이라 한다. 벡터장 F의 성분 함수들이 S 위에서 연속이라 하면 다음과 같이 나타낼 수 있다.

$$\iint_S F \cdot n\, dS = \iint_D F \cdot (r_u \times r_v)\, dA$$

개념적용

01

S를 xy-평면 위의 곡면 $z = 1 - x^2 - y^2$의 부분이라 할 때, S를 가로지르는 벡터장 $F(x,y,z) = x\vec{i} + y\vec{j} + z\vec{k}$의 유량을 구하면? (단, S의 방향은 상향이다.)

① $\dfrac{\pi}{2}$ ② π ③ $\dfrac{3\pi}{2}$ ④ 2π

공략 포인트

벡터함수의 면적분(유량)

$$\iint_S F \cdot dS = \iint_S F \cdot n\, dS$$

풀이

$$\begin{aligned}
\iint_S F \cdot n\, dS &= \iint_D F \cdot (-z_x, -z_y, 1)\, dA \\
&= \iint_D (x, y, z) \cdot (2x, 2y, 1)\, dA \\
&= \iint_D (x, y, 1-x^2-y^2) \cdot (2x, 2y, 1)\, dA \\
&= \iint_D (x^2 + y^2 + 1)\, dA \\
&= \int_0^{2\pi} \int_0^1 (r^2 + 1) r\, dr\, d\theta \\
&= \int_0^{2\pi} \left(\frac{3}{4}\right) d\theta = \frac{3\pi}{2}
\end{aligned}$$

정답 ③

02

곡면 $S: z = 4-x^2-y^2$, $z \geq 0$에서 n을 상향 단위법선벡터로 잡을 때, 벡터함수 $F(x,y,z) = x\vec{i} + y\vec{j} + z\vec{k}$에 대해 면적분(유량) $\iint_S (F \cdot n) dS$를 구하시오.

① 12π ② 24π ③ 36π ④ 48π

공략 포인트

벡터함수의 면적분(유량)
$$\iint_S F \cdot dS = \iint_S F \cdot n\, dS$$

풀이

$f(x,y) = 4-x^2-y^2$에서 $f_x = -2x$, $f_y = -2y$이다.
그리고 곡면 S를 xy-평면에 정사영한 영역 $D = \{(r,\theta) | 0 \leq r \leq 2,\ 0 \leq \theta \leq 2\pi\}$이다.

$$\therefore \iint_S (F \cdot n) dS = \iint_D (-v_1 f_x - v_2 f_y + v_3) dxdy \quad (\because v_1 = x,\ v_2 = y,\ v_3 = z = 4-x^2-y^2)$$
$$= \iint_D (4+x^2+y^2) dxdy$$
$$= \int_0^{2\pi} \int_0^2 (4+r^2) r\, dr\, d\theta = 24\pi$$

정답 ②

03

3차원 공간에서 $S = \{(x,y,z) : x+y+z = 3,\ x \geq 0,\ y \geq 0,\ z \geq 0\}$을 통과하는 벡터장 $F(x,y,z) = x\vec{i} + y\vec{j} + z\vec{k}$의 총 유체량(total flux)의 크기는?

① 1 ② $\dfrac{3\sqrt{3}}{2}$ ③ $\dfrac{9}{2}$ ④ $\dfrac{27}{2}$

공략 포인트

S를 $z = f(x,y)$, $y = f(x,z)$, $x = f(y,z)$의 형태를 가지는 매끄러운 곡면이라 하고, 벡터장 F의 성분 함수들이 S 위에서 연속이라 한다. S에 대한 방정식을 $G(x,y,z) = 0$으로 표현하고 R을 f의 독립변수들에 의해 결정되는 평면 위로의 사영된 영역이라 하면 다음과 같이 나타낼 수 있다.
$$\iint_S F \cdot n\, dS = \iint_R F \cdot \nabla G\, dA$$

풀이

$z = 3-x-y$에서 $f_x = -1$, $f_y = -1$이다.
그리고 곡면 S를 xy-평면에 정사영한 영역 $D = \{(x,y) | 0 \leq y \leq 3-x,\ 0 \leq x \leq 3\}$이다.

$$\iint_S F \cdot n\, dS = \iint_D (x,y,z) \cdot (1,1,1) dxdy$$
$$= \iint_D x+y+z\, dxdy$$
$$= \iint_D x+y+(3-x-y) dxdy$$
$$= \iint_D 3\, dxdy = 3 \times (\text{영역 } D\text{의 넓이}) = \frac{27}{2}$$

정답 ④

04

곡면 S는 포물면 $z = 1 - x^2 - y^2$과 평면 $z = 0$으로 둘러싸인 입체의 경계면이고 벡터장이 $F(x, y, z) = y\vec{i} + x\vec{j} + z\vec{k}$로 주어질 때, 곡면 S를 통하여 내부에서 외부로 빠져나가는 총 유량을 구하면?

① $\dfrac{\pi}{2}$ ② $\dfrac{\pi}{3}$ ③ $\dfrac{\pi}{4}$ ④ $\dfrac{\pi}{5}$

공략 포인트

벡터함수의 면적분(유량)
$$\iint_S F \cdot dS = \iint_S F \cdot n\, dS$$

풀이

S는 맨 위의 곡면 S_1과 바닥면 S_2로 이루어져 있으므로 각각의 면적분을 구해 더하면 된다.

(i) S_1상의 면적분

$P(x, y, z) = y$, $Q(x, y, z) = x$, $R(x, y, z) = z = 1 - x^2 - y^2$

$\dfrac{\partial g}{\partial x} = -2x$, $\dfrac{\partial g}{\partial y} = -2y$

$$\iint_{S_1} F \cdot dS = \iint_D \left(-P\dfrac{\partial g}{\partial x} - Q\dfrac{\partial g}{\partial y} + R\right) dA$$
$$= \iint_D \{-y(-2x) - x(-2y) + 1 - x^2 - y^2\} dA$$
$$= \iint_D (1 + 4xy - x^2 - y^2) dA$$
$$= \int_0^{2\pi} \int_0^1 (1 + 4r^2 \cos\theta \sin\theta - r^2) r\, dr\, d\theta$$
$$= \int_0^{2\pi} \left(\dfrac{1}{4} + \cos\theta \sin\theta\right) d\theta = \dfrac{\pi}{2}$$

(ii) S_2상의 면적분

$$\iint_{S_2} F \cdot dS = \iint_{S_2} F \cdot (-k)\, dS = \iint_D (-z)\, dA = \iint_D 0\, dA = 0$$

그러므로 구하고자 하는 총 유량은 다음과 같다.
$$\iint_S F \cdot dS = \iint_{S_1} F \cdot dS + \iint_{S_2} F \cdot dS = \dfrac{\pi}{2} + 0 = \dfrac{\pi}{2}$$

정답 ①

3 발산정리와 스토크스 정리

1. 발산정리

(1) 닫힌 유향곡면 S를 경계로 갖는 영역을 E라 하고, 벡터장 $F(x,y,z) = P\vec{i} + Q\vec{j} + R\vec{k}$에 대하여 P, Q, R이 E를 포함하는 열린 영역에서 연속인 편도함수를 갖는다면 다음이 성립한다.

$$\iint_S F \cdot n\, dS = \iiint_E \text{div}\, F\, dV$$

여기서 n은 S 위에서 외향 단위법선벡터이다.

(2) **발산정리의 의미**

닫힌 곡면을 외향으로 가로지르는 벡터장의 유출은 이 곡면이 둘러싸고 있는 영역 위에서 벡터장 발산의 삼중적분과 같음을 의미한다.

2. 발산정리의 확장

단순곡면 S_1과 S_2 사이에 놓여 있는 영역(S_1은 S_2에 포함)에서 n_1과 n_2는 S_1과 S_2의 바깥쪽으로 향하는 법선벡터이다. 이때, 영역의 경계곡면은 $S = S_1 \cup S_2$이고 이것의 법선벡터 n은 S_1상에서는 $n = -n_1$이고, S_2상에서는 $n = n_2$이다. S에 발산정리를 적용하면 다음과 같다.

$$\iiint_E \text{div}\, F\, dV = \iint_S F \cdot n\, dS = \iint_{S_1} F \cdot (-n_1)\, dS + \iint_{S_2} F \cdot n_2\, dS = -\iint_{S_1} F \cdot dS + \iint_{S_2} F \cdot dS$$

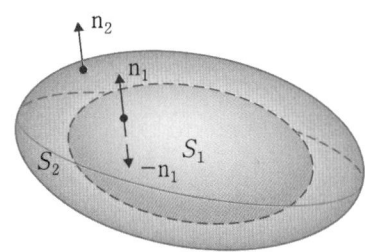

TIP ▶ 발산정리의 확장은 그린 정리의 확장과 유사하다.

3. 스토크스 정리

조각적으로 매끄러운 경계를 갖는 단순 연결 폐곡선 C가 있다. 이를 경계로 하는 조각적으로 매끄러운 유향곡면을 곡면 S라 할 때, 벡터장 F의 성분들이 S를 포함하는 열린 영역상에서 연속인 편도함수를 가지면 다음이 성립한다.

$$\int_C \mathrm{F} \cdot dr = \iint_S \mathrm{curl F} \cdot d\mathrm{S}$$

여기서 $\int_C \mathrm{F} \cdot dr = \int_C \mathrm{F} \cdot \mathrm{T} ds$ 이다. (T: 곡선 C에서의 단위접선벡터)

> **TIP** ▶ 1. $\iint_S \mathrm{curl F} \cdot d\mathrm{S} = \iint_S \mathrm{curl F} \cdot \mathrm{n}\, dS$ 와 같이 표현하기도 한다.
> 2. 스토크스(Stokes) 정리는 곡면 S상의 면적분이 S의 경계곡선상의 선적분과 관계 있음을 설명해준다.

개념적용

01

S를 3차원 공간에서 원기둥 $x^2+y^2=4$과 두 평면 $z=0$, $z=1$로 둘러싸인 입체라 할 때, S의 내부로부터 외부로 향한 벡터장 $F(x,y,z) = x^3\vec{i}+y^3\vec{j}+z\vec{k}$의 총 유체량(total flux)을 계산하면?

① 26π ② 28π ③ 30π ④ 32π

공략 포인트

발산정리

$$\iint_S \mathbf{F} \cdot \mathbf{n}\, dS = \iiint_E \mathrm{div}\, \mathbf{F}\, dV$$

풀이

영역 S는 폐곡면이므로 발산정리를 이용하면
정사영 영역 $D=\{(x,y)|x^2+y^2=4\}$이므로,

$$\iiint_s \mathrm{div} F\, dxdydz = \iint_D \int_0^1 (3x^2+3y^2+1)dzdydx$$

$$= \int_0^{2\pi}\int_0^2 (3r^3+r)drd\theta$$

$$= \int_0^{2\pi}\left(\frac{3}{4}[r^4]_0^2 + \frac{1}{2}[r^2]_0^2\right)d\theta$$

$$= \int_0^{2\pi}(12+2)d\theta = 28\pi$$

정답 ②

02

S를 곡면 $x^2+y^2=2$, $z=0$, $z=4$로 둘러싸인 영역의 경계면이라 하고 벡터장 $F(x, y, z) = \langle x^3 - e^y, y^3 + \cos z, 3x \sin z \rangle$라 할 때, 면적분 $\iint_S F \cdot n\, dS$를 구하면? (단, n는 S에서의 외향 단위법선벡터이다.)

① 12π ② 24π ③ 36π ④ 48π

공략 포인트

발산정리
$$\iint_S F \cdot n\, dS = \iiint_E \operatorname{div} F\, dV$$

풀이

$\operatorname{div} F = 3x^2 + 3y^2 + 3x \cos z$이므로

$$\iint_S F \cdot n\, dS = \iiint_T \operatorname{div} F\, dV$$
$$= \int_0^{2\pi} \int_0^{\sqrt{2}} \int_0^4 (3r^2 + 3r\cos\theta \cos z) r\, dz\, dr\, d\theta \ (\because \text{원주좌표계})$$
$$= \int_0^{2\pi} \int_0^{\sqrt{2}} [3r^3 z + 3r^2 \cos\theta \sin z]_0^4\, dr\, d\theta$$
$$= \int_0^{2\pi} \int_0^{\sqrt{2}} (12r^3 + 3r^2 \sin 4 \cos\theta)\, dr\, d\theta$$
$$= \int_0^{2\pi} [3r^4 + r^3 \sin 4 \cos\theta]_0^{\sqrt{2}}\, d\theta$$
$$= \int_0^{2\pi} (12 + 2\sqrt{2} \sin 4 \cos\theta)\, d\theta$$
$$= [12\theta + 2\sqrt{2} \sin 4 \sin\theta]_0^{2\pi} = 24\pi$$

정답 ②

03

$\mathbb{R}^3$에서 중심이 원점, 반지름이 r인 구(sphere)를 ∂B_r이라 하고, $F(x, y, z) = (x - x^3, y - y^3, z - z^3)$이라 할 때, 구의 외부로 향하는 F의 유량(flux) $\iint_{\partial B_r} F \cdot dS$의 값이 최대가 되는 반지름 r의 값은?

① 1 ② $\dfrac{\sqrt{2}}{2}$ ③ $\dfrac{\sqrt{3}}{2}$ ④ $\sqrt{2}$

공략 포인트

발산정리

$$\iint_S \mathbf{F} \cdot \mathbf{n}\, dS = \iiint_E \mathrm{div}\, \mathbf{F}\, dV$$

풀이

$$\iint_{\partial B_r} F \cdot dS = \iiint_{B_r} [3 - 3(x^2 + y^2 + z^2)]\, dV$$
$$= \int_0^{2\pi} \int_0^{\pi} \int_0^r (3 - 3\rho^2)\rho^2 \sin\phi\, d\rho\, d\phi\, d\theta$$
$$= 4\pi r^3 - \frac{12\pi r^5}{5}$$

$f(r) = 4\pi r^3 - \dfrac{12\pi r^5}{5}$이라 하면 $f'(r) = 12\pi r^2 - 12\pi r^4 = 12\pi r^2(1 - r^2)$이다.
$f'(r) = 0$인 양수 $r = 1$이고 $f''(1) < 0$이므로 $r = 1$에서 최댓값을 가진다.

정답 ①

04

구 $x^2 + y^2 + z^2 = 25$를 평면 $z = 3$으로 잘라 만든 구면의 위쪽을 S라 한다. 이 곡면 S를 가로지르는 벡터장 $\vec{F} = xz\vec{i} + yz\vec{j} + \vec{k}$에 대한 외향 유출(flux)을 구하면?

① 12π ② 144π ③ 112π ④ 128π

공략 포인트

발산정리의 확장

$\iiint_E \mathrm{div}\mathbf{F}\, dV$
$= \iint_S \mathbf{F} \cdot \mathbf{n}\, dS$
$= \iint_{S_1} \mathbf{F} \cdot (-\mathbf{n}_1)\, dS$
$+ \iint_{S_2} \mathbf{F} \cdot \mathbf{n}_2\, dS$
$= -\iint_{S_1} \mathbf{F} \cdot d\mathbf{S} + \iint_{S_2} \mathbf{F} \cdot d\mathbf{S}$

풀이

곡면 S_1을 $z = 3$, $(x^2 + y^2 \leq 16)$이라 하고 $S + S_1 = S_2$인 내부영역을 E라 하면
(i) S_2는 단순폐곡면이므로 발산정리에 의하여 다음과 같다.

$$\iint_{S_2} \vec{F} \cdot \vec{n}\, ds = \iiint_E 2z\, dV = \int_0^{2\pi} \int_0^4 \int_3^{\sqrt{25 - r^2}} 2zr\, dz\, dr\, d\theta = 128\pi$$

(ii) S_1을 가로지르는 외향유출(아래쪽 방향)은 다음과 같다.

$$\iint_{S_1} \vec{F} \cdot (-\vec{n})\, ds = -\iint_{S_1} <xz, yz, 1> \cdot <0, 0, 1>\, ds = -\iint_D dA = -16\pi$$

(여기서 D는 S_1의 x, y평면영역 $x^2 + y^2 \leq 16$이다.)
따라서 (i), (ii)에 의하여 $S + S_1 = S_2$이므로
$\iint_S \vec{F} \cdot \vec{n}\, ds = 128\pi - (-16\pi) = 144\pi$이다.

정답 ②

05

3차원 공간에서 S를 내부에 원점을 포함하는 임의의 폐곡면이라 하고 $\vec{r} = x\vec{i} + y\vec{j} + z\vec{k}$일 때, 벡터장 $F(r) = \dfrac{m\vec{r}}{|\vec{r}|^3}$에 대하여 $\oiint_S F \cdot N dS$를 구하시오.

(여기서 m은 상수이고, N은 곡면 S상에서의 외향 단위법선벡터이다.)

① $-2\pi m$ ② 0 ③ $2\pi m$ ④ $4\pi m$

공략 포인트

발산정리

$\iint_S \mathbf{F} \cdot \mathbf{n} dS = \iiint_E \text{div} \mathbf{F} dV$

풀이

원점에서 벡터장의 발산이 정의되지 않으므로 발산정리를 직접 사용할 수 없다.
원점을 포함하고 S 내부에 완전히 포함되는 반지름 $a>0$인 구면을 S^*라고 할 때,
$r^* = \dfrac{\vec{r}}{|\vec{r}|}$을 구면 외부로 향하는 S^* 상의 단위법선벡터라 하면
$F = \dfrac{m\vec{r}}{|\vec{r}|^3} = \dfrac{m\vec{r}}{a^2}$이다.

구면좌표계 (a, ϕ, θ)를 사용하면

$\oiint_{S^*} F \cdot dS = \oiint \left(\dfrac{m}{a^2}\vec{r}\right) \cdot \vec{r} a^2 \sin\phi d\phi d\theta = m\int_0^{2\pi} d\theta \int_0^\pi \sin\phi d\phi = 4\pi m$이다.

S^*의 외부와 S의 내부에 해당하는 영역을 D라 하면 $\nabla \cdot F(r) = 0$이므로

$\iiint_D \text{div} F dV = \oiint_S F \cdot N dS + \oiint_{S^*} F \cdot (-\vec{r}) dS = \oint_S F \cdot N dS - 4\pi m = 0 \cdots (*)$

$\therefore \oiint_S F \cdot N dS = 4\pi m$

$((*) \because F(x, y, z) = \dfrac{m}{r^3}(x\vec{i} + y\vec{j} + z\vec{k})$ $(r^2 = x^2 + y^2 + z^2)$에서

$\dfrac{\partial F}{\partial x} = m\dfrac{r^2 - 3x^2}{r^5}$, $\dfrac{\partial F}{\partial y} = m\dfrac{r^2 - 3y^2}{r^5}$, $\dfrac{\partial F}{\partial z} = m\dfrac{r^2 - 3z^2}{r^5}$이므로

$\nabla \cdot F = \dfrac{\partial F}{\partial x} + \dfrac{\partial F}{\partial y} + \dfrac{\partial F}{\partial z} = \dfrac{m}{r^5}\{3r^2 - 3(x^2 + y^2 + z^2)\} = 0)$

정답 ④

06

곡선 C는 원기둥면 $x^2+y^2=3$과 평면 $x+y+z=1$의 교선이고, 방향은 z축의 양의 방향에서 보았을 때 반시계방향으로 주어져 있다.

$\int_C (-y^3+1)dx + (x^3+2)dy - (z^3+3)dz$의 값은?

① $\dfrac{21}{2}\pi$ ② $\dfrac{23}{2}\pi$ ③ $\dfrac{25}{2}\pi$ ④ $\dfrac{27}{2}\pi$

공략 포인트

스토크스 정리
$\int_C \mathbf{F} \cdot dr = \iint_S \mathrm{curl}\mathbf{F} \cdot d\mathbf{S}$

풀이

곡선 C를 경계로 갖는 곡면을 S라 하면
벡터장 $F = (-y^3+1)\vec{i} + (x^3+2)\vec{j} - (z^3+3)\vec{k}$ 는 S를 포함하는 열린 영역에서 연속인 편도함수를 갖는다.
따라서 스토크스 정리를 이용하여 주어진 선적분을 계산할 수 있다.

$\mathrm{curl}\,F = \begin{vmatrix} \vec{i} & \vec{j} & \vec{k} \\ \dfrac{\partial}{\partial x} & \dfrac{\partial}{\partial y} & \dfrac{\partial}{\partial z} \\ -y^3+1 & x^3+2 & -z^3-3 \end{vmatrix} = (0, 0, 3x^2+3y^2)$ 이므로 스토크스 정리를 이용하면 다음과 같다.

$\int_C (-y^3+1)dx + (x^3+2)dy - (z^3+3)dz$

$= \iint_S \mathrm{curl}\,F \cdot n\,dS$

$= \iint_S (0, 0, 3x^2+3y^2) \cdot n\,dS$

$= \iint_D (0, 0, 3x^2+3y^2) \cdot (1, 1, 1)\,dA$ (단, $D: x^2+y^2 \leq 3$)

$= \iint_D 3(x^2+y^2)\,dA$

$= 3\int_0^{2\pi}\int_0^{\sqrt{3}} r^2 \cdot r\,dr\,d\theta$ ($\because$ 극좌표 변환)

$= 3 \times 2\pi \times \dfrac{1}{4}\left[r^4\right]_0^{\sqrt{3}} = \dfrac{27}{2}\pi$

정답 ④

07

양의 방향을 가지는 곡면 $S = \{(x, y, z) : z = 1-x^2, 0 \leq x \leq 1, -2 \leq y \leq 2\}$와

벡터장 $\boldsymbol{F} = (xz+2y)\vec{i} + (3x+2yz)\vec{j} + (x^2+y^2+z^2)\vec{k}$에 대하여 아래의 선적분을 구하시오.

$$\int_C \mathbf{F} \cdot d\boldsymbol{r}$$

(단, $\vec{i}, \vec{j}, \vec{k}$는 3차원 단위벡터이고 C는 곡면 S를 둘러싼 곡선이며, r은 곡선 C의 매개변수 방정식이다.)

① 1   ② 2   ③ 3   ④ 4

공략 포인트

스토크스 정리
$\int_C \mathbf{F} \cdot dr$
$= \iint_S \text{curl} \mathbf{F} \cdot d\mathbf{S}$

풀이

$P = xz+2y$, $Q = 3x+2yz$, $R = x^2+y^2+z^2$ 은 곡면
$S = \{(x, y, z) \mid z = 1-x^2, 0 \leq x \leq 1, -2 \leq y \leq 2\}$ 를 포함하는 열린 영역에서
연속인 편도함수를 갖는다.

$$\text{curl} F = \begin{vmatrix} \vec{i} & \vec{j} & \vec{k} \\ \frac{\partial}{\partial x} & \frac{\partial}{\partial y} & \frac{\partial}{\partial z} \\ xz+2y & 3x+2yz & x^2+y^2+z^2 \end{vmatrix} = (0, -x, 1)$$

스토크스 정리에 의해 다음과 같다.

$$\int_C F \cdot dr = \iint_S \text{curl} F \cdot dS$$
$$= \iint_D (0, -x, 1) \cdot (2x, 0, 1) dxdy \ (D = \{(x, y) \mid 0 \leq x \leq 1, -2 \leq y \leq 2\})$$
$$= 4$$

정답 ④

08

곡면 S는 포물면 $z = 4-x^2-y^2$의 xy평면 위쪽이고 $\vec{F}(x, y, z) = <e^{z^2}, 4z-y, 8x\sin y>$일 때, 다음의 값을 구하시오.

$$\iint_S (\nabla \times \vec{F}) \cdot \vec{n} dS$$

(단, $\vec{n}$은 S에서의 외향 단위법선벡터이다.)

① $-e$ ② 1   ③ 0   ④ e

공략 포인트

스토크스 정리
$\int_C \mathbf{F} \cdot dr$
$= \iint_S \text{curl} \mathbf{F} \cdot d\mathbf{S}$

풀이

포물면 $z = 4-x^2-y^2$의 xy평면 만났을 때 교선 $C: r(t) = (2\cos t, 2\sin t, 0)$, $0 \leq t \leq 2\pi$이다.
스토크스 정리에 의해 $\int_C \mathbf{F} \cdot dr = \iint_S \text{curl} \mathbf{F} \cdot d\mathbf{S}$이므로

$$\int_0^{2\pi} (1, -2\sin t, 16\cos t \sin(2\sin t)) \cdot (-2\sin t, 2\cos t, 0) dt = \int_0^{2\pi} (-2\sin t - 2\sin t \cos t) dt = 0$$

정답 ③

4 면적분

대표출제유형

출제경향 분석
스칼라함수와 벡터장의 면적분의 기본적인 계산문제가 출제됩니다.
가우스 발산정리와 스토크스 정리에 대한 출제 빈도가 아주 높습니다.

01 면적분의 계산

🔍 개념 1. 스칼라함수의 면적분

곡면 $S = \{(x, y, z) \mid z = x^2 + y^2, \ 0 \leq z \leq 1\}$에 대해 $\iint_S z \, dS$의 값은?

① $\dfrac{\pi}{6}(5\sqrt{5} - 1)$ ② $\dfrac{\pi}{6}(5\sqrt{5} + 1)$ ③ $\dfrac{\pi}{60}(25\sqrt{5} - 1)$ ④ $\dfrac{\pi}{60}(25\sqrt{5} + 1)$

풀이

STEP A 스칼라함수의 면적분 공식에 대입하여 계산하기

$$\iint_S z \, dS = \iint_D (x^2 + y^2)\sqrt{1 + (2x)^2 + (2y)^2} \, dA$$

$$= \iint_D (x^2 + y^2)\sqrt{1 + 4(x^2 + y^2)} \, dA \ (\text{단}, \ D: x^2 + y^2 \leq 1)$$

$$= \int_0^{2\pi} \int_0^1 r^3 \sqrt{1 + 4r^2} \, dr \, d\theta$$

$$= 2\pi \int_0^1 r^3 \sqrt{1 + 4r^2} \, dr$$

$$= 2\pi \int_1^{\sqrt{5}} \frac{1}{16} t^2(t^2 - 1) \, dt \ (\because \sqrt{1 + 4r^2} = t \text{로 치환})$$

$$= \frac{\pi}{8} \int_1^{\sqrt{5}} t^4 - t^2 \, dt$$

$$= \frac{\pi}{8} \left[\frac{1}{5}t^5 - \frac{1}{3}t^3\right]_1^{\sqrt{5}}$$

$$= \frac{\pi}{8} \left\{\left(\frac{25\sqrt{5}}{5} - \frac{5\sqrt{5}}{3}\right) - \left(\frac{1}{5} - \frac{1}{3}\right)\right\}$$

$$= \frac{\pi}{8} \left\{\frac{10\sqrt{5}}{3} + \frac{2}{15}\right\}$$

$$= \frac{\pi}{120}(50\sqrt{5} + 2) = \frac{\pi}{60}(25\sqrt{5} + 1)$$

정답 ④

02 면적분의 계산

🔍 개념 2. 벡터함수의 면적분

벡터장 $F(x, y, z) = (1, 1, 1)$과 반구면 $S : x^2 + y^2 + z^2 = 1$, $z \geq 0$에 대하여 면적분 $\iint_S F \cdot dS$의 절댓값은?

① 1   ② π ③ 4   ④ $\dfrac{3}{2}\pi$

풀이

STEP A 좌표계 치환하기

$x = \sin\phi\cos\theta$, $y = \sin\phi\sin\theta$, $z = \cos\phi$ 로 치환한다.

STEP B 벡터함수의 면적분 공식에 대입하여 계산하기

$$\iint_S F \cdot dS = \int_0^{2\pi} \int_0^{\frac{\pi}{2}} (1, 1, 1) \cdot (\sin^2\phi\cos\theta, \sin^2\phi\sin\theta, \sin\phi\cos\phi) d\phi d\theta$$

$$= \int_0^{2\pi} \int_0^{\frac{\pi}{2}} \sin^2\phi\cos\theta + \sin^2\phi\sin\theta + \sin\phi\cos\phi \, d\phi d\theta$$

$$= \int_0^{2\pi} \frac{\pi}{4}\cos\theta + \frac{\pi}{4}\sin\theta + \frac{1}{2} d\theta$$

$$= \frac{1}{2} \times 2\pi = \pi$$

정답 ②

03 발산정리

🔍 개념 3. 발산정리와 스토크스 정리

곡면 $S = \{(x, y, z) \mid x^2 + y^2 + z^2 = a^2\}$의 방향이 바깥쪽을 향할 때, S를 통과하는 벡터장 $\vec{F} = 4x\vec{i} + y\vec{j} + 4z\vec{k}$의 유량(flux)은 96π이다. 양수 a의 값은?

① 1 ② 2 ③ 3 ④ 4

풀이

STEP A 주어진 곡면이 폐곡면이므로 발산정리 이용하기

곡면 $S = \{(x, y, z) \mid x^2 + y^2 + z^2 = a^2\}$은 폐곡면이므로 S의 내부영역을 E라 하면 발산정리에 의해 다음과 같다.

$$\iint_S (F \cdot n) d\sigma = \iiint_E div F \, dV$$
$$= \iiint_E (4+1+4) dV$$
$$= 9 \times (\text{구의 부피})$$
$$= 9 \times \frac{4}{3}\pi a^3$$
$$= 12\pi a^3 \text{이다.}$$

STEP B 주어진 유량값과 비교하여 미지수 구하기

이때 유량은 96π이므로 $12\pi a^3 = 96\pi$를 만족해야 한다.

∴ $a = 2$

정답 ②

04 스토크스 정리

🔍 개념 3. 발산정리와 스토크스 정리

평면 $y+z=2$와 원기둥 $x^2+y^2=1$의 교차곡선 C와 벡터장 $F(x,y,z)=<y^3, x, z^4>$에 대한 선적분 $\displaystyle\int_C F \cdot dr$의 값은?

(단, C는 xy평면 위에서 바라보았을 때 시계반대방향을 가진다.)

① $\dfrac{\pi}{8}$ ② $\dfrac{\pi}{4}$ ③ $\dfrac{\pi}{2}$ ④ π

풀이

STEP A 스토크스 정리를 이용하기 위해 $curl F$ 구하기

벡터장 F의 각 성분들은 곡선 C를 포함하는 개영역에서 연속인 편도함수를 갖는다.

$$curl F = \begin{vmatrix} \vec{i} & \vec{j} & \vec{k} \\ \dfrac{\partial}{\partial x} & \dfrac{\partial}{\partial y} & \dfrac{\partial}{\partial z} \\ y^3 & x & z^4 \end{vmatrix} = (0, 0, 1-3y^2)$$

STEP B 스토크스 정리를 이용하여 선적분을 계산하기

스토크스 정리를 이용하여 선적분을 구하면 다음과 같다.

$$\begin{aligned}\int_C F \cdot dr &= \iint_S curl F \cdot n dS \ (S: y+z=2) \\ &= \iint_D (0, 0, 1-3y^2) \cdot (0, 1, 1) dA \ (D: x^2+y^2 \leq 1) \\ &= \iint_D (1-3y^2) dA \\ &= \iint_D 1 dA - 3\iint_D y^2 dA \\ &= \pi - 3\int_0^{2\pi}\int_0^1 r^2\sin^2\theta \cdot r dr d\theta \\ &= \pi - 3 \cdot \pi \cdot \dfrac{1}{4} = \dfrac{\pi}{4}\end{aligned}$$

정답 ②

5 면적분

실전문제

정답 및 풀이 p.253

01 $\sum$가 곡면 $x^2+y^2+z^2=1$, $x \geq 0$, $y \geq 0$, $z \geq \sqrt{x^2+y^2}$ 일 때, 면적분 $\iint_{\sum} 24yz\, dS$의 값은?

① $\sqrt{2}$② $\sqrt{3}$③ $2\sqrt{2}$④ $2\sqrt{3}$

02 곡면 S가 $z=xy$, $x^2+y^2 \leq 1$로 주어질 때, 곡면적분 $\iint_S (x^2+2y)\, dS$의 값은?

① $\dfrac{-1+\sqrt{2}}{15}\pi$② $\dfrac{1+\sqrt{2}}{15}\pi$③ $\dfrac{2+\sqrt{2}}{15}\pi$④ $\dfrac{2+2\sqrt{2}}{15}\pi$

03 원판 $u^2+v^2 \leq 1$에서 $r(u,v) = \langle 2uv,\ u^2-v^2,\ u^2+v^2 \rangle$로 매개화된 곡면 S에 대해 면적분 $\int_S x^2+y^2 dS$의 값은?

① π② $\sqrt{2}\pi$③ 2π④ $2\sqrt{2}\pi$

04 구면 $S: x^2+y^2+z^2=4$에 대하여 $\iint_S \dfrac{dS}{\sqrt{x^2+y^2+(z-1)^2}}$의 값은?

① $8\pi-1$　　② 8π　　③ $8\pi+1$　　④ $8\pi+2$

05 면 S는 제1팔분공간에 있는 평면 $x+y+\dfrac{z}{2}=1$이다. 면적 S에 대한 벡터장 $\vec{V}=(x^2, 0, 2y)$의 면적분 $\iint_S \vec{V}\cdot\vec{n}\,dA$를 계산하면? (단, $\vec{n}$은 단위 법선벡터이다.)

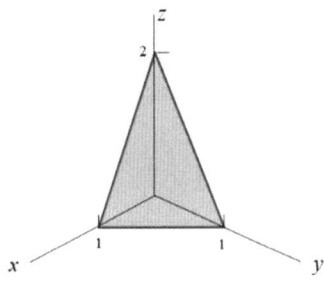

① $\dfrac{1}{2}$　　② $\dfrac{1}{3}$　　③ $\dfrac{1}{4}$　　④ $\dfrac{1}{6}$

06 반지름이 1인 공 $B=\{(x, y, z) : x^2+y^2+z^2 \leq 1\}$의 경계를 이루는 구면을 S라 할 때, 함수의 면적분 $\iint_S (x^2+y+z)dS$의 값은? (단, 공의 바깥쪽을 향하도록 구면 S의 방향을 정한다.)

① $\dfrac{\pi}{3}$　　② $\dfrac{2}{3}\pi$　　③ π　　④ $\dfrac{4}{3}\pi$

07 좌표공간에서 곡면 S는 $x^2+y^2+z^2=9$, $z\geq 0$로 주어진다. 벡터장 $F(x,y,z)=\nabla\left(\dfrac{1}{\sqrt{x^2+y^2+z^2}}\right)$과 $\vec{n}\cdot(0,0,1)\geq 0$을 만족하는 곡면 S의 단위법선벡터 $\vec{n}$에 대하여 $\iint_S F\cdot \vec{n}\,dS$의 값은?

① -2π ② $-\pi$ ③ 0 ④ π

08 다음 보기 중 참인 것을 모두 고른 것은?

— 보 기 —

ㄱ. $\nabla f=(y+x^3)\vec{i}+(x+z\sin y)\vec{j}-\cos y\,\vec{k}$를 만족하는 함수 $f:\mathbb{R}^3\to\mathbb{R}$이 존재한다.

ㄴ. $\text{curl}\,F=y^2\vec{i}+x^3\vec{j}+z\vec{k}$를 만족하는 $\mathbb{R}^3$상의 벡터장 F가 존재한다.

ㄷ. S가 구면 $x^2+y^2+z^2=z$이고 F가 상수벡터장(constant vector field)이면, 이때 $\iint_S F\cdot dS=0$이다.

① ㄱ, ㄴ, ㄷ   ② ㄴ, ㄷ   ③ ㄱ, ㄷ   ④ ㄱ, ㄴ

09 곡면 S는 원뿔면 $z=\sqrt{x^2+y^2}$과 평면 $z=1$로 둘러싸인 입체의 표면이다. 벡터장 $\mathbf{F}=xy^2\vec{\mathbf{i}}+y^3\vec{\mathbf{j}}+y^2z\vec{\mathbf{k}}$의 곡면 S의 바깥 방향으로의 유량(flux) $\iint_S \mathbf{F}\cdot\mathbf{n}\,dS$와 같은 것을 고르시오.

① $\displaystyle\int_0^{2\pi}\sin^2\theta\,d\theta\int_0^1 (5r^3-5r^4)\,dr$

② $\displaystyle\int_0^{2\pi}\int_0^{\pi/4}\int_0^{\sec\phi}5\rho^2\sin^2\phi\sin^2\theta\,d\rho\,d\phi\,d\theta$

③ $\displaystyle\int_{-1}^{1}\int_{-\sqrt{1-x^2}}^{\sqrt{1-x^2}}\int_{\sqrt{x^2+y^2}}^{1}(xy^2+y^3y^2z)\,dz\,dy\,dx$

④ $\dfrac{\pi}{8}$

10 곡면 S는 평면 $z=1$의 아래에 있는 원뿔면 $z=\sqrt{x^2+y^2}$의 부분이고 아래쪽을 향한다. 벡터장 $F(x,y,z)=\langle -x, -y, z^3 \rangle$에 대해 $\iint_S F \cdot dS$의 값은?

① $-\dfrac{2}{15}\pi$ ② $-\dfrac{4}{15}\pi$ ③ $-\dfrac{8}{15}\pi$ ④ $-\dfrac{16}{15}\pi$

11 면적분 $\iint_S \vec{F} \cdot \vec{n}\,dS$를 구하면?

(단, S는 반구면 $\{(x,y,z)\in R^3 \mid x^2+y^2+z^2=1,\ z\geq 0\}$이고 벡터장 $\vec{F}$는 $\vec{F}(x,y,z)=(x,-2y,z+1)$이며 $\vec{n}$은 곡면 S의 단위법선벡터이다.)

① 0 ② $\pi-\dfrac{1}{2}$ ③ π ④ $\pi+\dfrac{1}{2}$

12 폐곡면 $S=\left\{(x,y,z) \mid x^2+\dfrac{y^2}{2}+\dfrac{z^2}{3}=1\right\}$의 방향(orientation)이 바깥쪽을 향할 때, 벡터장 $F(x,y,z)=\dfrac{\langle x,y,z \rangle}{(x^2+y^2+z^2)^{\frac{3}{2}}}$에 대하여 면적분 $\iint_S F \cdot dS$의 값은?

① 4π ② 3π ③ 2π ④ π

13. 곡선 C가 평면 $x-y+z=1$과 원기둥 $x^2+y^2=1$의 교선일 때, 선적분 $\int_C 2z\,dx - x\,dy + e^{z^2}dz$의 값을 구하면?

(단, C의 방향은 위에서 봤을 때 시계반대방향이다.)

① $-\pi$ ② -2π ③ -3π ④ -4π

14. 벡터마당 $F(x,y,z) = \langle 3y, x, e^{z^3} \rangle$이고, 곡면 S는 타원면 $x^2+2y^2+3z^2=1$ 중에서 $z \geq 0$인 부분일 때, 면적분 $\iint_S \text{curl}\,F \cdot \mathbf{n}\,dS$를 구하면?

(단, $\mathbf{n}$은 곡면 S의 각 점에서 위쪽을 향하는 단위법선벡터이다.)

① $-\pi$ ② $-\sqrt{2}\pi$ ③ $-\sqrt{3}\pi$ ④ -2π

15. 함수 $z = e^{-(x^2+y^2)}$, $z \geq \dfrac{1}{e}$에 의해 정의된 곡면 S와 벡터장 $\vec{F}(x,y,z) = (e^{y+z}-2y)\vec{i} + (xe^{y+z}+y)\vec{j} + e^{x+y}\vec{k}$에 대하여 $\iint_S \nabla \times \vec{F} \cdot d\vec{S}$의 값을 구하시오.

(단, 곡면 S의 방향은 단위법선벡터가 위쪽을 향하는 방향이다.)

① e ② π ③ $2e$ ④ 2π

03

1계 미분방정식

출제 비중 & 빈출 키워드 리포트

단원	출제 비중	합계 17%	빈출 키워드
1. 미분방정식의 개요		2%	· 미분방정식의 해와 작성
2. 변수분리형		4%	· 완전미분방정식
3. 동차형		2%	· 선형미분방정식
4. 완전미분방정식		3%	
5. 적분인수와 1계 선형미분방정식		4%	
6. 베르누이·자율형 미분방정식		2%	

1 미분방정식의 개요

1. 미분방정식

(1) 정의

① 하나 혹은 그 이상의 도함수가 포함된 방정식

② 예시

$y' + 4y = e^x, \ (x+y)dx - ydy = 0, \ y'' + 6y' + 8y = 4\cos x$

(2) 분류: 미분방정식은 형태, 차수, 선형 또는 비선형으로 분류한다.

① 형태에 따른 분류

미분방정식의 도함수가 상도함수만을 포함하는 미분방정식을 상미분방정식이라 하며, 편도함수가 포함된 미분방정식을 편미분방정식이라 한다. (1)-② 예시는 모두 상미분방정식이다.

② 계수에 따른 분류

- 미분한 횟수를 도함수의 계수(order)라 하며, 주어진 미분방정식의 계수는 미분방정식 내 항들의 계수 중 가장 큰 계수로 정한다. 또한, 미분방정식의 차수(degree)는 미분방정식의 항들의 가장 큰 계수를 차수로 정한다.

- 예시

  $\dfrac{d^2y}{dx^2} + 4\left(\dfrac{dy}{dx}\right)^3 - y = x$: 2계 1차 상미분방정식, $x^3\dfrac{dy}{dx} + (x+y) = 0$: 1계 1차 상미분방정식

③ 선형 또는 비선형에 따른 분류

- 선형과 비선형

  $a_n(x)\dfrac{d^ny}{dx^n} + a_{n-1}(x)\dfrac{d^{n-1}y}{dx^{n-1}} + \cdots + a_0(x)y = r(x)$ 의 형태로 주어져 있으면 선형이라 하고, 그렇지 않으면 비선형이라 한다.

- 분류 방법 정리

  (ⅰ) 종속변수 y와 y의 모든 차수 도함수의 멱(Power)이 1이어야 한다.

  즉, $\left(\dfrac{d^2y}{dx^2}\right)^2$ 이나 $\left(\dfrac{dy}{dx}\right)^4$ 과 같은 항이 나타나서는 안된다.

  (ⅱ) 미분방정식의 계수는 독립변수 x만의 함수이어야 한다.

- 예시

  $2y^3y'' - 2e^xy' = 5$는 2계 비선형미분방정식이다.

2. 미분방정식의 해와 작성

(1) 미분방정식의 해

① 일반적으로 n차 미분방정식은 다음과 같이 표현할 수 있다.

$$F(x, y, y', \cdots, y^{(n)}) = 0$$

어떤 함수 $y = f(x)$가 존재하여 n차 도함수를 가지며 위의 식을 만족한다면 y를 주어진 미분방정식의 해라 한다.

② 예시

- $y = e^x + 3e^{-x}$는 미분방정식 $y'' - y = 0$의 양함수 해이다.

- $x^2 - y^2 + 4 = 0$는 미분방정식 $y' = \dfrac{x}{y}$의 음함수 해이다.

(2) 해의 종류

① 일반해: 상수 c를 포함하는 해를 말한다.

② 특수해: 상수 c를 포함하지 않는 해를 말한다. 일반해로 표시된 미분방정식의 해는 무수히 많으며, 특정한 조건하에 결정된 하나의 해를 특수해라 한다.

③ 특이해: 일반해에서 어떤 c를 선택하더라도 얻을 수 없는 해를 특이해라 한다.

(3) 해의 종류 예시

$(y')^2 - xy' + y = 0$은 일반해 $y = cx - c^2$을 가진다. $c = 1$이라 하면 $y = x - 1$은 특수해이다.

여기서 $y = \dfrac{1}{4}x^2$도 주어진 미분방정식의 해가 된다. 그러나 이 해는 어떤 c를 택하더라도 얻어지지 않는 해이므로 특이해라 할 수 있다.

(4) 미분방정식의 초기치 문제

일반적으로 n차 선형미분방정식의 일반해는 n개의 상수를 포함하게 되는데, 주어진 미분방정식과 함께 n개의 초기 조건 $y(x_0) = y_0, \cdots, y^{(n-1)}(x_0) = y_{n-1}$이 주어지면 n개의 상수를 모두 결정할 수 있다.

이를 미분방정식의 초기치 문제라 하며, 다음과 같이 표현된다.

$$F(x, y, y', \cdots, y^{(n-1)}) = 0$$
$$y(x_0) = y_0, \cdots, y^{(n-1)}(x_0) = y_{n-1}$$

이는 초기치 문제가 유일한 해를 가진다는 것을 의미한다.

(5) 미분방정식의 작성

미분방정식은 임의의 상수를 포함하는 독립변수와 함수 사이의 관계식으로부터 그 임의의 상수를 소거할 때 나타난다. 즉, 해로부터 출발하여 그 해를 만족하는 미분방정식을 구하는 것을 말한다. 주어진 일반해를 그 미분방정식에 나타나 있는 임의의 상수 개수만큼 미분하여 임의의 상수를 포함하지 않으면 이것이 구하는 미분방정식이 된다.

개념적용

01

$(y')^2 + xy' = y+1$의 설명 중 옳지 <u>않은</u> 것은?

① $y = cx + c^2 - 1$은 일반해
② $y = cx^2 + c^2$은 일반해
③ $y = -1$은 특수해
④ $y = -\dfrac{1}{4}x^2 - 1$은 특이해

공략 포인트

해의 종류
일반해: 상수를 포함하는 해

풀이

② $y = cx^2 + c^2$을 주어진 식에 대입하면 성립하지 않으므로 일반해가 아니다.

정답 ②

02

함수 $y = (x+1) - \dfrac{1}{3}e^x$는 1계 초깃값 문제 $\dfrac{dy}{dx} = y - x$, $y(0) = \dfrac{2}{3}$의 해임을 보이시오.

공략 포인트

함수를 주어진 식에 대입하여 성립하는지를 확인하면 된다.

풀이

$y = (x+1) - \dfrac{1}{3}e^x$를 x에 대하여 미분하면 $y' = 1 - \dfrac{1}{3}e^x$이다. 이를

$\dfrac{dy}{dx} = y - x$에 대입해 보면 양변이 같고, $y(0) = \dfrac{2}{3}$임을 알 수 있다.

따라서 $y = (x+1) - \dfrac{1}{3}e^x$는 초기 조건을 만족하는 주어진 미분방정식의 해이다.

정답 풀이 참조

03

모든 실수 c에 대하여 방정식 $y^2 = x^2 + cxy$를 해로 갖는 미분방정식은?

① $xdy + ydx = 0$
② $xdy - ydx = 0$
③ $xdx + ydy = 0$
④ $xdx - ydy = 0$

공략 포인트

미지수 c를 구한 다음 다시 방정식에 대입하여 전개 후 미분방정식을 구한다.

풀이

$2yy' = 2x + cy + cxy' \Leftrightarrow c(y + xy') = 2yy' - 2x \Leftrightarrow c = \dfrac{2yy' - 2x}{y + xy'}$ 이다.

주어진 방정식에 c를 대입하면

$y^2 = x^2 + \dfrac{2yy' - 2x}{y + xy'} xy$

$\Rightarrow (y + xy')y^2 = x^2(y + xy') + (2yy' - 2x)xy$

$\Rightarrow y^3 + xy^2 y' = x^2 y + x^3 y' + 2xy^2 y' - 2x^2 y$

$\Rightarrow y^3 + x^2 y = x^3 y' + xy^2 y'$

$\Rightarrow (x^2 + y^2)y = (x^2 + y^2)xy'$

$\Rightarrow y = xy'$

$\Rightarrow ydx = xdy$

$\Rightarrow xdy - ydx = 0$

정답 ②

2 변수분리형

1. 초깃값 문제

1계 미분방정식을 풀 때, $y(x_0) = y_0$와 같은 초기 조건이 주어진 문제를 초깃값 문제(initial value problem)라고 한다. (여기서 x_0는 어떤 구간 I에 속하고, y_0는 임의의 실수이다.)

2. 변수분리형

(1) 형태

미분방정식을 변형하여 x와 y의 함수로 변수분리가 가능한 형태로 표시할 수 있다면 이 미분방정식을 변수분리형이라 한다.

$$g(y)\frac{dy}{dx} + f(x) = 0 \text{ 또는 } f(x)dx + g(y)dy = 0$$

(2) 변수분리형의 일반해

일반해는 양변을 적분한 $\int g(y)\,dy + \int f(x)\,dx = c$ 이다.

3. 치환형 미분방정식

(1) 정의

1계 미분방정식 중에는 분리할 수는 없으나, 변수변환에 의하여 분리형으로 만들 수 있는 것이 있다.

(2) 예시

다음과 같은 형태의 미분방정식 $\frac{dy}{dx} = f(ax+by+c)$는 변수변환에 의하여 변수분리형이 된다.

$u = ax+by+c$ 라 놓으면 $\frac{du}{dx} = a+b\frac{dy}{dx}$ 이다. 따라서 주어진 미분방정식은 $\frac{du}{dx} = a+bf(u)$가 되어 변수분리형이 된다.

개념적용

01

미분방정식 $(1+x)\dfrac{dy}{dx}+(1+y)=0$의 일반해를 구하시오.

공략 포인트

변수분리형 미분방정식
미분방정식을 변형하여 x와 y의 함수로 변수분리가 가능한 형태로 표시할 수 있다면 이 미분방정식을 변수분리형이라 한다.

$g(y)\dfrac{dy}{dx}+f(x)=0$ 또는

$f(x)dx + g(y)dy = 0$

변수분리형의 일반해는 양변을 적분해서 구한다.

풀이

$(1+x)\dfrac{dy}{dx}+(1+y)=0$을 변수분리형으로 나타내면

$(1+x)dy+(1+y)dx=0$이다.

이제 양변을 $(1+x)(1+y)$으로 나누면

$\dfrac{1}{1+x}dx + \dfrac{1}{1+y}dy = 0$이다.

따라서 구하고자 하는 일반해는 다음과 같다.

$\displaystyle\int \dfrac{1}{1+x}dx + \int \dfrac{1}{1+y}dy = \int 0\,dx$

$\Leftrightarrow \ln(1+x)+\ln(1+y) = c'$ (단, c'는 임의의 상수)

$\Leftrightarrow \ln\{(1+x)(1+y)\}=c'$

즉, $(1+x)(1+y) = e^{c'} = c \Leftrightarrow 1+y = \dfrac{c}{1+x}$

$\therefore y = \dfrac{c}{1+x} - 1$

정답 풀이 참조

02

평면상의 점 $(1, 4)$ 를 통과하고 점 (x, y) 에서의 접선의 기울기로 $\dfrac{2x}{y^2}$ 를 갖는 곡선의 식이 $x^2 - \dfrac{1}{3}y^3 = a$ 로 표현될 때, a의 값은?

① -21 ② $-\dfrac{62}{3}$ ③ $-\dfrac{61}{3}$ ④ -20

공략 포인트

변수분리형 미분방정식
미분방정식을 변형하여 x와 y의 함수로 변수분리가 가능한 형태로 표시할 수 있다면 이 미분방정식을 변수분리형이라 한다.
$g(y)\dfrac{dy}{dx} + f(x) = 0$ 또는
$f(x)dx + g(y)dy = 0$

변수분리형의 일반해는 양변을 적분해서 구한다.

풀이

접선의 기울기가 $\dfrac{2x}{y^2}$ 라는 것은 $\dfrac{dy}{dx} = \dfrac{2x}{y^2}$ 를 나타낸다.

$\dfrac{dy}{dx} = \dfrac{2x}{y^2}$ 를 변수분리형으로 표현하면 $2xdx - y^2dy = 0$ 이다.

이제 일반해는

$\displaystyle\int 2xdx - \int y^2dy = c$ 에서 $x^2 - \dfrac{1}{3}y^3 = c$ 이다.

이 곡선은 평면상의 점 $(1, 4)$ 를 통과하므로

$c = 1^2 - \dfrac{4^3}{3} = -\dfrac{61}{3}$ 이다.

따라서 구하고자 하는 곡선은 $x^2 - \dfrac{1}{3}y^3 = -\dfrac{61}{3}$ 에서

$a = -\dfrac{61}{3}$ 이다.

정답 ③

03

미분방정식 $(1+x^2)\dfrac{dy}{dx} + xy = 0$, $y(0) = 1$을 만족하는 y에 대해 $y(1)$의 값은?

① $-\dfrac{1}{2}$ ② $\dfrac{1}{\sqrt{2}}$ ③ $\sqrt{2}$ ④ $-\sqrt{2}$

공략 포인트

변수분리형 미분방정식
미분방정식을 변형하여 x와 y의 함수로 변수분리가 가능한 형태로 표시할 수 있다면 이 미분방정식을 변수분리형이라 한다.
$g(y)\dfrac{dy}{dx} + f(x) = 0$ 또는
$f(x)dx + g(y)dy = 0$

변수분리형의 일반해는 양변을 적분해서 구한다.

풀이

$(1+x^2)\dfrac{dy}{dx} + xy = 0 \Leftrightarrow \dfrac{x}{1+x^2}dx + \dfrac{1}{y}dy = 0$ (변수분리형)

양변을 적분하면 일반해를 구할 수 있으므로

$\displaystyle\int \dfrac{x}{1+x^2}dx + \int \dfrac{1}{y}dy = c$ 에서 $\dfrac{1}{2}\ln(1+x^2) + \ln|y| = c$ 이다.

$y(0) = 1$ 이므로 $c = 0$ 이다.

따라서 $\dfrac{1}{2}\ln(1+x^2) + \ln|y| = 0$ 이고, $y(1) = \dfrac{1}{\sqrt{2}}$ 이다.

정답 ②

04

다음 미분방정식을 푸시오.

(1) $y' = (x-y)^2$

(2) $\dfrac{dy}{dx} = (x+y+3)^2$

(3) $y'' + 2(y')^2 = 0$

공략 포인트

치환형 미분방정식
1계 미분방정식 중에는 분리할 수는 없으나 변수변환에 의하여 분리형으로 만들 수 있는 것이 있다.

변수분리형 미분방정식
미분방정식을 변형하여 x와 y의 함수로 변수분리가 가능한 형태로 표시할 수 있다면 이 미분방정식을 변수분리형이라 한다.
$g(y)\dfrac{dy}{dx} + f(x) = 0$ 또는
$f(x)dx + g(y)dy = 0$

풀이

(1) $u = x - y$ 라 하고 양변을 x에 관하여 미분하면 $1 - y' = u'$

즉, $y' = 1 - u'$이 된다. 이 식을 주어진 미분방정식에 대입하면

$1 - u' = u^2 \Leftrightarrow \dfrac{du}{1-u^2} = dx \Leftrightarrow dx - \dfrac{1}{1-u^2}du = 0$ 이고 변수분리형이 된다.

일반해는 $x + \dfrac{1}{2}\ln\dfrac{u-1}{u+1} = c'$ 이다.

즉, $\dfrac{1}{2}\ln\dfrac{u-1}{u+1} = -x + c' \Leftrightarrow \ln\dfrac{u-1}{u+1} = -2x + c'' \Leftrightarrow \dfrac{u-1}{u+1} = ce^{-2x}$

여기에 $u = x - y$를 대입하면 $\dfrac{x-y-1}{x-y+1} = ce^{-2x}$ 이다.

(2) $u = x + y + 3$ 이라 하고 양변을 x에 관하여 미분하면 $u' = 1 + y'$

즉, $y' = u' - 1$ 이 된다. 이 식을 주어진 미분방정식에 대입하면 $u' - 1 = u^2$ 이다.

$\therefore \dfrac{du}{dx} = u^2 + 1 \Leftrightarrow du = (u^2 + 1)dx \Leftrightarrow dx - \dfrac{1}{u^2+1}du = 0$ 에서

양변을 적분하면 $x - \tan^{-1} u = c'$ 이다. 따라서 $u = \tan(x+c)$ 이다.

즉, $x + y + 3 = \tan(x+c) \Leftrightarrow y = -x + \tan(x+c) - 3$ 이다.

(3) $y' = z$ 라 하여 원래의 식에 대입하면 $z' + 2z^2 = 0$ 이다.

$\dfrac{dz}{dx} = -2z^2 \Leftrightarrow dz = -2z^2 dx \Leftrightarrow 2dx + \dfrac{1}{z^2}dz = 0$ 이고 변수분리형이 된다.

일반해는 다음과 같다.

$\displaystyle\int \dfrac{1}{z^2}dz + 2\int dx = c \Leftrightarrow -\dfrac{1}{z} + 2x = c \Leftrightarrow z = \dfrac{1}{2x + C_0} \Leftrightarrow \dfrac{dy}{dx} = \dfrac{1}{2x + C_0}$

$\therefore y = \displaystyle\int \dfrac{1}{2x + C_0}dx = \dfrac{1}{2}\ln(2x + C_0) + C_1$

정답 풀이 참조

05

미분방정식 $y' = 4 + e^{y-4x+3}$, $y(0) = -3$에 대하여 $y\left(\dfrac{3}{4}\right)$과 $y'\left(\dfrac{3}{4}\right)$의 곱은?

① $16\ln 2$ ② $8\ln 2$ ③ $4\ln 2$ ④ $2\ln 2$

공략 포인트

치환형 미분방정식
1계 미분방정식 중에는 분리할 수는 없으나 변수변환에 의하여 분리형으로 만들 수 있는 것이 있다.

풀이

$y' - 4 = u'$, $y - 4x = u$로 치환하면
$y' = 4 + e^{y-4x+3} \Rightarrow u' = e^{u+3}$이다.
이제 변수분리형으로 나타내면 $e^{-u-3}du = dx$이다.
일반해를 구하기 위해 양변을 적분하면 다음과 같다.
$-e^{-u-3} = x + c \Rightarrow -e^{-y+4x-3} = x + c$
초기 조건 $y(0) = -3$에 의해 $c = -1$이므로 해는 $1 - x = e^{4x-y-3}$이고
양변에 자연로그를 취하여 정리하면 $y = 4x - 3 - \ln|1-x|$이다.

따라서 $y\left(\dfrac{3}{4}\right) = 2\ln 2$, $y'\big|_{x=\frac{3}{4}} = 4 + \dfrac{1}{1-x}\big|_{x=\frac{3}{4}} = 8$이므로

구하고자 하는 값 $y\left(\dfrac{3}{4}\right) \times y'\left(\dfrac{3}{4}\right) = 16\ln 2$이다.

정답 ①

06

미분방정식 $yy'' + (y')^2 = 0$의 해가 $y(0) = 1$, $y'(0) = 1$을 만족할 때, $y(1)$의 값은?

① 0 ② 1 ③ $\sqrt{2}$ ④ $\sqrt{3}$

공략 포인트

치환형 미분방정식
1계 미분방정식 중에는 분리할 수는 없으나 변수변환에 의하여 분리형으로 만들 수 있는 것이 있다.

풀이

$yy'' + (y')^2 = 0$에서 $y' = u$라고 치환하여 변수분리형으로 나타내면
$yu\dfrac{du}{dy} + u^2 = 0 \Leftrightarrow \dfrac{1}{u}du + \dfrac{1}{y}dy = 0$이다.
$\ln u + \ln y = A \Leftrightarrow uy = A \Leftrightarrow yy' = A$이다.
초기 조건 $y(0) = 1$, $y'(0) = 1$을 대입하면 $A = 1$이므로 $yy' = 1$이다.

따라서 $y\dfrac{dy}{dx} = 1 \Leftrightarrow ydy = dx \Leftrightarrow \dfrac{1}{2}y^2 = x + B \Leftrightarrow y^2 = 2x + B$이고

초기 조건 $y(0) = 1$을 대입하면 $B = 1$이므로 $y^2 = 2x + 1$이 성립한다.
그러므로 구하고자 하는 값 $y(1) = \sqrt{3}$ ($\because y > 0$)이다.

정답 ④

3 동차형

1. 동차함수

어떤 실수 n에 대하여 $f(tx, ty) = t^n f(x, y)$가 성립할 때, 이 $f(x, y)$를 n차의 동차함수(homogeneous function)라 한다. 동차함수란 각 항의 총 차수가 같은 함수임을 뜻한다.

2. 동차미분방정식의 해법

동차미분방정식 $M(x, y)dx + N(x, y)dy = 0$에서 $y = ux$ 또는 $x = vy$로 치환함으로써 변수분리형으로 변형될 수 있다. 여기서 u와 v는 새로운 종속변수이다.

개념적용

01 다음 미분방정식의 일반해를 구하시오.
$$(x+y)dx + xdy = 0$$

공략 포인트

동차형 미분방정식의 해법
x, y를 새로운 종속변수로 치환하여 변수분리형으로 나타낸다.

풀이

$y = ux$와 $dy = udx + xdu$를 주어진 미분방정식에 대입하면 다음과 같다.
$(x + ux)dx + x(udx + xdu) = 0$
$\Rightarrow (x + ux + ux)dx + x^2 du = 0$
$\Rightarrow (2u+1)dx + xdu = 0$
$\Rightarrow \int \frac{1}{x}dx + \int \frac{1}{2u+1}du = c$
$\therefore \ln|x| + \frac{1}{2}\ln|2u+1| = c$
$\Rightarrow \ln|x| + \frac{1}{2}\ln\left|\frac{2y}{x}+1\right| = c \ (\because u = \frac{y}{x})$

정답 풀이 참조

02

동차형 미분방정식 $(x^2+y^2)dx - 2xy\,dy = 0$을 푸시오.

공략 포인트

동차형 미분방정식의 해법
x, y를 새로운 종속변수로 치환하여 변수분리형으로 나타낸다.

풀이

$y = xv$ 라 하면 $dy = vdx + xdv$ 이므로
$(x^2+y^2)dx - 2xy\,dy = 0 \Leftrightarrow (x^2+x^2v^2)dx - 2x^2v(vdx+xdv) = 0$
$\Leftrightarrow x^2(1-v^2)dx - 2x^3v\,dv = 0$
$\Leftrightarrow \dfrac{1}{x}dx - \dfrac{2v}{1-v^2}dv = 0$의 변수분리형으로 나타낼 수 있다.

그러므로 일반해는 다음과 같다.

$\displaystyle\int \dfrac{1}{x}dx - \int \dfrac{2v}{1-v^2}dv = C \Leftrightarrow \ln x + \ln(1-v^2) = C$
$\Leftrightarrow \ln\{x(1-v^2)\} = C$
$\therefore x(1-v^2) = c$

여기서 $v = \dfrac{y}{x}$ 이므로 $x\left(1-\dfrac{y^2}{x^2}\right) = c$

즉, $x^2 - y^2 = cx$ 이다.

정답 풀이 참조

03

미분방정식 $xy^2y' = x^3 + y^3$ 을 푸시오.

공략 포인트

동차형 미분방정식의 해법
x, y를 새로운 종속변수로 치환하여 변수분리형으로 나타낸다.

풀이

$xy^2y' = x^3 + y^3 \Leftrightarrow xy^2\dfrac{dy}{dx} = x^3 + y^3$
$\Leftrightarrow (x^3+y^3)dx - xy^2dy = 0$ 이므로 동차형이다.

$y = xv$ 라 하면 $dy = vdx + xdv$ 이므로
$(x^3+y^3)dx - xy^2dy = 0 \Leftrightarrow (x^3+x^3v^3)dx - x\cdot x^2v^2(vdx+xdv) = 0$
$\Leftrightarrow x^3dx - x^4v^2dv = 0$
$\Leftrightarrow \dfrac{1}{x}dx - v^2dv = 0$ 의 변수분리형으로 나타낼 수 있다.

그러므로 일반해는 다음과 같다.

$\displaystyle\int \dfrac{1}{x}dx - \int v^2 dv = C \Leftrightarrow \ln x - \dfrac{1}{3}v^3 = C$
$\therefore \ln x - \dfrac{1}{3}v^3 = c$

여기서 $v = \dfrac{y}{x}$ 이므로 $\ln x + \dfrac{y^3}{3x^3} = c$ 이다.

정답 풀이 참조

4 완전미분방정식

1. 완전미분방정식

(1) 정의

미분방정식 $P(x,y)dx + Q(x,y)dy = 0 \cdots (\ast)$ 이 다음과 같이 어떤 함수 $u(x,y)$의 전미분

$$du = P(x,y)dx + Q(x,y)dy$$

이 될 때, $(\ast)$를 완전미분방정식(exact differential equation)이라 한다.

(2) 완전미분방정식(1)의 일반해는 $u(x,y) = c$이다. (여기서 c는 임의의 상수이다.)

2. 완전미분방정식이기 위한 필요충분조건

$(\ast)$가 완전미분방정식이기 위한 필요충분조건은 다음이 성립하는 것이다.

$$\frac{\partial P}{\partial y} = \frac{\partial Q}{\partial x}$$

(여기서 $P(x,y)$, $Q(x,y)$는 1계 편도함수가 존재하는 연속인 함수이다.)

> **TIP** ▶ 완전미분방정식의 일반해 구하는 공식
> $$\int P(x,y)dx + \int \left[Q(x,y) - \frac{\partial}{\partial y} \int P(x,y)dx \right] dy = c 로 주어진다.$$
> (여기서 c는 임의의 상수이다.)

개념적용

01

다음의 일계 미분방정식 중에서 완전(exact)이 아닌 것은?

① $2xy dx + (1+x^2) dy = 0$
② $(2 + ye^{xy}) dx + (xe^{xy} - 2y) dy = 0$
③ $y dx + x dy = 0$
④ $(x-y) dx + (x+y) dy = 0$

공략 포인트

완전미분방정식이기 위한 필요충분조건
$\dfrac{\partial P}{\partial y} = \dfrac{\partial Q}{\partial x}$

풀이

① $\dfrac{\partial}{\partial y}(2xy) = 2x = \dfrac{\partial}{\partial x}(1+x^2)$ 이므로 완전미분방정식이다.

② $\dfrac{\partial}{\partial y}(2 + ye^{xy}) = e^{xy} + xye^{xy} = \dfrac{\partial}{\partial x}(xe^{xy} - 2y)$ 이므로 완전미분방정식이다.

③ $\dfrac{\partial}{\partial y}(y) = 1 = \dfrac{\partial}{\partial x}(x)$ 이므로 완전미분방정식이다.

④ $\dfrac{\partial}{\partial y}(x-y) = -1 \neq 1 = \dfrac{\partial}{\partial x}(x+y)$ 이므로 완전미분방정식이 아니다.

정답 ④

02

미분방정식 $(x^3 + 5xy^2) dx + (5x^2 y + 2y^3) dy = 0$의 일반해를 구하시오.

공략 포인트

완전미분방정식의 일반해는 $u(x, y) = c$이다.

풀이

$\dfrac{\partial}{\partial y}(x^3 + 5xy^2) = 10xy = \dfrac{\partial}{\partial x}(5x^2 y + 2y^3)$ 이므로 완전미분방정식이다.

$u(x,y) = \displaystyle\int (x^3 + 5xy^2) dx = \dfrac{1}{4}x^4 + \dfrac{5}{2}x^2 y^2 + g(y)$ (단, $g(y)$는 y에 관한 식)

그러므로 $\dfrac{\partial u}{\partial y} = 5x^2 y + g'(y)$이다.

여기서 $\dfrac{\partial u}{\partial y} = 5x^2 y + 2y^3$ 이므로 $g'(y) = 2y^3$ 이다.

$\therefore g(y) = \dfrac{1}{2}y^4 + c$

따라서 일반해는 $\dfrac{1}{4}x^4 + \dfrac{5}{2}x^2 y^2 + \dfrac{1}{2}y^4 = C$이다.

정답 풀이 참조

03

미분방정식 $(2x+e^y)dx+xe^y dy=0$, $y(1)=0$의 해는?

① $y=\ln\left(\dfrac{2-x^2}{x}\right)$ ② $y=\ln\left(\dfrac{2-x^2}{x^2}\right)$

③ $y=\ln\left(\dfrac{2+x^2}{x^2}\right)$ ④ $y=\ln\left(\dfrac{2+x^2}{x}\right)$

공략 포인트

완전미분방정식이기 위한 필요충분조건

$\dfrac{\partial P}{\partial y}=\dfrac{\partial Q}{\partial x}$

완전미분방정식의 일반해를 구하는 공식

$\int P(x,y)dx$
$+\int\left[Q(x,y)-\dfrac{\partial}{\partial y}\int P(x,y)dx\right]dy=c$

풀이

$P=2x+e^y$, $Q=xe^y$라고 할 때, $Q_x=e^y=P_y$이므로 완전미분방정식이다.
완전미분방정식의 일반해를 구하기 위해

$\int Pdx+\int\left[Q-\dfrac{\partial}{\partial y}\int Pdx\right]dy=c$를 이용하면

$x^2+xe^y=c$이고, $x=1$, $y=0$을 대입하면 $c=2$이다.

∴ 미분방정식의 일반해는 $x^2+xe^y=2$에서

$y=\ln\left(\dfrac{2-x^2}{x}\right)$이다.

정답 ①

5. 적분인수와 1계 선형미분방정식

1. 적분인수 (또는 적분인자)

$P(x,y)dx + Q(x,y)dy = 0 \cdots (\ast)$은 완전미분방정식이 아니나, 양변에 $\mu(x,y)(\neq 0)$를 곱한 방정식

$$\mu(x,y)P(x,y)dx + \mu(x,y)Q(x,y)dy = 0$$

이 완전미분방정식이 될 때의 함수 $\mu(x,y)$를 $(\ast)$의 적분인수(integrating factor) 또는 적분인자라 한다.

TIP ① 한 미분방정식에 대해 적분인수가 한 개뿐이라고는 할 수 없다.

② $\lambda = \dfrac{\dfrac{\partial Q}{\partial x} - \dfrac{\partial P}{\partial y}}{Q(\text{또는 } P)}$ 가 x만의 함수이면 $\mu = e^{\int -\lambda dx}$는 한 적분인수이고,

$\lambda = \dfrac{\dfrac{\partial Q}{\partial x} - \dfrac{\partial P}{\partial y}}{P(\text{또는 } Q)}$ 가 y만의 함수이면 $\mu = e^{\int \lambda dx}$는 한 적분인수이다.

2. 1계 선형미분방정식

(1) 형태

$y' + P(x)y = Q(x)$의 꼴로 된 미분방정식을 선형(linear)이라 한다.

(2) 1계 선형미분방정식의 일반해

$y = e^{-\int P(x)dx}\left\{\int Q(x)e^{\int P(x)dx}dx + c\right\}$ (여기서 c는 임의의 상수이다.)

(3) 적분인수

1계 선형미분방정식 $y' + P(x)y = Q(x)$의 적분인수
$$I = e^{\int P(x)dx}$$

개념적용

01

다음 중 미분방정식 $(3xy+y^2)+(x^2+xy)\dfrac{dy}{dx}=0$의 적분인수는?

① y ② x^2 ③ xy ④ x

공략 포인트

적분인수(또는 적분인자)
완전미분방정식이 아닌 방정식에 함수를 곱하여 완전미분방정식이 되게 할 때의 함수

$\lambda = \dfrac{\dfrac{\partial Q}{\partial x} - \dfrac{\partial P}{\partial y}}{Q(\text{또는 }P)}$ 가 x만의 함수이면 $\mu = e^{\int -\lambda dx}$는 한 적분인수이다.

풀이

$(3xy+y^2)dx+(x^2+xy)dy=0$에서 $P=3xy+x^2$, $Q=x^2+xy$로 놓으면

$\dfrac{\dfrac{\partial Q}{\partial x} - \dfrac{\partial P}{\partial y}}{Q} = \dfrac{2x+y-3x-2y}{x^2+xy} = -\dfrac{1}{x}$ 이므로

적분인수는 $e^{\int \frac{1}{x}dx} = e^{\ln x} = x$이다.

TIP ▶ 적분인수를 주어진 방정식의 양변에 곱하면 완전미분방정식이 된다. 이 문제에서 주어진 방정식의 양변에 x를 곱하면

$(3x^2y+xy^2)dx+(x^3+x^2y)dy=0$이고, $\dfrac{\partial Q}{\partial x}=3x^2+2xy=\dfrac{\partial P}{\partial y}$ 이므로 완전미분방정식이 된다.

정답 ④

02

초깃값 $y(1)=1$을 가지는 미분방정식 $(3x+2y^2)dx+2xydy=0$의 해를 구하시오.

공략 포인트

적분인수(또는 적분인자)
완전미분방정식이 아닌 방정식에 함수를 곱하여 완전미분방정식이 되게 할 때의 함수

$\lambda = \dfrac{\dfrac{\partial Q}{\partial x} - \dfrac{\partial P}{\partial y}}{Q(\text{또는 }P)}$ 가 x만의 함수이면 $\mu = e^{\int -\lambda dx}$는 한 적분인수이다.

풀이

$\lambda = \dfrac{\dfrac{\partial Q}{\partial x} - \dfrac{\partial P}{\partial y}}{Q} = \dfrac{\dfrac{\partial(2xy)}{\partial x} - \dfrac{\partial(3x+2y^2)}{\partial y}}{2xy} = \dfrac{2y-4y}{2xy} = -\dfrac{1}{x}$ 이고

위 미분방정식의 한 적분인수는 $\mu = e^{-\int -\frac{1}{x}dx} = x$이다.

이것을 위 미분방정식의 양변에 곱하면 $(3x^2+2xy^2)dx+2x^2ydy=0$이 되어 완전미분방정식이 된다.

따라서 구하고자 하는 미분방정식의 해는 $x^3+x^2y^2=c$가 된다.

정답 풀이 참조

03

미분방정식 $2xy\,dx + (4y+3x^2)dy = 0$, $y(1) = 1$의 해는?

① $y^4 + x^2y^3 = 2$
② $y^3 + x^2y^2 = 2$
③ $y^4 - 2x^2y^3 = -1$
④ $y^4 - 3x^2y^2 = -2$

공략 포인트

적분인수(또는 적분인자)
완전미분방정식이 아닌 방정식에 함수를 곱하여 완전미분방정식이 되게 할 때의 함수

$\lambda = \dfrac{\dfrac{\partial Q}{\partial x} - \dfrac{\partial P}{\partial y}}{Q(\text{또는 }P)}$ 가 y만의 함수이면 $\mu = e^{\int \lambda\, dy}$는 한 적분인수이다.

풀이

$\dfrac{\partial Q}{\partial x} = 6x \neq 2x = \dfrac{\partial P}{\partial y}$ 이므로 완전형(exact)은 아니다.

적분인자를 구하기 위하여 $\dfrac{\dfrac{\partial Q}{\partial x} - \dfrac{\partial P}{\partial y}}{P} = \dfrac{2}{y}$ 에서 $e^{\int \frac{2}{y}dy} = y^2$ 이므로

주어진 미분방정식에 곱하면 $2xy^3\,dx + (4y^3 + 3x^2y^2)dy = 0$ 은 완전형이 된다.

따라서 미분방정식의 일반해는 $\int 2xy^3\,dx + \int 4y^3\,dy = c$ 이다.

즉, $x^2y^3 + y^4 = c$ 이고, $y(1) = 1$ 이므로 $c = 2$ 이다.

∴ $x^2y^3 + y^4 = 2$

정답 ①

04

미분방정식 $y' - \dfrac{1}{x}y = x^2$ 을 푸시오.

공략 포인트

1계 선형미분방정식
· 형태: $y' + P(x)y = Q(x)$
· 일반해:
$y = e^{-\int P(x)dx}\left\{\int Q(x)e^{\int P(x)dx}dx + c\right\}$

풀이

주어진 미분방정식의 형태가 1계 선형미분방정식이므로 공식에 의해 미분방정식의 일반해를 구한다.

$$y = e^{\int \frac{1}{x}dx}\left\{\int x^2 e^{-\int \frac{1}{x}dx}dx + c\right\}$$
$$= e^{\ln x}\left\{\int x^2 e^{-\ln x}dx + c\right\}$$
$$= x\left\{\int x^2 \cdot \dfrac{1}{x}dx + c\right\}$$
$$= x\left\{\dfrac{1}{2}x^2 + c\right\} = \dfrac{1}{2}x^3 + cx$$

정답 풀이 참조

05

초깃값 $y(0) = \dfrac{1}{2}$을 만족하는 미분방정식 $\dfrac{dy}{dx} - 2xy = -x$에서 극한 $\lim\limits_{x\to\infty} y$의 값을 구하시오.

① 1 ② $\dfrac{1}{2}$ ③ $\dfrac{1}{3}$ ④ $\dfrac{1}{4}$

공략 포인트

1계 선형미분방정식
- 형태: $y' + P(x)y = Q(x)$
- 일반해:
$y = e^{-\int P(x)dx}\left\{\int Q(x)e^{\int P(x)dx}dx + c\right\}$

풀이

미분방정식 $\dfrac{dy}{dx} - 2xy = -x$는 1계 선형이므로 일반해는 다음과 같다.

$$\begin{aligned}
y &= e^{-\int(-2x)dx}\left\{\int(-x)e^{\int(-2x)dx}dx + c\right\} \\
&= e^{x^2}\left\{-\int xe^{-x^2}dx + c\right\} \\
&= e^{x^2}\left\{\dfrac{1}{2}e^{-x^2} + c\right\} = \dfrac{1}{2} + ce^{x^2}
\end{aligned}$$

여기서 초깃값 $y(0) = \dfrac{1}{2}$이므로 $c = 0$이다.

즉, $y = \dfrac{1}{2}$이므로 구하고자 하는 극한값 $\lim\limits_{x\to\infty} y = \dfrac{1}{2}$이다.

정답 ②

06

초기치 문제 $x\dfrac{dy}{dx} - 3y = x^2$; $y(1) = 0$을 만족하는 함수 y에 대해 $y'(2)$의 값은?

① 2 ② 4 ③ 8 ④ 16

공략 포인트

1계 선형미분방정식
- 형태: $y' + P(x)y = Q(x)$
- 일반해:
$y = e^{-\int P(x)dx}\left\{\int Q(x)e^{\int P(x)dx}dx + c\right\}$

풀이

양변을 x로 나누면 $\dfrac{dy}{dx} - \dfrac{3}{x}y = x$가 되므로 1계 선형이 된다.

$y(x) = e^{\int \frac{3}{x}dx}\left(\int xe^{\int -\frac{3}{x}dx}dx + c\right) = x^3\left(\int x \cdot x^{-3}dx + c\right) = x^3\left(\int \dfrac{1}{x^2}dx + c\right) = x^3\left(-\dfrac{1}{x} + c\right)$

∴ $y(x) = -x^2 + cx^3$, $y(1) = -1 + c = 0$이므로 $c = 1$

∴ $y(x) = -x^2 + x^3$, $y'(x) = 3x^2 - 2x$, $y'(2) = 12 - 4 = 8$이다.

정답 ③

6. 베르누이·자율형 미분방정식

1. 베르누이 미분방정식

(1) 형태

$\dfrac{dy}{dx}+P(x)y=Q(x)y^n$에서 $n\neq 0, 1$인 경우 비선형미분방정식이다.

이 방정식을 베르누이(Bernoulli) 미분방정식이라 부른다.
($n=0, 1$인 경우는 선형미분방정식)

(2) 해법

$u=y^{1-n}$으로 치환하여 1계 선형미분방정식의 일반해 공식을 이용하여 푼다.

TIP ▶ 1계 선형미분방정식의 일반해

$$y=e^{-\int P(x)dx}\left\{\int Q(x)e^{\int P(x)dx}dx+c\right\}$$

(3) 예시

$u=y^{1-n} \Rightarrow \dfrac{du}{dx}=(1-n)y^{-n}\dfrac{dy}{dx} \Rightarrow \dfrac{dy}{dx}=\dfrac{y^n}{1-n}\dfrac{du}{dx}$

$\dfrac{dy}{dx}+P(x)y=Q(x)y^n$에 대입하여 정리하면 $\dfrac{du}{dx}+(1-n)P(x)u=Q(x)(1-n)$이다.

2. 자율형 미분방정식

(1) 정의

$\dfrac{dy}{dx}=y'=g(y)$의 미분방정식이 y만의 함수일 때, 이를 자율방정식이라고 한다.

(2) 평형값(equilibrium)

$y'=g(y)$가 자율방정식이면 $y'=0$에 대한 y의 값을 평형값(휴식점)이라 한다.

(3) 그래프

① $y'=g(y)=0$의 평형값을 구한다.

② 평형값 좌우에서 y'의 부호의 변화를 확인하고 $y=f(x)$의 증가/감소를 확인한다.

③ $y''=\dfrac{d}{dx}g(y)=0$을 구하고 좌우의 y''의 부호의 변화를 확인하여 오목/볼록을 확인한다.

④ xy평면에 해곡선을 그린다.

(4) 안정평형과 불안정평형

① 안정평형

$y' = g(y)$의 평형값 중 a, b에 대하여 점진적으로 x가 커져나갈 때, a 근처에 y값이 존재할 때의 $y = a$

② 불안정평형

$y' = g(y)$의 평형값 중 a, b에 대하여 점진적으로 x가 커져나갈 때, b값에서 멀어질 때의 $y = b$

3. 직교절선

(1) 정의

곡선족의 직교절선(orthogonal trajectory)은 그 곡선족의 각 곡선과 직각으로 만나는(직교하는) 곡선이다.

(2) 곡선족 $F(x,y,c) = 0$ 의 직교사영 결정법

① 주어진 곡선족에 대해 $y' = f(x,y)$ 형태의 미분방정식을 만든다.

② 미분방정식 $y' = -\dfrac{1}{f(x,y)}$ 을 풀어 직교사영을 구한다.

개념적용

01

미분방정식 $y' + xy = \dfrac{x}{y}$ 를 푸시오.

공략 포인트

베르누이 미분방정식

- 형태: $\dfrac{dy}{dx} + P(x)y = Q(x)y^n$ 에서 $n \neq 0, 1$ 인 경우
- 해법: $u = y^{1-n}$ 으로 치환하여 1계 선형미분방정식의 일반해 공식을 이용

풀이

$n = -1$ 인 경우로 비선형미분방정식인 이 방정식은 베르누이 미분방정식이다.
$u = y^{1-n} = y^2$ 로 치환하여 1계 선형미분방정식의 일반해 공식을 이용한다.
$u' = 2yy' = 2y(xy^{-1} - xy) = 2x - 2xy^2 = 2x - 2xu$ 이다.
위 식을 변수 u 에 대해서 정리하면 $u' + 2xu = 2x$ 이다.
$p(x) = 2x, \ r(x) = 2x, \ h(x) = \displaystyle\int 2x dx = x^2$ 이므로

$$u = e^{-x^2}\left(\int 2xe^{x^2}dx + c\right) = e^{-x^2}(e^{x^2} + c) = 1 + ce^{-x^2}$$

따라서 $u = y^2 = 1 + ce^{-x^2}$ 이므로 구하고자 하는 미분방정식은 다음과 같다.

$$\therefore \ y^2 = 1 + ce^{-x^2}$$

정답 풀이 참조

02

미분방정식 $xy' = y^2 \ln x - y, \ y(1) = 1$ 에서 $y(e)$ 의 값은?

① $\dfrac{1}{2(1+e)}$ ② $-\dfrac{2}{1+e}$ ③ $\dfrac{1}{2}$ ④ $\dfrac{1}{e}$

공략 포인트

베르누이 미분방정식

- 형태: $\dfrac{dy}{dx} + P(x)y = Q(x)y^n$ 에서 $n \neq 0, 1$ 인 경우
- 해법: $u = y^{1-n}$ 으로 치환하여 1계 선형미분방정식의 일반해 공식을 이용

풀이

$xy' = y^2 \ln x - y \Leftrightarrow y' + \dfrac{1}{x}y = \dfrac{\ln x}{x}y^2 \Rightarrow$ 베르누이 미분방정식

$y^{-1} = u$ 로 치환하면 $u' - \dfrac{1}{x}u = -\dfrac{\ln x}{x} \Rightarrow$ 선형 미분방정식

$y^{-1} = x\left\{\displaystyle\int -\dfrac{\ln x}{x^2}dx + c\right\} = x\left\{\dfrac{\ln x}{x} + \dfrac{1}{x} + c\right\} = \ln x + 1 + cx$

$y(1) = 1 \Rightarrow c = 0$

$\therefore \ y = \dfrac{1}{\ln x + 1}$

따라서 $y(e) = \dfrac{1}{2}$ 이다.

정답 ③

03

미분방정식 $\dfrac{dy}{dx} + y\sin x = y^2 \sin x$를 푸시오.

공략 포인트

베르누이 미분방정식
- 형태: $\dfrac{dy}{dx} + P(x)y = Q(x)y^n$에서 $n \neq 0, 1$인 경우
- 해법: $u = y^{1-n}$으로 치환하여 1계 선형미분방정식의 일반해 공식을 이용

풀이

베르누이 미분방정식이므로 양변에 y^2을 나누면 $y^{-2}\dfrac{dy}{dx} + y^{-1}\sin x = \sin x$이다.

$v = y^{-1}$이라 하면 $\dfrac{dv}{dx} = -y^{-2}\dfrac{dy}{dx}$이므로 $\dfrac{dv}{dx} - (\sin x)v = -\sin x$이다.

v에 관한 1계 선형이므로 일반해는 다음과 같다.

$$v = e^{\int \sin x\, dx}\left\{\int (-\sin x)\left(e^{-\int \sin x\, dx}\right)dx + c\right\}$$
$$= e^{-\cos x}\left\{-\int \sin x\, e^{\cos x}\, dx + c\right\}$$
$$= e^{-\cos x}\left\{e^{\cos x} + c\right\}$$
$$= 1 + ce^{-\cos x}$$

여기서 $v = y^{-1}$이므로 일반해는 $\dfrac{1}{y} = 1 + ce^{-\cos x} \Leftrightarrow y = \dfrac{1}{1 + ce^{-\cos x}}$이다.

정답 풀이 참조

04

미분방정식 $\dfrac{dy}{dx} = (y-1)(y-2)(y-3)$의 안정적 임계점(stable equilibrium)을 찾으시오.

① 1 ② 2 ③ 3 ④ 존재하지 않는다.

공략 포인트

평형값
$y' = g(y)$가 자율방정식이면 $y' = 0$에 대한 y의 값을 평형값이라 한다.

풀이

주어진 미분방정식은 자율방정식이므로 평형값은 $y=1$, $y=2$, $y=3$이다.

−	$y=1$	+	$y=2$	−	$y=3$	+
←	불안정	→	안정	←	불안정	→

위의 표를 확인하면 안정적 임계점은 $y = 2$이다.

정답 ②

05

곡선족 $y = mx$의 직교절선을 구하시오.

공략 포인트

직교절선
그 곡선족의 각 곡선과 직각으로 만나는(직교하는) 곡선이다.

풀이

x에 대하여 미분하여 $y' = m$을 처음 식에 대입하면 미분방정식 $y = y'x$를 얻는다.

따라서 직교곡선의 미분방정식은 $y = -\dfrac{1}{y'}x$이다.

변수를 분리하여 표현하면 $xdx + ydy = 0$이다.

이것을 적분하면 $x^2 + y^2 = c$ (c는 상수)이다.

정답 풀이 참조

06

쌍곡선 곡선족 $y = cx^2$의 직교사영을 구하시오.

공략 포인트

곡선족 $F(x, y, c) = 0$의 직교사영 결정법
① 주어진 곡선족에 대해 $y' = f(x, y)$ 형태의 미분방정식을 만든다.
② 미분방정식 $y' = -\dfrac{1}{f(x,y)}$을 풀어 직교사영을 구한다.

풀이

양변을 미분하면 $y' = 2cx$이고 $c = \dfrac{y'}{2x}$을 얻는다.

이것을 곡선족에 대입하여 y'으로 대수적 정리를 하면 $y' = \dfrac{2y}{x}$이다.

다음으로 미분방정식 $y' = -\dfrac{1}{\dfrac{2y}{x}} = -\dfrac{x}{2y}$이고 변수분리형이 된다.

이것을 풀면 일반해(직교사영)는 $\dfrac{x^2}{2} + y^2 = C$이다.

정답 풀이 참조

1계 미분방정식

대표출제유형

출제경향 분석
모든 종류의 1계 미분방정식이 골고루 출제되므로 해법을 정확히 암기하고 적용할 수 있어야 합니다.

01 변수분리형 미분방정식

🔍 개념 2. 변수분리형

$y = y(x)$가 미분방정식 $\dfrac{dy}{dx} = y^2 - y$, $y(0) = 2$의 해일 때, $y(1)$의 값은?

① $\dfrac{2}{2-e}$ ② $\dfrac{2}{1-e}$ ③ $\dfrac{2}{2+e}$ ④ $\dfrac{2}{1+e}$

풀이

STEP A 주어진 미분방정식을 변수분리형으로 나타내기

주어진 미분방정식은 $\dfrac{1}{y^2-y}dy = dx$와 같이 변수분리형 미분방정식으로 나타낼 수 있다.

STEP B 변수분리형의 일반해 구하기

$\left(\dfrac{1}{y} - \dfrac{1}{y-1}\right)dy = dx$

$\Leftrightarrow \ln y - \ln(y-1) = x + c$

$\Leftrightarrow \ln \dfrac{y}{y-1} = x + c$

$\Leftrightarrow \dfrac{y}{y-1} = e^{x+c} = e^x \cdot e^c = Ce^x$

$y(0) = 2$이므로 $C = 2$이다.

따라서 구하고자 하는 값 $y(1) = \dfrac{2}{2-e}$이다.

정답 ①

02 치환형 미분방정식

🔍 개념 2. 변수분리형

미분방정식 $yy'' = (y')^2$, $y(0) = 1$, $y(1) = e^2$의 특수해를 $y(x)$라 할 때, $y(\ln 2)$를 구하면?

① $\ln 2$ ② 2 ③ $\ln 3$ ④ 4

풀이

STEP A 변수변환에 의해 분리형 미분방정식 만들기

$y' = \dfrac{dy}{dx} = u(y)$라 하면

$y'' = \dfrac{d}{dx}\left(\dfrac{dy}{dx}\right) = \dfrac{d}{dx}\{u(y)\} = \dfrac{d}{dy}\{u(y)\}\dfrac{dy}{dx} = \dfrac{du}{dy}\dfrac{dy}{dx} = \dfrac{du}{dy}u(y)$이다.

이를 대입하면

$yu\dfrac{du}{dy} = u^2 \Leftrightarrow \dfrac{du}{u} = \dfrac{dy}{y}$

STEP B 미분방정식의 해 구하기

$\dfrac{du}{u} = \dfrac{dy}{y} \Leftrightarrow \ln|u| = \ln|y| + c \Leftrightarrow u = c_1 y \Leftrightarrow y' = c_1 y \Leftrightarrow y = c_2 e^{c_1 x}$이다.

주어진 초기 조건을 대입하면 $c_1 = 2$이고, $c_2 = 1$이다.

그러므로 미분방정식의 특수해는 $y = e^{2x}$이다.

따라서 구하고자 하는 값 $y(\ln 2) = e^{2\ln 2} = 4$

정답 ④

03 완전미분방정식

🔍 개념 4. 완전미분방정식

$y = y(x)$가 미분방정식 $(ye^x + 1)dx + e^x dy = 0$, $y(0) = 1$의 해일 때, $y(1)$의 값은?

① e^{-1}　　　　② $2e^{-1}$　　　　③ e　　　　④ 0

풀이

STEP A 완전미분방정식이기 위한 필요충분조건 확인하기

$$\frac{\partial (e^x)}{\partial x} = e^x = \frac{\partial (ye^x + 1)}{\partial y}$$ 이므로

주어진 미분방정식 $(ye^x + 1)dx + e^x dy = 0$은 완전미분방정식이다.

STEP B 완전미분방정식의 일반해 구하기

완전미분방정식을 풀면 $ye^x + x = c$이다.

$y(0) = 1$이므로 $c = 1$이다.

따라서 구하고자 하는 값 $y(1) = 0$이다.

정답 ④

04 1계 선형미분방정식

🔍 개념 5. 적분인수와 1계 선형미분방정식

$y = y(x)$가 미분방정식 $y' + y\tan x = \cos x$, $y(0) = 0$의 해일 때, $y(\pi)$의 값은?

① 0   ② 1   ③ $-\pi$ ④ π

풀이

STEP A 주어진 미분방정식의 형태 확인하기

미분방정식 $y' + y\tan x = \cos x$는 선형이다.

STEP B 1계 선형미분방정식의 해 구하기

미분방정식 $y' + y\tan x = \cos x$의 1계 선형미분방정식을 풀면 다음과 같다.

$$y = e^{-\int \tan x \, dx}\left[\int \cos x \, e^{\int \tan x \, dx} dx + c\right]$$

$$= e^{\ln(\cos x)}\left[\int \cos x \, e^{\ln(\sec x)} dx + c\right]$$

$$= \cos x \left[\int \cos x \sec x \, dx + c\right]$$

$$= x\cos x + c\cos x$$

초기 조건을 대입하면 $y(0) = c = 0$이므로 $y = x\cos x$이다.

따라서 구하고자 하는 값 $y(\pi) = -\pi$이다.

정답 ③

05 베르누이 미분방정식

🔍 개념 6. 베르누이·자율형 미분방정식

$y(x)$가 미분방정식 $\dfrac{dy}{dx} = y - xy^2$, $y(0) = 1$의 해일 때, $y(1)$의 값은?

① 2　　　　　② $\dfrac{2}{e}$　　　　　③ $\dfrac{e}{2}$　　　　　④ 0

풀이

STEP A 주어진 미분방정식의 형태 확인하기

$\dfrac{dy}{dx} = y - xy^2 \Leftrightarrow \dfrac{dy}{dx} - y = -xy^2 \cdots (*)$ 은 $n=2$인 베르누이 미분방정식이다.

STEP B 베르누이 미분방정식의 일반해 구하기

$u = y^{-1}$, $\dfrac{du}{dx} = -\dfrac{1}{y^2}\dfrac{dy}{dx}$ 를 $(*)$에 대입하여 정리하면

$u' + u = x \Rightarrow u = e^{-\int dx}\left(\int xe^{\int dx}dx + c\right) = e^{-x}(xe^x - e^x + C) = x - 1 + Ce^{-x}$

$\Rightarrow y = \dfrac{1}{x - 1 + Ce^{-x}}$

초기 조건 $y(0) = 1$에서 C는 2이므로 $y = \dfrac{1}{x - 1 + 2e^{-x}}$ 이다.

따라서 구하고자 하는 값 $y(1) = \dfrac{e}{2}$ 이다.

정답 ③

06 자율형 미분방정식

🔍 개념 6. 베르누이·자율형 미분방정식

미분방정식 $\dfrac{dx}{dt} = f(x)$의 몇 개의 해(굵은 실선)가 다음과 같을 때, $f(x)$의 식으로 타당한 것은?

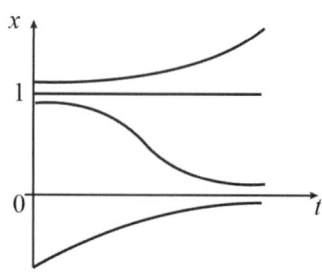

① $-x(x-1)$ ② $x^2(x-1)$ ③ $2x(x-1)$ ④ $x(x-1)^2$

풀이

STEP A 자율형 미분방정식의 평형값 구하기

자율방정식 $\dfrac{dx}{dt} = f(x)$의 그래프는 $x=0$과 $x=1$에서 평형값(임계점)을 갖는다.

STEP B 평형값의 좌우에서 $\dfrac{dx}{dt}$의 부호 변화를 확인하고 그래프 형태 확인하기

$x < 0$일 때 $\dfrac{dx}{dt} > 0$

$0 < x < 1$일 때 $\dfrac{dx}{dt} < 0$

$x > 1$일 때 $\dfrac{dx}{dt} > 0$을 만족해야 한다.

그러므로 $f(x)$의 식으로 가능한 것은 $2x(x-1)$이다.

정답 ③

8 1계 미분방정식

실전문제

정답 및 풀이 p.257

01 다음 중 선형미분방정식을 모두 고른 것은?

> ㄱ. $(x+y)dy + 2xdx = 0$
>
> ㄴ. $e^x \dfrac{dy}{dx} + y\sin x = 0$
>
> ㄷ. $\dfrac{d^2y}{dx^2} + xy = 0$

① ㄷ   ② ㄱ, ㄴ   ③ ㄴ, ㄷ   ④ ㄱ, ㄴ, ㄷ

02 다음 미분방정식의 해는?

$$\frac{dy}{dt} = \frac{t^2}{y^2}, \ y(0) = 2$$

① $y = \sqrt{t+4}$ ② $y = \sqrt{t^2+4}$ ③ $y = \sqrt[3]{t^3+8}$ ④ $y = \sqrt[3]{t+8}$

03 $y = y(x)$가 미분방정식 $y^{-2}dx - \dfrac{1}{\sin(\ln x)}dy = 0$, $y(1) = 1$의 해일 때, $y\left(e^{\frac{\pi}{3}}\right)$의 값은?

① $\left(\dfrac{3\sqrt{3}+3}{4}e^{\frac{\pi}{3}} + \dfrac{5}{6}\right)^{\frac{1}{3}}$

② $\left(\dfrac{3\sqrt{3}+3}{4}e^{\frac{\pi}{3}} + \dfrac{5}{2}\right)^{\frac{1}{3}}$

③ $\left(\dfrac{3\sqrt{3}-3}{4}e^{\frac{\pi}{3}} + \dfrac{5}{6}\right)^{\frac{1}{3}}$

④ $\left(\dfrac{3\sqrt{3}-3}{4}e^{\frac{\pi}{3}} + \dfrac{5}{2}\right)^{\frac{1}{3}}$

04 $y(x)$가 초깃값 문제 $y'=(x-y+1)^2$, $y(0)=1$의 해일 때, $y(1)$의 값은?

① $\dfrac{e^2}{e^2+1}$ ② $\dfrac{e^2+3}{e^2+1}$ ③ $\dfrac{e^2-1}{e^2+1}$ ④ $\dfrac{e^2+1}{e^2-1}$

05 미분방정식 $xy''=y'+4x(y')^2$의 해를 구하면? (단, c_1, c_2는 임의의 상수이다.)

① $y=c_2-\dfrac{1}{2}\ln|c_1-3x^2|$ ② $y=c_2-\dfrac{1}{2}\ln|c_1-2x^2|$

③ $y=c_2-\dfrac{1}{4}\ln|c_1-3x^2|$ ④ $y=c_2-\dfrac{1}{4}\ln|c_1-2x^2|$

06 다음 미분방정식이 완전미분방정식이 되기 위한 상수 k의 값은?

$$(4xy^3+\cos y)dx+(3kx^2y^2-x\sin y)dy=0$$

① 1 ② 2 ③ 3 ④ 4

07 미분방정식 $(2y\sin x\cos x - y + 2y^2 e^{xy^2})dx = (x - \sin^2 x - 4xye^{xy^2})dy$의 해는?

① $y\sin^2 x - xy + 4e^{xy^2} = c$
② $y\sin^2 x - xy + 2e^{x^2 y} = c$
③ $y\sin^2 x - xy + 2e^{xy^2} = c$
④ $y\sin^2 x - xy + 4e^{x^2 y} = c$

08 $y(x)$가 초깃값 문제 $(2x-1)(y-1)dx + (x+2)(x-3)dy = 0$, $y(1) = -1$의 해일 때, $y(4)$의 값은?

① 1   ② 2   ③ 3   ④ 4

09 미분방정식 $\dfrac{-2y}{x}dx + (x^2 y\cos y + 1)dy = 0$의 적분인자(integrating factor)인 것은?

① 1   ② $\dfrac{-2}{x}$ ③ $\dfrac{1}{x^2}$ ④ $-2x$

10 미분방정식 $y'(t) = \dfrac{2t^2 + y(t)^2}{ty(t)}$, $ty(t) \neq 0$의 해 $y(t)$가 조건 $y(1) = 6$을 만족할 때, $y(e)$의 값은?

① $e\sqrt{6}$ ② $e\sqrt{10}$ ③ $2e\sqrt{6}$ ④ $2e\sqrt{10}$

11 미분방정식 $xy' + 2y = x\cosh x$와 조건 $y(1) = \dfrac{e - 5e^{-1}}{2}$을 만족하는 함수 $y(x)$에 대하여 $y(2) = ae^{-2} + be^2$으로 나타낼 때, $a + b$의 값을 구하시오.

① -2 ② -1 ③ 1 ④ 2

12 미분방정식 $y' + 2xy = 3xy^2$의 해가 $y(0) = 1$을 만족할 때, $y(\sqrt{\ln 2})$의 값은?

① 0 ② 1 ③ 2 ④ 3

13 $xy^2 \dfrac{dy}{dx} = y^3 + x^3$, $y(1) = 1$의 해가 $y(x)$라고 할 때, $y(2)$의 값은?

① $\sqrt[3]{24\ln 2 - 8}$ ② $\sqrt[3]{-8\ln 2 + 24}$ ③ $\sqrt[3]{24\ln 2 + 8}$ ④ $\sqrt[3]{8\ln 2 + 24}$

14 미분방정식 $\dfrac{dy}{dx} + y = \dfrac{1}{y^2}$, $y(0) = 2$의 해는?

① $y^3 = 7e^{-3x} + 1$ ② $y^3 = 7e^{3x} + 1$ ③ $y^3 = e^{-3x} + 1$ ④ $y^3 = e^{3x} + 1$

15 자율미분방정식 $\dfrac{dy}{dt} = y^5 - 2y^4 - y^3 + 2y^2$의 점근적으로 안정한 평형점의 개수를 구하시오.

① 1 ② 2 ③ 3 ④ 4

16 $y=y(t)$가 미분방정식 $y'=(y^2-1)e^{2023y+1}$, $y(0)=\dfrac{1}{2}$의 해일 때, 다음 보기 중 참인 것을 모두 고른 것은?

| 보 기 |

ㄱ. $\lim\limits_{t\to\infty} y(t) = -\infty$

ㄴ. $\lim\limits_{t\to\infty} y(t) = 1$

ㄷ. $\lim\limits_{t\to\infty} y(t) = -1$

ㄹ. 모든 t에 대하여 $-1 < y(t) < 1$

ㅁ. 모든 t에 대하여 $|y(t)| > 1$

---

① ㄱ   ② ㄱ, ㅁ   ③ ㄴ, ㄹ   ④ ㄷ, ㄹ

17 곡선족 $y=(x+c)^{-1}$과 $y=a(x+k)^{\frac{1}{3}}$이 직교절선이 되기 위한 실수 a의 값?

① $\dfrac{1}{2}\sqrt{3}$ ② $\sqrt[3]{3}$ ③ $2\sqrt[3]{3}$ ④ $4\sqrt[3]{3}$

2계 미분방정식

출제 비중 & 빈출 키워드 리포트

단원	출제 비중	합계 16%	빈출 키워드
1. 2계 선형미분방정식		5%	· 제차 미분방정식
2. 2계 비제차 미분방정식		5%	· 비제차 미분방정식
3. 역연산자를 이용해 특수해를 구하는 방법		2%	· 역연산자
4. 매개변수변화법, 차수축소법		4%	

1 2계 선형미분방정식

1. 2계 선형미분방정식

(1) $a_2(x)y'' + a_1(x)y' + a_0(x) = r(x)$에서 좌, 우변을 $a_2(x)$로 나누면 2계 선형미분방정식을 일반적으로 $y'' + \dfrac{a_1(x)}{a_2(x)}y' + \dfrac{a_0(x)}{a_2(x)} = \dfrac{r(x)}{a_2(x)}$로 표현할 수 있다.

(2) 2계 선형미분방정식을 간단히 다음과 같이 나타낼 수 있다. (여기서 $D = \dfrac{d}{dx}$)

$$y'' + P(x)y' + Q(x)y = R(x) \text{ 또는 } (D^2 + P(x)D + Q(x))y = R(x)$$

(3) 동차, 비동차 선형미분방정식

① $R(x) = 0$인 경우를 2계 수반 제차(동차) 선형미분방정식이라 한다.

② $R(x) \neq 0$인 경우를 2계 비제차(비동차) 선형미분방정식이라 한다.

(4) 중첩의 원리

2계 제차 선형미분방정식의 해를 y_1, y_2라 하면 $c_1y_1 + c_2y_2$도 해가 된다. 이를 중첩의 원리라고 하며, 선형 제차미분방정식에서 성립하는 성질이다.

2. 상수계수를 가지는 2계 제차 미분방정식의 해법

(1) **형태**: $y'' + Ay' + By = 0$ (A, B는 상수)

(2) **해법**

① 해를 구하는 방법
  (i) 일반해를 $y = e^{tx}$로 놓는다.
  (ii) $y = e^{tx}$를 주어진 식에 대입한다.
  (iii) $(t^2 + At + B)e^{tx} = 0$
      여기서 $e^{tx} \neq 0$이므로 $t^2 + At + B = 0$이다. $t^2 + At + B = 0$를 보조방정식이라 한다.

② 보조방정식 $t^2 + At + B = 0$의 해
  (i) 서로 다른 두 실근 α, β $\Rightarrow$ $y = c_1 e^{\alpha x} + c_2 e^{\beta x}$
  (ii) 중근 α $\Rightarrow$ $y = (c_1 + c_2 x)e^{\alpha x}$
  (iii) 서로 다른 두 허근 $\alpha \pm \beta i$ $\Rightarrow$ $y = e^{\alpha x}(c_1 \cos \beta x + c_2 \sin \beta x)$

(3) **오일러의 공식**

$e^{ix} = \cos x + i \sin x$

개념적용

01

미분방정식 $\dfrac{d^2y}{dx^2}+10\dfrac{dy}{dx}+24y=0$, $y(0)=2$, $y'(0)=2$의 해가 $y=ae^{bx}+ce^{dx}$일 때, ac의 값은?

① -35 ② -25 ③ -15 ④ 15

공략 포인트

2계 선형미분방정식에서 보조방정식의 해는 세 가지 케이스로 나뉜다.
(i) 서로 다른 두 실근 α, β
$y=c_1e^{\alpha x}+c_2e^{\beta x}$
(ii) 중근 α
$y=(c_1+c_2x)e^{\alpha x}$
(iii) 서로 다른 두 허근 $\alpha \pm \beta i$
$y=e^{\alpha x}(c_1\cos\beta x+c_2\sin\beta x)$

풀이

보조방정식 $t^2+10t+24=0$ 에서 $t=-4, -6$ 이다.
따라서 일반해는 $y=ae^{-4x}+ce^{-6x}$ 이고,
초기 조건 $y(0)=a+c=2$, $y'(0)=-4a-6c=2$에서 $a=7, c=-5$ 이므로
구하고자 하는 값 $ac=-35$ 이다.

정답 ①

02

$y=y(x)$가 미분방정식 $y''-2y'+y=0$, $y(0)=1$, $y'(0)=2$의 해일 때, $y(2)$의 값은?

① e^2 ② $\dfrac{3}{2}e^2$ ③ $2e^2$ ④ $3e^2$

공략 포인트

2계 선형미분방정식에서 보조방정식의 해는 세 가지 케이스로 나뉜다.
(i) 서로 다른 두 실근 α, β
$y=c_1e^{\alpha x}+c_2e^{\beta x}$
(ii) 중근 α
$y=(c_1+c_2x)e^{\alpha x}$
(iii) 서로 다른 두 허근 $\alpha \pm \beta i$
$y=e^{\alpha x}(c_1\cos\beta x+c_2\sin\beta x)$

풀이

보조방정식 $t^2-2t+1=0$의 해가 $t=1$(중근)이므로 $y=c_1e^x+c_2xe^x$ 이다.
$y(0)=1$과 $y'(0)=2$에서 $c_1=1, c_2=1$ 이므로 $y=e^x+xe^x$ 이다.
$\therefore y(2)=e^2+2e^2=3e^2$

정답 ④

03

미분방정식 $y'' - 2y' + 2y = 0$, $y(0) = -3$, $y\left(\dfrac{\pi}{2}\right) = 0$을 만족할 때, $y'(0)$의 값은?

① -3 ② 0 ③ 6 ④ $\dfrac{3}{2}$

공략 포인트

2계 선형미분방정식에서 보조방정식의 해는 세가지 케이스로 나뉜다.
(i) 서로 다른 두 실근 α, β
$y = c_1 e^{\alpha x} + c_2 e^{\beta x}$
(ii) 중근 α
$y = (c_1 + c_2 x) e^{\alpha x}$
(iii) 서로 다른 두 허근 $\alpha \pm \beta i$
$y = e^{\alpha x}(c_1 \cos\beta x + c_2 \sin\beta x)$

풀이

$y'' - 2y' + 2y = 0$의 보조방정식은 $t^2 - 2t + 2 = 0$이고
서로 다른 두 허근 $1 \pm i$을 갖는다. 따라서 주어진 미분방정식의 일반해는
$y = e^x(c_1 \cos x + c_2 \sin x)$이다.

초기 조건 $y(0) = -3 \Rightarrow c_1 = -3$, $y\left(\dfrac{\pi}{2}\right) = 0 \Rightarrow c_2 = 0$

∴ $y = -3 e^x \cos x$

∴ $y' = -3(e^x \cos x - e^x \sin x) \Rightarrow y'(0) = -3$

정답 ①

2 2계 비제차 미분방정식

1. 2계 비제차 미분방정식의 형태와 해법

(1) 형태: $y'' + Ay' + By = R(x) \ (\neq 0)$

(2) 해법

① $R(x) = 0$인 경우의 해를 보조해라 하며, y_c로 나타내기로 한다. 보조해는 제차형에서 구하는 방법으로 구한다.

② $R(x) \neq 0$인 해를 특수해라 하며, y_p로 나타내기로 한다.

③ 보조해와 특수해를 합하여 일반해 $y = y_c + y_p$를 구한다.

2. 미정계수법을 이용해 특수해를 구하는 방법

(1) 기본규칙

함수 $R(x)$의 형태로부터 특수해 $y_p(x)$를 유사한 형태로 가정하여 해를 구하는 방법으로 다음 표와 같이 요약할 수 있다.

	$R(x)$	$y_p(x)$의 형태
다항함수	K	A
	$K_1 x + K_0$	$A_1 x + A_0$
	$K_2 x^2 + K_1 x + K_0$	$A_2 x^2 + A_1 x + A_0$
삼각함수	$K \sin x$	$A \sin x + B \cos x$
	$K \cos x$	$A \sin x + B \cos x$
	$K_1 \sin x + K_2 \cos x$	$A \sin x + B \cos x$
지수함수	$K e^{\alpha x}$	$A e^{\alpha x}$
기본함수의 결합	$K x e^{\alpha x}$	$(A_1 x + A_0) e^{\alpha x}$
	$K x^2 e^{\alpha x}$	$(A_2 x^2 + A_1 x + A_0) e^{\alpha x}$
	$K e^{\alpha x} \sin x$	$e^{\alpha x}(A \sin x + B \cos x)$
	$K e^{\alpha x} \cos x$	$e^{\alpha x}(A \sin x + B \cos x)$
	$K x \sin x$	$(A_1 x + A_0) \sin x + (B_1 x + B_0) \cos x$
	$K x \cos x$	$(A_1 x + A_0) \sin x + (B_1 x + B_0) \cos x$

(2) 변형규칙(곱의 원리)

위의 표에서 가정한 특수해의 형태가 보조해와 중복이 되는 경우에는 x를 곱하여 가정한 특수해의 모양을 수정한다. 만일 수정하여 가정한 특수해가 다시 보조해와 중복된다면 중복되지 않을 때까지 x를 곱하여 특수해의 형태를 가정하면 된다.

개념적용

01

다음 미분방정식에 대하여 물음에 답하시오.

(1) $y'' - 4y' + 3y = 10e^{-2x}$의 보조해와 특수해를 구하시오.

(2) $y'' - y' - 2y = \sin x$의 보조해와 특수해를 구하시오.

(3) $y'' + 4y = 8e^{-2x} + 4x^2 + 2x + 2$의 보조해와 특수해를 구하시오.

공략 포인트

미정계수법을 이용한 특수해
(1) $Ke^{\alpha x} \to Ae^{\alpha x}$
(2) $K\sin x$
  $\Rightarrow A\sin x + B\cos x$
(3) $K_2 x^2 + K_1 x + K_0 \Rightarrow$
  $A_2 x^2 + A_1 x + A_0$

풀이

(1) $m^2 - 4m + 3 = (m-3)(m-1) = 0$에서 $y_c = c_1 e^{3x} + c_2 e^x$이고 $y_p = Ae^{-2x}$이다.

(2) 보조방정식 $m^2 - m - 2 = (m-2)(m+1) = 0$에서 $m_1 = 2$, $m_2 = -1$이므로
$y_c = c_1 e^{2x} + c_2 e^{-x}$이고 $y_p = A\cos x + B\sin x$이다.

(3) 보조방정식 $m^2 + 4 = 0$에서 $m = \pm 2i$이므로 $y_c = c_1 \cos 2x + c_2 \sin 2x$이다.
$y_p = A_2 x^2 + A_1 x + A_0 + Ae^{-2x}$이다.

정답 풀이 참조

02

미정계수법(method of undetermined coefficients)을 이용하여 미분방정식

$y'' - 4y' + 4y = 4xe^{2x}$의 특수해 y_p를 구하려고 할 때, y_p의 올바른 형태는?

① $B_0 x e^{2x}$ ② $B_0 x^2 e^{2x}$ ③ $(B_0 x + B_1)e^{2x}$ ④ $x^2(B_0 x + B_1)e^{2x}$

공략 포인트

미정계수법을 이용한 특수해
$Kxe^{\alpha x} \Rightarrow (A_1 x + A_0)e^{\alpha x}$

곱의 원리
특수해와 보조해가 중복되는 경우, x를 곱하여 특수해 모양을 수정한다. 이때, 가정한 특수해가 다시 중복되는 경우 중복되지 않을 때까지 x를 곱하여 특수해의 형태를 가정한다.

풀이

y_p의 기본규칙에 의하여 $(B_0 x + B_1)e^{2x}$이다.
이때, $y_c = e^{2x}(C_1 + C_2 x)$와 중복이 되므로 곱의 원리에 의하여 x를 곱하면
$y_p = x(B_0 x + B_1)e^{2x}$이고, 다시 y_c와 중복이 되므로 다시 곱의 원리에 의하여 x를 곱하면
y_p의 형태는 $y_p = x^2(B_0 x + B_1)e^{2x}$이다.

정답 ④

03

미분방정식 $y'' + ay' + by = \cos x$의 특수해가 $y_p = Ax\cos x + Bx\sin x$의 형태이다.
이때, $a + 2b$의 값을 구하시오. (단, a, b, A, B는 모두 상수이다.)

① 1 ② 2 ③ -1 ④ -2

공략 포인트

보조방정식과 미분방정식을 대조하여 미지수 a, b의 값을 구한다.

풀이

특수해가 $y_p = Ax\cos x + Bx\sin x$이므로 보조해는 $y_c = e^{0x}(c_1\cos x + c_2\sin x)$의 형태이어야 한다.
즉, $m^2 - m = 0$ 형태의 보조방정식을 가진다.
그러므로 $a = -1$, $b = 0$이다.
∴ $a + 2b = -1$

정답 ③

3 역연산자를 이용해 특수해를 구하는 방법

1. 역연산자

(1) 역연산자의 적용

$y^{(n)} + a_1 y^{(n-1)} + \cdots + a_{n-1} y' + a_n y = R(x) \Leftrightarrow (D^n + a_1 D^{n-1} + \cdots + a_{n-1} D + a_n) y = R(x)$와 같이 계수가 상수이고, 우변의 $R(x)$가 특수한 함수(다항식, 지수함수, 삼각함수 등)를 포함하고 있는 경우에 적용된다.

(2) $f(D) = D^n + a_1 D^{n-1} + \cdots + a_{n-1} D + a_n$ 이라고 하면 역연산자 $\dfrac{1}{f(D)}$를 도입하여

특수해 $y_p = \dfrac{1}{f(D)} \{R(x)\}$를 구할 수 있다.

2. 역연산자의 성질

(1) $R(x) = e^{\alpha x}$인 경우

① $y_p = \dfrac{1}{f(D)} \{e^{\alpha x}\} = \dfrac{e^{\alpha x}}{f(\alpha)}$ $(f(\alpha) \neq 0)$ (단, $\alpha = 0$일 때, $y_p = \dfrac{1}{f(D)} \{e^{0x}\} = \dfrac{1}{f(0)}$)

② $y_p = \dfrac{1}{(D-\alpha)^n} \{e^{\alpha x}\} = \dfrac{x^n e^{\alpha x}}{n!}$ $(n = 1, 2, \cdots)$

③ $y_p = \dfrac{1}{f(D)} \{e^{\alpha x} Q(x)\} = e^{\alpha x} \dfrac{1}{f(D+\alpha)} \{Q(x)\}$

④ $y_p = \dfrac{1}{\psi(D)(D-\alpha)^m} \{e^{\alpha x}\} = \dfrac{x^m e^{\alpha x}}{m! \psi(\alpha)}$ $(\psi(\alpha) \neq 0)$

(2) $R(x)$가 x의 m차 다항식인 경우

$\dfrac{1}{f(D)} = k_0 + k_1 D + \cdots + k_m D^m + \dfrac{Q(D)}{f(D)}$ 와 같이 표시된다고 하면

$y_p = \dfrac{1}{f(D)} \{R(x)\} = (k_0 + k_1 D + \cdots + k_m D^m) \{R(x)\}$

($k_0, k_1, \cdots, k_m$은 상수, $Q(D)$는 D의 $m+1$차 이상의 다항식이다.)

(3) $R(x) = \sin \alpha x, \cos \alpha x$인 경우

① $y_p = \dfrac{1}{f(D)} \{\cos \alpha x\} = Re\left[\dfrac{1}{f(D)} \{\cos \alpha x + i \sin \alpha x\}\right] = Re\left[\dfrac{1}{f(D)} \{e^{\alpha i x}\}\right]$

② $y_p = \dfrac{1}{f(D)} \{\sin \alpha x\} = Im\left[\dfrac{1}{f(D)} \{\cos \alpha x + i \sin \alpha x\}\right] = Im\left[\dfrac{1}{f(D)} \{e^{\alpha i x}\}\right]$

(Re는 실수부, Im는 허수부이며 오일러의 공식($e^{\alpha i x} = \cos \alpha x + i \sin \alpha x$)을 이용한다.)

(4) $y_p = \dfrac{1}{D^n} \{R(x)\} = \int^{(n)} R(x)(dx)^n$

($\int^{(n)} (dx)^n$은 n중적분을 의미한다.)

개념적용

01 역연산자를 이용하여 다음 미분방정식의 특수해를 구하시오.

(1) $y'' + y' + y = e^{2x}$

(2) $y'' + 2y' + y = e^{-x}$

(3) $y'' - 2y' + y = x^2 e^{3x}$

(4) $y'' - 3y' - 4y = 10e^{-x}$

(5) $(D^2 - 5D + 4)y = 3x^2 - x$

(6) $y'' - 3y' - 4y = \sin x$

공략 포인트

역연산자를 이용한 특수해 $R(x)$의 형태에 따라 식을 전개한 후, 특수해를 구한다.

풀이

(1) $y_p = \dfrac{1}{D^2+D+1}\{e^{2x}\} = e^{2x} \cdot \dfrac{1}{2^2+2+1} = \dfrac{e^{2x}}{7}$

(2) $y_p = \dfrac{1}{D^2+2D+1}\{e^{-x}\} = \dfrac{1}{(D+1)^2}\{e^{-x}\} = e^{-x} \cdot \dfrac{x^2}{2!} = \dfrac{1}{2}x^2 e^{-x}$

(3) $y_p = \dfrac{1}{(D-1)^2}\{x^2 e^{3x}\} = e^{3x}\dfrac{1}{\{(D+3)-1\}^2}\{x^2\}$

$= e^{3x}\dfrac{1}{(D+2)^2}\{x^2\} = \dfrac{1}{4}e^{3x}\dfrac{1}{1+D+D^2/4}\{x^2\}$

$= \dfrac{e^{3x}}{4}\left(1-D+\dfrac{3}{4}D^2\right)\{x^2\} = \dfrac{e^{3x}}{4}\left(x^2-2x+\dfrac{3}{2}\right)$

(4) $y_p = \dfrac{1}{D^2-3D-4}\{10e^{-x}\} = 10 \cdot \dfrac{1}{(D-4)(D+1)}\{e^{-x}\} = 10 \cdot \dfrac{x}{(-1-4)\cdot 1!}e^{-x} = -2xe^{-x}$

(5) $\dfrac{1}{D^2-5D+4} = \dfrac{1}{4} \cdot \dfrac{1}{1-\dfrac{5}{4}D+\dfrac{D^2}{4}} = \dfrac{1}{4}\left(1+\dfrac{5}{4}D+\dfrac{21}{16}D^2 + \cdots\right)$ 이므로

$y_p = \dfrac{1}{D^2-5D+4}(3x^2-x) = \dfrac{1}{4}\left(1+\dfrac{5}{4}D+\dfrac{21}{16}D^2+\cdots\right)(3x^2-x)$

$= \dfrac{1}{4}\left(1+\dfrac{5}{4}D+\dfrac{21}{16}D^2\right)(3x^2-x) = \dfrac{1}{4}\left(3x^2+\dfrac{13}{2}x+\dfrac{53}{8}\right)$ 이다.

(6) $y_p = \dfrac{1}{D^2-3D-4}\{\sin x\}$

$= Im\dfrac{1}{D^2-3D-4}\{\cos x + i\sin x\}$ (단, Im는 허수부)

$= Im\dfrac{1}{D^2-3D-4}\{e^{ix}\} = Im\left[e^{ix}\dfrac{1}{(i)^2-3i-4}\right]$

$= Im\left[e^{ix}\dfrac{1}{-3i-5}\right] = Im\left[e^{ix}\dfrac{-3i+5}{-9-25}\right]$

$= -\dfrac{1}{34}Im[(\cos x + i\sin x)(-3i+5)]$

$= \dfrac{1}{34}(-5\sin x + 3\cos x)$

정답 풀이 참조

02

$y'' - y' - 4y = -2\cos 3x$의 특수해 y_p가 다음과 같이 나타날 때, $a+b$의 값은?

$$y_p = \frac{a}{89}\cos 3x + \frac{b}{89}\sin 3x$$

① 14　　　② 16　　　③ 18　　　④ 20

공략 포인트

역연산자를 이용한 특수해
$R(x) = \cos\alpha x$인 경우
$y_p = \dfrac{1}{f(D)}\{\cos\alpha x\}$
$= Re\left[\dfrac{1}{f(D)}\{\cos\alpha x + i\sin\alpha x\}\right]$
$= Re\left[\dfrac{1}{f(D)}\{e^{\alpha ix}\}\right]$

오일러 공식
$e^{\alpha ix} = \cos\alpha x + i\sin\alpha x$

풀이

$y_p = \dfrac{1}{D^2 - D - 4}\{-2\cos 3x\}$

$= -2Re\dfrac{1}{D^2 - D - 4}\{\cos 3x + i\sin 3x\}$　(단, Re는 실수부)

$= -2Re\dfrac{1}{D^2 - D - 4}\{e^{3ix}\}$

$= -2Re\left[e^{3ix}\dfrac{1}{(3i)^2 - 3i - 4}\right]$

$= -2Re\left[e^{3ix}\dfrac{1}{-13 - 3i}\right]$

$= -\dfrac{2}{178}Re\left[(\cos 3x + i\sin 3x)(-13 + 3i)\right] = \dfrac{1}{89}(13\cos 3x + 3\sin 3x)$

∴ $a = 13$, $b = 3$이므로 $a+b = 16$이다.

정답 ②

03

$(D^2+1)y = \sin x$ 의 일반해를 구하시오.

공략 포인트

역연산자를 이용한 특수해
$R(x) = \sin\alpha x$ 인 경우
$y_p = \dfrac{1}{f(D)}\{\sin\alpha x\}$
$= Im\left[\dfrac{1}{f(D)}\{\cos\alpha x + i\sin\alpha x\}\right]$
$= Im\left[\dfrac{1}{f(D)}\{e^{\alpha ix}\}\right]$

오일러 공식
$e^{\alpha ix} = \cos\alpha x + i\sin\alpha x$

풀이

(i) 수반제차미분방정식 $(D^2+1)y = 0$ 에서 보조방정식이
$t^2 + 1 = 0$ 이므로 $t = \pm i$ 이다.
$\therefore y_c = e^{0x}(c_1\cos x + c_2\sin x) = c_1\cos x + c_2\sin x$ (단, c_1, c_2는 임의의 상수)

(ii) $y_p = \dfrac{1}{D^2+1}\{\sin x\} = Im\dfrac{1}{D^2+1}\{\cos x + i\sin x\}$ (단, Im는 허수부)

$= Im\dfrac{1}{D^2+1}\{e^{ix}\} = I_m\dfrac{1}{(D+i)(D-i)}\{e^{ix}\}$

$= Im\left\{e^{ix}\dfrac{x^1}{(i+i)\cdot 1!}\right\}$

$= Im\left(e^{ix}\cdot\dfrac{x}{2i}\right)$

$= Im\left\{(\cos x + i\sin x)\cdot\dfrac{xi}{2i^2}\right\}$

$= Im\left\{(\cos x + i\sin x)\cdot\left(-\dfrac{1}{2}xi\right)\right\} = -\dfrac{1}{2}x\cos x$

(i), (ii)에서 일반해는 다음과 같다.
$y = y_c + y_p = c_1\cos x + c_2\sin x - \dfrac{1}{2}x\cos x$ (단, c_1, c_2는 임의의 상수)

정답 풀이 참조

04

$y'' - 2y' = 2x$ 의 일반해를 구하시오.

공략 포인트

역연산자를 이용한 특수해
$y_p = \dfrac{1}{D^n}\{R(x)\}$
$= \displaystyle\int^{(n)} R(x)(dx)^n$

풀이

(i) 수반제차미분방정식 $y'' - 2y' = 0$에서 보조방정식이
$t^2 - 2t = 0$이므로 $t = 0, 2$이다.
$\therefore y_c = c_1 e^{0x} + c_2 e^{2x} = c_1 + c_2 e^{2x}$

(ii) $y_p = \dfrac{1}{D(D-2)} 2x$

$= 2\displaystyle\int \dfrac{1}{D-2}\{x\}\,dx$

$= -\dfrac{2}{2}\displaystyle\int \dfrac{1}{-\dfrac{1}{2}D+1}\{x\}\,dx$

$= -\displaystyle\int \left(1 + \dfrac{1}{2}D\right)\{x\}\,dx = -\displaystyle\int \left(x + \dfrac{1}{2}\right)dx = -\dfrac{1}{2}x^2 - \dfrac{1}{2}x$

따라서 일반해는 $y = y_c + y_p = c_1 + c_2 e^{2x} - \dfrac{1}{2}x^2 - \dfrac{1}{2}x$ 이다.

정답 풀이 참조

05

미분방정식 $y'' - y = x$, $y(2) = e^2 - 2$, $y'(2) = e^2 - 1$을 만족하는 함수 y에 대해 $y(0)$은?

① -2 ② -1 ③ 1 ④ 2

공략 포인트

역연산자를 이용한 특수해
$$y_p = \frac{1}{D^n}\{R(x)\} = \int^{(n)} R(x)(dx)^n$$

풀이

$m^2 - 1 = 0$이므로 $y_c = c_1 e^x + c_2 e^{-x}$이고 $y_p = \dfrac{1}{D^2 - 1}\{x\} = -x$이다.

따라서 $y = c_1 e^x + c_2 e^{-x} - x$이고 $y' = c_1 e^x - c_2 e^{-x} - 1$이다.

주어진 초기 조건을 대입하면 $c_1 = 1$, $c_2 = 0$이다.

∴ $y = e^x - x \Rightarrow y(0) = 1$

정답 ③

06

미분방정식 $(D^2 - 5D + 6)y = e^{4x}$, $y(0) = 0, y'(0) = 0$을 만족할 때, $y(\ln 2)$는?

① 2 ② $\dfrac{7}{2}$ ③ $-\dfrac{1}{2}$ ④ 4

공략 포인트

역연산자를 이용한 특수해
$R(x) = e^{\alpha x}$인 경우
$$y_p = \frac{1}{f(D)}\{e^{\alpha x}\} = \frac{e^{\alpha x}}{f(\alpha)}$$
$(f(\alpha) \neq 0)$

풀이

보조해는 보조방정식을 이용하여 구하고, 특수해는 역연산자 방법을 이용하여 구한다.
$y = y_c + y_p$라 할 때,

(i) y_c

$t^2 - 5t + 6 = (t-3)(t-2) = 0 \Rightarrow t = 3, t = 2$가 되므로 $y_c = c_1 e^{3x} + c_2 e^{2x}$이다.

(ii) y_p

$$y_p = \frac{1}{D^2 - 5D + 6}\{e^{4x}\} = \frac{1}{16 - 20 + 6}e^{4x} = \frac{1}{2}e^{4x}$$

∴ $y(x) = c_1 e^{3x} + c_2 e^{2x} + \dfrac{1}{2}e^{4x}$, $y'(x) = 3c_1 e^{3x} + 2c_2 e^{2x} + 2e^{4x}$이다.

초기 조건 $y(0) = c_1 + c_2 + \dfrac{1}{2} = 0$, $y'(0) = 3c_1 + 2c_2 + 2 = 0$을 연립하면

$c_1 = -1, c_2 = \dfrac{1}{2}$이다.

∴ $y(x) = -e^{3x} + \dfrac{1}{2}e^{2x} + \dfrac{1}{2}e^{4x}$, $y(\ln 2) = -8 + 2 + 8 = 2$

정답 ①

4 매개변수변화법, 차수축소법

1. 매개변수변화법을 이용해 특수해를 구하는 방법

(1) 형태: $y'' + Ay' + By = R(x)$ (이때, 최고차항의 계수를 1로 만들어야 한다.)

(2) 해법

① $R(x) = 0$으로 두고 $y'' + Ay' + By = 0$의 보조해 $y_c = c_1 y_1 + c_2 y_2$를 구한다.
(이때 $\{y_1, y_2\}$는 일차독립이다.)

② Wronskian: $W(x) = \begin{vmatrix} y_1 & y_2 \\ y_1' & y_2' \end{vmatrix} \neq 0$, $v_1(x) = \int \dfrac{W_1 R(x)}{W(x)} dx$, $v_2(x) = \int \dfrac{W_2 R(x)}{W(x)} dx$를 계산한다.

③ 일반해 $y = c_1 y_1 + c_2 y_2 + y_1 v_1 + y_2 v_2$를 얻는다.

TIP ▸ 비제차형 미분방정식에서 특히 우변의 함수 $R(x)$가 $\sec x$, $\cot x$, $\ln x$ 같은 형태의 미분방정식은 비제차형의 방법으로 풀기 어려우므로 매개변수변화법(Variation of parameters) 등을 이용한다.

2. 차수축소법

(1) 정의: 하나의 해를 알고 있을 때 기저를 구하는 방법

(2) 해법

2계 선형미분방정식 $y'' + P(x)y' + Q(x)y = 0$에 대하여 $P(x)$와 $Q(x)$는 어떤 구간 I에서 연속이다. $y_1(x)$를 구간 I에서 주어진 미분방정식의 알려진 해라고 하고 구간 I의 모든 x에 대하여 $y_1(x) \neq 0$이라 하면 두 번째 해는 다음과 같다.

$$y_2 = y_1(x) \int \dfrac{e^{-\int P(x) dx}}{y_1^2(x)} dx$$

개념적용

01 미분방정식 $y'' - 2y' + y = \dfrac{e^x}{x^3}$의 일반해는? (단, c_1, c_2는 임의의 상수이다.)

① $y = (c_1 + c_2 x)e^{-x} - \dfrac{e^x}{2x}$

② $y = (c_1 + c_2 x)e^{-x} - \dfrac{e^{-x}}{2x}$

③ $y = (c_1 + c_2 x)e^x + \dfrac{e^x}{2x}$

④ $y = (c_1 + c_2 x)e^x - \dfrac{e^x}{2x^2}$

공략 포인트

보조방정식 $t^2 + At + B = 0$의 해 중근 $\alpha \Rightarrow y = (c_1 + c_2 x)e^{\alpha x}$

비제차형의 방법으로 풀기 어려운 미분방정식의 특수해는 매개변수변화법을 이용하여 구한다.

풀이

(i) 보조방정식을 이용하여 y_c를 먼저 구하면 다음과 같다.
$$t^2 - 2t + 1 = 0 \Leftrightarrow (t-1)^2 = 0 \Rightarrow t = 1 \text{(중근)}$$
$$\therefore y_c = c_1 e^x + c_2 x e^x$$

(ii) y_p를 구하면 다음과 같다.
$$y_p = e^x \int \dfrac{W_1 R(x)}{W} dx + x e^x \int \dfrac{W_2 R(x)}{W} dx$$

$$W = \begin{vmatrix} e^x & xe^x \\ e^x & e^x + xe^x \end{vmatrix} = e^{2x} \begin{vmatrix} 1 & x \\ 1 & 1+x \end{vmatrix} = e^{2x}(1 + x - x) = e^{2x},$$

$$W_1 R(x) = \begin{vmatrix} 0 & xe^x \\ \dfrac{e^x}{x^3} & e^x(1+x) \end{vmatrix} = -\dfrac{e^{2x}}{x^2}, \quad W_2 R(x) = \begin{vmatrix} e^x & 0 \\ e^x & \dfrac{e^x}{x^3} \end{vmatrix} = \dfrac{e^{2x}}{x^3}$$

$$y_p = e^x \int \dfrac{-\dfrac{e^{2x}}{x^2}}{e^{2x}} dx + xe^x \int \dfrac{\dfrac{e^{2x}}{x^3}}{e^{2x}} dx = e^x \int \dfrac{-1}{x^2} dx + xe^x \int \dfrac{1}{x^3} dx = e^x \left(\dfrac{1}{x}\right) + xe^x \left(-\dfrac{1}{2} x^{-2}\right)$$

$$\therefore y_p = \dfrac{e^x}{x} - \dfrac{1}{2} \dfrac{e^x}{x} = \dfrac{1}{2} \dfrac{e^x}{x}$$

따라서 미분방정식의 일반해는 다음과 같다.
$$y = c_1 e^x + c_2 x e^x + \dfrac{e^x}{2x}$$

정답 ③

02

미분방정식 $x^2 y'' + xy' - y = \dfrac{1}{x+1}$ 의 특수해로 가능한 것을 찾으면? (단, $x > 0$이다.)

① $-\dfrac{1}{2} + \dfrac{1}{2}x\ln\left(1+\dfrac{1}{x}\right) - \dfrac{\ln(x+1)}{2x}$

② $3 + \dfrac{1}{2}x^2\ln\left(1+\dfrac{1}{x}\right) - \dfrac{\ln(x+1)}{2x^2}$

③ $-\dfrac{1}{2} + \dfrac{1}{2}x\ln\left(1+\dfrac{1}{x^2}\right) - \dfrac{\ln(x^2+1)}{2x}$

④ $2 + \dfrac{1}{2}x^2\ln\left(1+\dfrac{1}{x}\right) - \ln\dfrac{x^2+1}{2x}$

공략 포인트

비제차형의 방법으로 풀기 어려운 미분방정식의 특수해는 매개변수변화법을 이용하여 구한다.

풀이

보조방정식 $t(t-1)+t-1=0$에서 $t=\pm 1$이다. 따라서 $y_c = c_1 x^{-1} + c_2 x$이다.

$W = \begin{vmatrix} x^{-1} & x \\ -\dfrac{1}{x^2} & 1 \end{vmatrix} = 2x^{-1}$

$W_1 = \begin{vmatrix} 0 & x \\ \dfrac{1}{x^2(x+1)} & 1 \end{vmatrix} = -\dfrac{1}{x(x+1)}$

$W_2 = \begin{vmatrix} x^{-1} & 0 \\ -\dfrac{1}{x^2} & \dfrac{1}{x^2(x+1)} \end{vmatrix} = \dfrac{1}{x^3(x+1)}$

매개변수변화법에 의하여 특수해는 다음과 같다.

$y_p = x^{-1} \int \dfrac{-\dfrac{1}{x(x+1)}}{2x^{-1}} dx + x \int \dfrac{\dfrac{1}{x^3(x+1)}}{2x^{-1}} dx$

$= -\dfrac{1}{2} - \dfrac{1}{2}x\ln x + \dfrac{1}{2}x\ln(x+1) - \dfrac{\ln(x+1)}{2x}$

$= -\dfrac{1}{2} + \dfrac{1}{2}x\ln\left(1+\dfrac{1}{x}\right) - \dfrac{\ln(x+1)}{2x}$

정답 ①

03

$2x^2 y'' - x y' + y = 2x^3$ 과 $y(1) = 0$, $y'(1) = \dfrac{2}{5}$ 가 성립할 때, $y(2)$ 의 값은?

① $\dfrac{2}{5}$ ② $\dfrac{4}{5}$ ③ $\dfrac{6}{5}$ ④ $\dfrac{8}{5}$

공략 포인트

매개변수변화법을 이용한 특수해 구하기 위해서 방정식의 형태에서 최고차항의 계수를 1로 만들어야 한다.

풀이

(i) 동차(제차) $2x^2 y'' - x y' + y = 0$ 의 일반해 y_h
특성(보조)방정식은 $2D(D-1) - D + 1 = 0$
$2D^2 - 3D + 1 = 0$
$(D-1)(2D-1) = 0$
$D = 1, \dfrac{1}{2}$
$\therefore y_h = ax + b\sqrt{x}$

(ii) 비동차(비제차) $y'' - \dfrac{1}{2x} y' + \dfrac{1}{2x^2} y = x$ 의 특수해 y_p

$W = \begin{vmatrix} x & \sqrt{x} \\ 1 & \dfrac{1}{2\sqrt{x}} \end{vmatrix} = -\dfrac{\sqrt{x}}{2}$

$W_1 R = \begin{vmatrix} 0 & \sqrt{x} \\ x & \dfrac{1}{2\sqrt{x}} \end{vmatrix} = -x^{\frac{3}{2}}$

$W_2 R = \begin{vmatrix} x & 0 \\ 1 & x \end{vmatrix} = x^2$

$y_p = y_1 \int \dfrac{W_1 R}{W} dx + y_2 \int \dfrac{W_2 R}{W} dx = x \int 2x \, dx + \sqrt{x} \int -2x^{\frac{3}{2}} dx = \dfrac{1}{5} x^3$

(iii) $y(x) = y_h + y_p = ax + b\sqrt{x} + \dfrac{1}{5} x^3$

$y'(x) = a + \dfrac{b}{2\sqrt{x}} + \dfrac{3}{5} x^2$

$y(1) = 0$ 이므로 $a + b = -\dfrac{1}{5}$

$y'(1) = \dfrac{2}{5}$ 이므로 $a + \dfrac{b}{2} = -\dfrac{1}{5}$

$\therefore a = -\dfrac{1}{5}, b = 0$

$y(x) = -\dfrac{1}{5} x + \dfrac{1}{5} x^3$ 이므로 $y(2) = \dfrac{6}{5}$ 이다.

정답 ③

04

2계 미분방정식 $(1-x^2)y'' - 2xy' = 0$의 한 해(solution)는 $y = 1$이다. 다음 중 $y = 1$과 일차독립인 이 미분방정식의 다른 한 해는?

① $\sqrt{\dfrac{x-1}{x+1}}$ ② $\dfrac{1-x}{1+x}$ ③ $\dfrac{1}{2}\ln\left(\dfrac{1+x}{1-x}\right)$ ④ $\ln\left(\dfrac{1-x}{1+x}\right)$

공략 포인트

차수축소법
하나의 해를 알고 있을 때 기저를 구하는 방법이다. 표준형으로 고칠 때, 최고차항의 계수를 1로 만든다.

$$y_2 = y_1(x)\int \frac{e^{-\int P(x)dx}}{y_1^2(x)}dx$$

풀이

표준형으로 고치면 $y'' - \dfrac{2x}{1-x^2}y' = 0$이다.

$y_1 = 1$이라 하고 차수축소법을 이용하여 두 번째 해를 구하면 다음과 같다.

$$\begin{aligned}
y_2 &= y_1 \int \frac{e^{-\int\left(\frac{-2x}{1-x^2}\right)dx}}{y_1^2}dx \\
&= \int e^{-\ln(1-x^2)}dx \\
&= \int \frac{1}{1-x^2}dx \\
&= \tanh^{-1}x = \frac{1}{2}\ln\left(\frac{1+x}{1-x}\right)
\end{aligned}$$

정답 ③

05

함수 $y_1(x) = e^x$가 미분방정식 $xy'' - (2x+1)y' + (x+1)y = 0$의 한 해일 때, 다음 중 구간 $(0, \infty)$에서 $y_1(x)$와 일차독립인 해는?

① xe^x ② $x^2 e^x$ ③ $x^3 e^x$ ④ $x^4 e^x$

공략 포인트

차수축소법
하나의 해를 알고 있을 때 기저를 구하는 방법이다. 표준형으로 고칠 때, 최고차항의 계수를 1로 만든다.

$$y_2 = y_1(x)\int \frac{e^{-\int P(x)dx}}{y_1^2(x)}dx$$

풀이

$y'' - \dfrac{2x+1}{x}y' + \dfrac{x+1}{x}y = 0$이고

$$u(x) = \int \frac{e^{-\int \frac{-(2x+1)}{x}dx}}{e^{2x}}dx = \int \frac{e^{2x+\ln x}}{e^{2x}}dx = \int x\,dx = \frac{1}{2}x^2 \text{ 이므로}$$

$y_2(x) = u(x), y_1(x) = \dfrac{1}{2}x^2 e^x$ 이다.

따라서 $y_1(x) = e^x$와 일차독립인 해는 $x^2 e^x$이다.

정답 ②

06

함수 $y_1 = x^2$은 $x^2 y'' - 3xy' + 4y = 0$의 해이다. 구간 $0 < x < \infty$에서 일반해를 구하면?

공략 포인트

차수축소법
하나의 해를 알고 있을 때 기저를 구하는 방법이다. 표준형으로 고칠 때, 최고차항의 계수를 1로 만든다.

$$y_2 = y_1(x) \int \frac{e^{-\int P(x)dx}}{y_1^2(x)} dx$$

풀이

미분방정식을 정리하면 $y'' - \frac{3}{x} y' + \frac{4}{x^2} y = 0$이다.

하나의 해를 알고 있으므로 차수축소법에 의해

$$y_2 = x^2 \int \frac{e^{3 \int \frac{1}{x} dx}}{x^4} dx = x^2 \int \frac{1}{x} dx = x^2 \ln x \text{이다.}$$

$0 < x < \infty$에서 일반해 $y = c_1 y_1 + c_2 y_2$이므로

구하고자 하는 미분방정식의 일반해는 $y = c_1 x^2 + c_2 x^2 \ln x$이다.

정답 풀이 참조

5. 2계 미분방정식

대표출제유형

> **출제경향 분석**
> \# 2계 비제차 미분방정식이 자주 출제됩니다.
> \# 특수해를 구하는 방법(역연산자, 매개변수변화법)을 확실히 암기하고 연습하여야 합니다.

01 상수계수를 가지는 2계 제차 미분방정식

🔎 개념 1. 2계 선형미분방정식

초기 조건이 $y(0)=\sqrt{2}$, $y'(0)=0$인 미분방정식 $y''-2y'+2y=0$의 해는?

① $2e^x \sin\left(x+\dfrac{\pi}{4}\right)$ ② $2e^x \cos\left(x+\dfrac{\pi}{4}\right)$

③ $\sqrt{2}\,e^x(\sin x - \cos x)$ ④ $\sqrt{2}\,e^x(\sin x + \cos x)$

풀이

STEP A 보조방정식의 해를 구하기

$t^2 - 2t + 2 = 0 \Rightarrow t = 1 \pm i$의 서로 다른 두 허근을 갖는다.

그러므로 $y = e^x(c_1 \cos x + c_2 \sin x)$이다.

STEP B 초기 조건을 대입하여 미분방정식의 해 구하기

주어진 초기 조건을 대입하면

$c_1 = \sqrt{2}$, $c_2 = -\sqrt{2}$이다.

따라서 미분방정식의 해는 다음과 같다.

$y = e^x(\sqrt{2}\cos x - \sqrt{2}\sin x) = 2e^x \cos\left(x + \dfrac{\pi}{4}\right)$ (∵ 삼각함수의 합성)

정답 ②

02 상수계수를 가지는 2계 제차 미분방정식

🔍 개념 1. 2계 선형미분방정식

미분방정식의 초깃값 문제 $y'' - 4y' + 4y = 0$, $y(0) = 2$, $y'(0) = 1$의 해 y에 대하여 $y(1)$의 값은?

① e　　　　　② $-e$　　　　　③ e^2　　　　　④ $-e^2$

풀이

STEP A 보조방정식의 해를 구하기

$t^2 - 4t + 4 = 0 \Leftrightarrow (t-2)^2 = 0$

$t = 2$의 중근을 갖는다.

그러므로 $y = e^{2x}(c_1 + c_2 x) = c_1 e^{2x} + c_2 x e^{2x}$ 이다.

STEP B 초기 조건을 대입하여 미분방정식의 해 구하기

$y(0) = c_1 = 2$이므로 $y = 2e^{2x} + c_2 x e^{2x}$ 이다.

$y' = 4e^{2x} + c_2(e^{2x} + 2xe^{2x})$, $y'(0) = 4 + c_2 = 1$ 에서 $c_2 = -3$이다.

따라서 미분방정식의 해는 다음과 같다.

$y(x) = 2e^{2x} - 3xe^{2x}$

즉, $y(1) = 2e^2 - 3e^2 = -e^2$이다.

정답 ④

03 상수계수를 가지는 2계 제차 미분방정식

🔍 개념 1. 2계 선형미분방정식

다음 미분방정식 $y'' + 2y' + 2y = 0$, $y(0) = 1$, $y\left(\dfrac{\pi}{4}\right) = 0$의 해는?

① $e^x\left(\cos\dfrac{1}{\sqrt{2}}x + \sin\dfrac{1}{\sqrt{2}}x\right)$
② $e^{-x}(\cos x + \sin x)$
③ $e^x\left(\cos\dfrac{\sqrt{3}}{2}x + \sin\dfrac{\sqrt{3}}{2}x\right)$
④ $e^{-x}(\cos x - \sin x)$

풀이

STEP A 보조방정식의 해를 구하기

$t^2 + 2t + 2 = 0 \Rightarrow t = -1 \pm i$의 서로 다른 두 허근을 갖는다.

그러므로 $y = e^{-x}(c_1 \cos x + c_2 \sin x)$이다.

STEP B 초기 조건을 대입하여 미분방정식의 해 구하기

주어진 초기 조건을 대입하면

$y(0) = c_1 = 1$, $y\left(\dfrac{\pi}{4}\right) = e^{-\frac{\pi}{4}}\left(\cos\dfrac{\pi}{4} + c_2 \sin\dfrac{\pi}{4}\right) = 0$이므로 $c_2 = -1$이다.

따라서 미분방정식의 해는 다음과 같다.

$y = e^{-x}(\cos x - \sin x)$

정답 ④

04 미정계수법을 이용한 특수해 구하기

🔍 개념 2. 2계 비제차 미분방정식

미분방정식 $y'' - 6y' + 8y = -2e^{3x}$의 일반해가 $y = k_1 e^{ax} + k_2 e^{bx} + ce^{dx}$일 때, $(a+b+c+d)$의 값을 구하면? (단, k는 상수이다.)

① -1 ② 7 ③ $\dfrac{29}{3}$ ④ 11

풀이

STEP A $R(x) = 0$인 경우의 보조해 구하기

$t^2 - 6t + 8 = 0 \Rightarrow t = 2, 4$의 서로 다른 두 실근을 갖는다.

그러므로 $y_c = c_1 e^{4x} + c_2 e^{2x}$이다.

STEP B $R(x) \neq 0$인 경우의 특수해를 구하기

$R(x) = Ke^{\alpha x}$ 형태이므로 $y_p(x) = A_0 e^{\alpha x}$ 형태이다.

이때, $\alpha = 3$, $K = -2$이므로 $y_p = A_0 e^{3x}$이라 하면

$y_p' = 3A_0 e^{3x}$, $y_p'' = 9A_0 e^{3x}$이 된다. 이 결과를 미분방정식에 대입하면

$9A_0 e^{3x} - 6(3A_0 e^{3x}) + 8(A_0 e^{3x}) = -2e^{3x} \Rightarrow -A_0 e^{3x} = -2e^{3x}$이다.

따라서 $A_0 = 2$이다.

STEP C 일반해 구하기

일반해는 $y = y_c + y_p = c_1 e^{4x} + c_2 e^{2x} + 2e^{3x}$이다.

주어진 미지수와 비교하여 구하고자 하는 값은 다음과 같다.

$a + b + c + d = 11$

정답 ④

05 역연산자의 성질

🔍 개념 3. 역연산자를 이용해 특수해를 구하는 방법

미분방정식 $f''(t) - 6f'(t) + 9f(t) = t^2 e^{3t}$, $f(0) = 2$, $f'(0) = 6$을 만족시키는 $f(t)$에 대하여 $f(1)$의 값은?

① $\dfrac{7}{12}e^3$ ② $\dfrac{17}{12}e^3$ ③ $\dfrac{25}{12}e^3$ ④ $\dfrac{29}{12}e^3$

풀이

STEP A 보조해 구하기

$(D^2 - 6D + 9)f(t) = 0 \Leftrightarrow (D-3)^2 f(t) = 0$에서 보조해는
$f(t)_c = (c_1 + c_2 t)e^{3t}$이다.

STEP B 역연산자 방법을 이용하여 특수해 구하기

역연산자 방법을 이용하면 특수해는 다음과 같다.

$$f(t)_p = \frac{1}{(D-3)^2}\{t^2 e^{3t}\}$$
$$= e^{3t} \frac{1}{\{(D+3)-3\}^2}\{t^2\}$$
$$= e^{3t} \frac{1}{D^2}\{t^2\}$$
$$= e^{3t} \frac{1}{12} t^4$$

STEP C 미분방정식의 일반해 구하기

그러므로 일반해는 $f(t) = (c_1 + c_2 t)e^{3t} + \dfrac{1}{12} t^4 e^{3t}$이다.

주어진 초기 조건을 이용하면 $f(0) = c_1 = 2$, $f'(0) = c_2 = 0$이므로

$f(t) = 2e^{3t} + \dfrac{1}{12} t^4 e^{3t}$이다.

따라서 구하고자 하는 값 $f(1) = \dfrac{25}{12} e^3$이다.

정답 ③

06 매개변수변화법

🔍 개념 4. 매개변수변화법, 차수축소법

다음 미분방정식의 특수해 y_p는?

$$y'' + 4y = \sec 2x$$

① $y_p = \dfrac{1}{2}\sin 2x \ln|\cos 2x| + \dfrac{1}{4}\cos 2x$

② $y_p = \dfrac{1}{4}\sin 2x \ln|\cos 2x| + \dfrac{1}{2}x\cos 2x$

③ $y_p = \dfrac{1}{4}\cos 2x \ln|\cos 2x| + \dfrac{1}{2}x\sin 2x$

④ $y_p = \dfrac{1}{2}\cos 2x \ln|\cos 2x| + \dfrac{1}{4}x\sin 2x$

풀이

STEP A $R(x)=0$으로 두고 미분방정식의 보조해를 구하기

$y''+4y=0$의 보조방정식은 $\lambda^2+4=0$이고 $\lambda=2i,\ -2i$이므로

$y''+4y=0$의 일차독립인 해는 $y_1=\cos 2x$, $y_2=\sin 2x$이다.

STEP B $W,\ W_1,\ W_2$ 구하기

$$W=\begin{vmatrix} \cos 2x & \sin 2x \\ -2\sin 2x & 2\cos 2x \end{vmatrix}=2$$

$$W_1=\begin{vmatrix} 0 & \sin 2x \\ \sec 2x & 2\cos 2x \end{vmatrix}=-\tan 2x$$

$$W_2=\begin{vmatrix} \cos 2x & 0 \\ -2\sin 2x & \sec 2x \end{vmatrix}=1 \text{ 이다.}$$

STEP C 미분방정식의 특수해 구하기

$v_1' = \dfrac{W_1}{W} = -\dfrac{\tan 2x}{2}$에서 $v_1 = \displaystyle\int \dfrac{W_1 R(x)}{W(x)}dx = \dfrac{1}{4}\ln|\cos 2x|$

$v_2' = \dfrac{W_2}{W} = \dfrac{1}{2}$에서 $v_2 = \displaystyle\int \dfrac{W_2 R(x)}{W(x)}dx = \dfrac{1}{2}x$이므로

미분방정식 $y''+4y=\sec 2x$의 특수해는

$y_p = v_1 y_1 + v_2 y_2 = \dfrac{1}{4}\cos 2x \ln|\cos 2x| + \dfrac{1}{2}x\sin 2x$이다.

정답 ③

6. 2계 미분방정식

실전문제

01 다음 중 선형미분방정식을 모두 고른 것은?

ㄱ. $x^2 dy + (x+y^2)dx = 0$
ㄴ. $e^x \dfrac{d^2y}{dx^2} + x^2 y = 0$
ㄷ. $\left(\dfrac{dy}{dx}\right)^3 + xy = 0$

① ㄱ　　② ㄴ　　③ ㄱ, ㄴ　　④ ㄴ, ㄷ

02 다음 미분방정식 중 그 해가 아래에 주어진 그래프의 개형이 될 수 있는 것은?

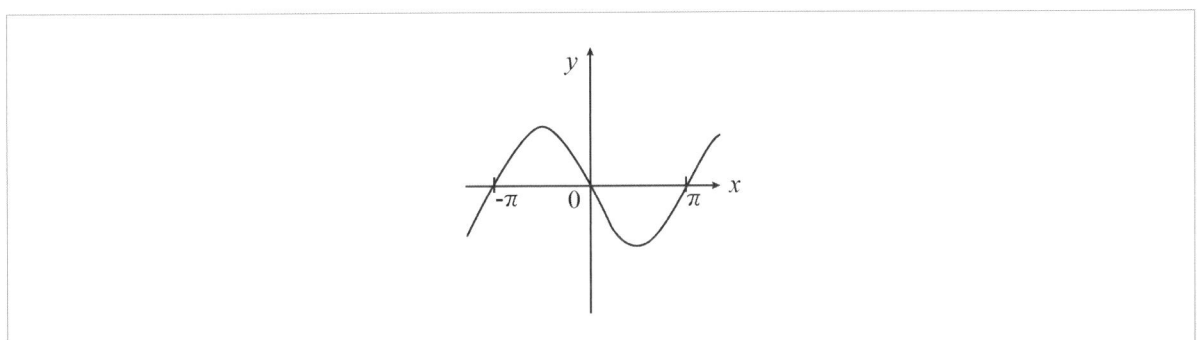

① $y'' + y = 0$
② $y'' + 2y' + y = 0$
③ $y'' + 2y' + 2y = 0$
④ $y'' + 4y = 0$

03 $2y'' + 3y' + y = 0$, $y(0) = 2$, $y'(0) = 0$의 해가 $y(t)$일 때, $2y(2) + y(4)$의 값은?

① $-2e^{-1} + 8e^{-4}$
② $8e^{-1} - 2e^{-4}$
③ $-2e^{-1} + 8e^{-2} + 8e^{-4}$
④ $4e^{-1} + 2e^{-2} - 2e^{-4}$

04 $y=y(x)$가 미분방정식 $y''+6y'+(\pi^2+9)y=0$, $y(0)=0$, $y'(0)=e\pi$의 해일 때, $y\left(\dfrac{1}{3}\right)$의 값은?

① $\dfrac{1}{2}$ ② $\dfrac{\sqrt{2}}{2}$ ③ $\dfrac{\sqrt{3}}{2}$ ④ 1

05 미분방정식 $x''-5x'-14x=0$의 해 $x=x(t)$가 초기 조건 $x(0)=5$, $x'(0)=-1$을 만족할 때, $x(t)$가 최소가 되는 t의 값은?

① $\dfrac{1}{3}\ln 2 - \dfrac{1}{9}\ln 7$ ② $\dfrac{1}{9}\ln 2 - \dfrac{1}{9}\ln 7$ ③ 0 ④ $\dfrac{1}{5}\ln 2 - \dfrac{1}{5}\ln 7$

06 다음 미분방정식의 해가 $y=f(x)$일 때, $f\left(\dfrac{\pi}{6}\right)$의 실수부는?

$$y''+2iy'-y=0 \ (i=\sqrt{-1},\ f(0)=2,\ f'(0)=0)$$

① $-\sqrt{3}-\dfrac{\pi}{6}$ ② $-\sqrt{3}+\dfrac{\pi}{6}$ ③ $\sqrt{3}-\dfrac{\pi}{6}$ ④ $\sqrt{3}+\dfrac{\pi}{6}$

07 미분방정식 $y'' + 2y' + y = 2e^{-t}$의 해 $y = y(t)$가 $y(0) = 1$, $y'(0) = 0$을 만족할 때, $y(1)$의 값은?

① $\frac{1}{2}e$ ② $3e^{-1}$ ③ $e + e^{-1}$ ④ 1

08 미분방정식 $y'' - 2y' + y = x^3 e^x$, $y(0) = 0$, $y'(0) = 1$의 해 $y(x)$에 대하여 $y(1)$을 구하시오.

① $\frac{21}{10}e$ ② $\frac{21}{20}e$ ③ $\frac{7}{10}e$ ④ $\frac{21}{40}e$

09 함수 $f(x) = Ae^{\alpha x}\cos(\beta x) + Be^{\alpha x}\sin(\beta x) + Cx + D$가 아래 조건을 만족한다.

$$f''(x) + 2f'(x) + 5f(x) = 9 + 10x,\ f'(0) = 10,\ f(0) = -1$$

이때, $A + B + C + D$의 값을 구하시오.

① -4 ② -2 ③ 2 ④ 4

10 미분방정식 $y'' - y' - 2y = -4x$, $y(0) = -1$, $y'(0) = -1$의 해에 대하여 $y(1)$의 값은?

① $\dfrac{1}{e} - e^2 + 1$ ② $\dfrac{1}{e} - e^2 + 3$ ③ $\dfrac{1}{e} - e^2 + 5$ ④ $\dfrac{1}{e} - e^2 + 7$

11 미분방정식 $y'' - 2y' + y = -3 - x + x^2$ 의 해가 $y(0) = -2$, $y'(0) = 1$을 만족할 때, $y(2)$의 값은?

① $2e^2$ ② e^2 ③ $5 - e^2$ ④ $11 - e^2$

12 미분방정식 $y'' - 2y' - 3y = 2e^x - 10\sin x$의 해가 $y(0) = 2$, $y'(0) = 4$를 만족할 때, $y(\pi) = \dfrac{1}{2}e^{-\pi}(ae^{4\pi} + b + ce^{2\pi}) + d$이면 $abcd$의 값은?

① -24 ② -12 ③ 0 ④ 12

13 미분방정식 $y'' - 4y' + 3y = 10\cos x$, $y(0) = 1$, $y'(0) = 0$에 대하여 $y'\left(\dfrac{\pi}{2}\right)$는?

① $-e^{\frac{\pi}{2}} + e^{\frac{3\pi}{2}} - 1$
② $-e^{\frac{\pi}{2}} + e^{\frac{3\pi}{2}} - 2$
③ $-e^{\frac{\pi}{2}} + 3e^{\frac{3\pi}{2}} - 1$
④ $-e^{\frac{\pi}{2}} + 3e^{\frac{3\pi}{2}} - 2$

14 미분방정식 $f''(t) - 2f'(t) = 3\cos t$, $f'(0) = 0$을 만족시키는 $f(t)$에 대하여 $f''(0)$의 값은?

① 3　　② 4　　③ 5　　④ 6

15 미분방정식 $y'' - 4y' + 4y = e^{2x} + \sin x$의 특수해는?

① $x^2 e^{2x} + \dfrac{3}{25}\sin x + \dfrac{4}{25}\cos x$
② $x^2 e^{2x} + \dfrac{4}{25}\sin x - \dfrac{3}{25}\cos x$
③ $\dfrac{1}{2}x^2 e^{2x} + \dfrac{4}{25}\sin x - \dfrac{3}{25}\cos x$
④ $\dfrac{1}{2}x^2 e^{2x} + \dfrac{3}{25}\sin x + \dfrac{4}{25}\cos x$

16 미분가능한 함수 $f(x)$와 $g(x) = x$의 Wronskian이 $W(f,g)(x) = -3x^4$이다. $f(-1) = 0$일 때, $f(1)$의 값은?

① 1 ② 2 ③ 3 ④ 4

17 $y_1 = e^{-2x}$가 미분방정식 $(1+2x)y'' + 4xy' - 4y = 0$의 해일 때, $y_1(x)$와 일차독립인 두 번째 해 $y_2(x)$는?

① xe^{-2x} ② x ③ $e^{2x}(1+2x)$ ④ e^{2x}

18 미분방정식 $y'' + 9y = \csc 3x$의 특수해는?

① $-\dfrac{1}{3}x\cos 3x + \dfrac{1}{9}\sin 3x \ln|\sin 3x|$

② $\dfrac{1}{3}x\cos 3x - \dfrac{1}{9}\sin 3x \ln|\sin 3x|$

③ $-\dfrac{1}{3}x\cos 3x - \dfrac{1}{9}\sin 3x \ln|\sin 3x|$

④ $\dfrac{1}{3}x\cos 3x + \dfrac{1}{9}\sin 3x \ln|\sin 3x|$

19 미분방정식 $\frac{d^2y}{dx^2}+2\frac{dy}{dx}+y=2\cosh x-2\sinh x$, $y(0)=1$, $y'(0)=-1$에서 $\int_0^\infty y(x)\,dx$의 값은?

① 3 ② $-\frac{1}{2}$ ③ $\frac{4}{3}$ ④ $\frac{1}{4}$

20 초깃값 $y(0)=0$, $y'(0)=0$을 만족하는 미분방정식 $y''+4y=\sin^2(2x)$의 해 $y=y(x)$의 최솟값은?

① 0 ② 1 ③ $\frac{1}{4}$ ④ 2

05

고계 미분방정식

🎯 출제 비중 & 빈출 키워드 리포트

단원	출제 비중	합계 2%	빈출 키워드
1. n계 선형미분방정식		2%	· 고계 미분방정식

1 n계 선형미분방정식

1. n계 선형미분방정식의 일반형

(1) 수반 제차 선형미분방정식과 비제차 선형미분방정식

① n계 선형미분방정식 $y^{(n)}+p_1(x)y^{(n-1)}+ \cdots +p_{n-1}(x)y'+p_n(x)y = R(x)$의 우변 $R(x)=0$으로 하는
$y^{(n)}+p_1(x)y^{(n-1)}+ \cdots +p_{n-1}(x)y'+p_n(x)y = 0$을 주어진 미분방정식의 수반 제차 선형미분방정식이라 한다.

② $y^{(n)}+p_1(x)y^{(n-1)}+ \cdots +p_{n-1}(x)y'+p_n(x)y = R(x)$에서 $R(x)$가 0이 아닐 때, 비제차 선형미분방정식이라 한다.

③ 위의 두 식을 각각 $L(y)=0$, $L(y)=R(x)$로 간단히 나타낼 때, $n \geq 3$인 경우를 고계 선형 미분방정식이라 한다.

(2) 정리

① n계 제차 선형미분방정식
$L(y)=0$의 모든 해인 일반해는 이 미분방정식의 일차독립인 n개 해의 일차결합으로 표시된다.

② n계 비제차 선형미분방정식
$L(y)=R(x)$의 한 특수해를 y_p, 수반 제차 선형미분방정식 $L(y)=0$의 해를 y_c라 하면
$L(y)=R(x)$의 일반해는 $y=y_c+y_p$이다.

2. 상수계수를 가지는 고계 제차 미분방정식

(1) 형태: $y^{(n)}+a_{n-1}y^{(n-1)}+ \cdots +a_1y'+a_0y=0$

(2) 해법: 보조방정식 $t^n+a_{n-1}t^{n-1}+a_1t+a_0=0$의 해

① 서로 다른 n개의 실근
$y=c_1e^{t_1x}+c_2e^{t_2x}+ \cdots +c_ne^{t_nx}$

② 단순 복소근 ⇨ $t_1=\alpha+i\beta$라 하면 $t_2=\alpha-i\beta$도 근이 되어야 하므로 다음과 같다.
$y_1=e^{\alpha x}\cos\beta x$, $y_2=e^{\alpha x}\sin\beta x$

③ n 중근을 가지는 경우
$y=(c_1+c_2x+c_3x^2+ \cdots +c_nx^{n-1})e^{\alpha x}$

3. 상수계수를 가지는 고계 비제차 미분방정식

(1) 형태: $y^{(n)} + a_{n-1}y^{(n-1)} + \cdots + a_1 y' + a_0 y = R(x)\ (\neq 0)$

(2) 해법: 보조방정식 $t^n + a_{n-1}t^{n-1} + a_1 t + a_0 = R(x)$ 의 해

① 보조해 y_c: 앞서 구한 방법과 동일하게 구한다.

② 특수해 y_p: 미정계수법 · 역연산자법 · 매개변수변화법으로 구한다.

TIP ▶ 매개변수변화법

$y^{(n)} + p_1(x)y^{(n-1)} + \cdots + p_{n-1}(x)y' + p_n(x)y = R(x)$의 수반 제차 미분방정식

$y^{(n)} + p_1(x)y^{(n-1)} + \cdots + p_{n-1}(x)y' + p_n(x)y = 0$의 일반해를

$y_c(x) = c_1 y_1(x) + \cdots + c_n y_n(x)$라 하고, 기저 $\{y_1(x), \cdots, y_n(x)\}$에 대해

특수해 $y_p(x) = y_1(x)\int \dfrac{W_1(x)R(x)}{W(x)}dx + \cdots + y_n(x)\int \dfrac{W_n(x)R(x)}{W(x)}dx$ 이다.

위의 $R(x)$는 위의 미분방정식에 $y^{(n)}$의 계수가 1일 때이며,

Wronskian $W(x) = \begin{vmatrix} y_1(x) & \cdots & y_n(x) \\ y_1'(x) & \cdots & y_n'(x) \\ \vdots & \vdots & \vdots \\ y_1^{(n)}(x) & \cdots & y_n^{(n)}(x) \end{vmatrix}$ 이고, $W_k(x)R(x)$는 행렬식 $W(x)$에서

k열을 삭제한 소행렬식에 0을 계속 넣다가 마지막 행에 $R(x)$를 넣고 계산한 행렬식이다.

개념적용

01

미분방정식 $y^{(3)} - 2y'' - y' + 2y = 0$, $y(0) = 2$, $y'(0) = 0$, $y''(0) = 2$의 해 y에 대해 $y(1)$의 값은?

① e ② $\dfrac{1}{e}$ ③ $e + \dfrac{1}{e}$ ④ $e - \dfrac{1}{e}$

공략 포인트

상수계수를 가지는 고계 제차 미분방정식을 구하고자 할 때에는 보조방정식 근의 형태(실근/복소근/중근)에 따라서 구한다.

풀이

주어진 미분방정식은 상수계수를 갖는 제차 미분방정식이다.
보조방정식을 이용하여 주어진 미분방정식의 해를 구하면,
$t^3 - 2t^2 - t + 2 = 0 \Leftrightarrow t^3 - 2t^2 - t + 2 = (t+1)(t-1)(t-2) = 0$이므로 $t = -1, 1, 2$이다.
그러므로 주어진 미분방정식의 일반해는
$y = c_1 e^{-x} + c_2 e^x + c_3 e^{2x}$이다.
이제 주어진 초기 조건을 이용하여 c_1, c_2, c_3를 구하면 다음과 같다.
$y(0) = c_1 + c_2 + c_3 = 2$
$y'(0) = -c_1 + c_2 + 2c_3 = 0$
$y''(0) = c_1 + c_2 + 4c_3 = 2$이므로 $c_1 = 1, c_2 = 1, c_3 = 0$이다.
$\therefore y = e^{-x} + e^x$이고 $y(1) = e + \dfrac{1}{e}$이다.

정답 ③

02

$y^{(3)} - 6y'' + 12y' - 8y = 0$, $y(0) = 0$, $y'(0) = 0$, $y''(0) = 2$의 해를 y라 할 때, $y(\ln 2)$의 값은?

① $2\ln 2$ ② $4(\ln 2)^2$ ③ $4\ln 2$ ④ $8\ln 2$

공략 포인트

상수계수를 가지는 고계 제차 미분방정식을 구하고자 할 때에는 보조방정식 근의 형태(실근/복소근/중근)에 따라서 구한다.

풀이

$y^{(3)} - 6y'' + 12y' - 8y = 0 \Leftrightarrow (D^3 - 6D^2 + 12D - 8)y = 0 \Leftrightarrow (D-2)^3 y = 0$ 이므로
보조방정식 $(t-2)^3 = 0$의 근은 $t = 2$ (3중근)이므로
일반해는 $y = (c_1 + c_2 x + c_3 x^2)e^{2x}$ 이다.
$y' = (c_2 + 2c_3 x)e^{2x} + 2(c_1 + c_2 x + c_3 x^2)e^{2x}$,
$y'' = 2c_3 e^{2x} + 2(c_2 + 2c_3 x)e^{2x} + 2(c_2 + 2c_3 x)e^{2x} + 4(c_1 + c_2 x + c_3 x^2)e^{2x}$ 이므로
초기 조건 $y(0) = 0$, $y'(0) = 0$, $y''(0) = 2$을 대입하면
$c_1 = 0$, $c_2 + 2c_1 = 0$, $2c_3 + 2c_2 + 2c_2 + 4c_1 = 2$에서
$\therefore c_2 = 0$, $c_3 = 1$이다.
따라서 $y = x^2 e^{2x}$ 이므로 $y(\ln 2) = (\ln 2)^2 e^{2\ln 2} = 4(\ln 2)^2$ 이다.

정답 ②

03

$y(x)$가 미분방정식 $y''' + y' = 3x^2$, $y''(0) = y'(0) = y(0) = 1$의 해일 때, $y(x)$의 x항의 계수는?

① 0　　　② 1　　　③ -1　　　④ -6

공략 포인트

상수계수를 가지는 고계 비제차 미분방정식

- 보조해: 보조방정식 근의 형태 (실근/복소근/중근)에 따라서 보조해를 구한다.
- 특수해: 미정계수법/역연산자법 /매개변수변화법으로 구한다.

풀이

(i) 보조해
　　$y''' + y' = 0 \Rightarrow y_c = c_1 + c_2 \cos x + c_3 \sin x$ 이다.

(ii) 특수해
　　$y_p = Ax^3 + Bx^2 + Cx$에서 $y''' + y' = 3x^2$에 대입하면
　　$3Ax^2 + 2Bx + 6A + C = 3x^2 \Rightarrow A = 1$, $B = 0$, $C = -6$이다.

∴ 미분방정식의 일반해는 $y = c_1 + c_2 \cos x + c_3 \sin x + 3x^2 - 6x$이고, x항의 계수는 -6이다.

정답 ④

2. 고계 미분방정식

대표출제유형

출제경향 분석

\# 3계 상수계수 제차 미분방정식이 출제됩니다.

\# 3계 상수계수 비제차 미분방정식의 특수해를 구하는 계산문제가 출제됩니다.

01 고계 제차 미분방정식

🔍 개념 1. n계 선형미분방정식

함수 $y = y(x)$가 미분방정식 $y''' + 4y'' + 13y' = 0$, $y(0) = 0$, $y'(0) = 1$, $y''(0) = 1$의 해일 때, $y\left(\dfrac{\pi}{2}\right)$의 값은?

① $\dfrac{5 + 5e^{-\pi}}{13}$ ② $\dfrac{5 - e^{-\pi}}{13}$ ③ $\dfrac{5 + e^{-\pi}}{13}$ ④ $\dfrac{5 - 5e^{-\pi}}{13}$

풀이

STEP A 고계 제차 미분방정식의 해 구하기

특성방정식 $t^3 + 4t^2 + 13t = t(t^2 + 4t + 13) = 0$에서 $t = 0$, $-2 \pm 3i$이므로
일반해는 $y = c_1 + e^{-2x}(c_2 \cos 3x + c_3 \sin 3x)$이다.

STEP B 초기 조건을 이용하여 미지수 구하기

$y' = -2e^{-2x}(c_2 \cos 3x + c_3 \sin 3x) + e^{-2x}(-3c_2 \sin 3x + 3c_3 \cos 3x)$이고,
$y'' = e^{-2x}(-5c_2 \cos 3x - 5c_3 \sin 3x) + e^{-2x}(12c_2 \sin 3x - 12c_3 \cos 3x)$이므로
초기 조건에 의하여 $0 = c_1 + c_2$, $1 = -2c_2 + 3c_3$, $1 = -5c_2 - 12c_3$이다.

이를 연립하면 $c_1 = \dfrac{5}{13}$, $c_2 = -\dfrac{5}{13}$, $c_3 = \dfrac{1}{13}$이다.

따라서 $y = \dfrac{5}{13} + e^{-2x}\left(-\dfrac{5}{13}\cos 3x + \dfrac{1}{13}\sin 3x\right)$이고, 구하고자 하는 값

$y\left(\dfrac{\pi}{2}\right) = \dfrac{5}{13} - \dfrac{e^{-\pi}}{13}$ 이다.

정답 ②

02 고계 비제차 미분방정식

🔍 개념 1. n계 선형미분방정식

다음 미분방정식에서 $y(1)$은?

$$y''' + 3y'' + 3y' + y = 30e^{-x},\ y(0)=3,\ y'(0)=-3,\ y''(0)=-47$$

① $-23e^{-1}$ ② $-17e^{-1}$ ③ e^{-1} ④ $5e^{-1}$

풀이

STEP A 고계 비제차 미분방정식의 일반해 구하기

$y''' + 3y'' + 3y' + y = 30e^{-x}$

$\Leftrightarrow (D+1)^3 y = 30e^{-x} \Leftrightarrow y = \dfrac{1}{(D+1)^3}\{30e^{-x}\}$ 이므로

$y = c_1 e^{-x} + c_2 x e^{-x} + c_3 x^2 e^{-x} + \dfrac{x^3}{3!}30e^{-x}$

$\Leftrightarrow y = c_1 e^{-x} + c_2 x e^{-x} + c_3 x^2 e^{-x} + 5x^3 e^{-x}$ 이다.

STEP B 초기 조건을 이용하여 미지수 구하기

초기 조건 $y(0)=3,\ y'(0)=-3,\ y''(0)=-47$을 대입하면

$c_1 = 3,\ c_2 = 0,\ c_3 = -25$ 이므로

미분방정식의 일반해는 $y = 3e^{-x} - 25x^2 e^{-x} + 5x^3 e^{-x}$ 이다.

∴ $y(1) = 3e^{-1} - 25e^{-1} + 5e^{-1} = -17e^{-1}$ 이다.

정답 ②

3 고계 미분방정식

01 $y_1 = e^{\frac{1}{3}x}$, $y_2 = e^{-x}\cos(\sqrt{3}\,x)$, $y_3 = e^{-x}\sin(\sqrt{3}\,x)$가 3계 상수계수 상미분방정식 $ay''' + by'' + cy' - 4y = 0$의 해일 때, $a+b+c$의 값은?

① 16　　　　　② 17　　　　　③ 18　　　　　④ 19

02 미분방정식 $y''' + 8y'' + 16y' = 0$, $y(0) = 0$, $y'(0) = 0$, $y''(0) = 1$의 해가 $y(x) = \dfrac{1}{A}e^{ax}(Be^{bx} + Cx + D)$라고 할 때, $A \div (B+C+D)$의 값은?

① -4　　　　② -2　　　　③ 2　　　　④ 4

03 초깃값이 $y(0) = y'(0) = y''(0) = 0$인 미분방정식 $y^{(3)} + y' = e^x$의 해 $y = y(x)$에 대하여 폐구간 $[0, 2\pi]$에서 $y = y'$을 만족하는 x의 값은 몇 개 존재하는가?

① 1　　　　　② 2　　　　　③ 3　　　　　④ 4

04 미분방정식 $y^{(3)} - 4y' = 2x + 4\sin x + e^{-x}$의 특수해를 $y_p(x)$라 할 때, $y_p(0) = \dfrac{b}{a}$를 만족하는 $a+b$의 값은?

① -2 ② 2 ③ 32 ④ -32

05 방정식 $\dfrac{d^4y}{dx^4} + \dfrac{d^3y}{dx^3} = 1 - x^3 e^{-x}$ 에서 특수해 $y_p(x)$의 형태는?

(단, A, B, C, D, E 는 상수이다.)

① $y_p(x) = A + Bx^3 e^{-x} + Cx^2 e^{-x} + Dxe^{-x} + Ee^{-x}$
② $y_p(x) = A + Bx^4 e^{-x} + Cx^3 e^{-x} + Dx^2 e^{-x} + Exe^{-x}$
③ $y_p(x) = Ax^3 + Bx^3 e^{-x} + Cx^2 e^{-x} + Dxe^{-x} + Ee^{-x}$
④ $y_p(x) = Ax^3 + Bx^4 e^{-x} + Cx^3 e^{-x} + Dx^2 e^{-x} + Exe^{-x}$

06 다음 미분방정식의 일반해의 형태로 올바른 것은?

$$y^{(5)} - 3y^{(4)} + 3y^{(3)} - y^{(2)} = 0$$

① $y = c_1 x + c_2 x^2 + (c_3 + c_4 x + c_5 x^2)e^{-x}$
② $y = c_1 x + c_2 x^2 + (c_3 + c_4 x + c_5 x^2)e^{x}$
③ $y = c_1 + c_2 x + (c_3 + c_4 x + c_5 x^2)e^{x}$
④ $y = c_1 x + c_2 x^2 + (c_3 x + c_4 x^2 + c_5 x^3)e^{-x}$

07 다음 중 옳지 <u>않은</u> 것을 고르시오.

① 미분방정식 $y'' - 4y' + 4y = x + 1 + e^x$의 연계 제차방정식은 e^{2x}와 xe^{2x}를 해로 가지고, 주어진 비제차 방정식은 $x + 1 + e^x$를 특수해로 가진다.

② 미분방정식 $y''' + y'' = 0$은 $2x + 3e^{-x}$가 해인 상수계수 선형 제차방정식 중 가장 계수(order)가 낮은 방정식이다.

③ 미분방정식 $(1+x)y'' + xy' - y = 0$은 $c_1 x + c_2 e^{-x}$를 일반해로 가진다.

④ 미분방정식 $y^{(4)} - y'' = 4x$는 $y = -\dfrac{2}{3}(1 + x + x^3 + e^x + e^{-x})$를 하나의 해로 가진다.

06

변수계수를 가지는 미분방정식

출제 비중 & 빈출 키워드 리포트

단원	출제 비중	합계 4%	빈출 키워드
1. 코시-오일러의 미분방정식	▋	2%	· 코시-오일러의 미분방정식
2. 멱급수해	▋	2%	

1 코시-오일러의 미분방정식

1. 코시-오일러의 미분방정식

$a_1, a_2, \cdots, a_n$이 상수일 때, $x^n y^{(n)} + a_1 x^{n-1} y^{(n-1)} + \cdots + a_{n-1} xy' + a_n y = R(x)$인 형태의 미분방정식을 코시-오일러(Cauchy-Euler)의 미분방정식이라 한다. 주로 $R(x) = 0$인 경우를 다룬다.

2. 2계 코시-오일러의 미분방정식

(1) 형태: $x^2 y'' + axy' + by = 0$ (a, b는 상수)

(2) 해법

① $y = x^r$이라 두고 y''과 y'을 구하여 위의 식에 대입하면 $x^r \{r^2 + (a-1)r + b\} = 0$을 얻는다. $x^m \neq 0$이므로 보조방정식 $r^2 + (a-1)r + b = 0$을 얻을 수 있다.

② 보조방정식 $r^2 + (a-1)r + b = 0$의 해

- 서로 다른 두 실근 α, β
$$y = c_1 e^{\alpha(\ln x)} + c_2 e^{\beta(\ln x)} = c_1 x^\alpha + c_2 x^\beta$$

- 중근 α
$$y = (c_1 + c_2 \ln x) e^{\alpha \ln x} = (c_1 + c_2 \ln x) x^\alpha$$

- 서로 다른 두 허근 $\alpha \pm \beta i$
$$y = x^\alpha (c_1 \cos\beta \ln x + c_2 \sin\beta \ln x)$$

TIP ▶ $(px+q)^2 y'' + a(px+q)y' + by = 0$의 꼴로 주어졌을 때, $px + q = t$라 하면
$y' = \dfrac{dy}{dx} = p\dfrac{dy}{dt}$ 이고, $y'' = \dfrac{d^2 y}{dx^2} = p^2 \dfrac{d^2 y}{dt^2}$ 이므로 $(px+q)^2 y'' + a(px+q)y' + by = 0$을
$p^2 t^2 \dfrac{d^2 y}{dt^2} + apt \dfrac{dy}{dt} + by = 0$으로 변형하여 푼다.

3. 3계 코시-오일러의 미분방정식

(1) **형태**: $x^3 y''' + ax^2 y'' + bxy' + cy = 0$ (a, b는 상수)

(2) **해법**

① $y = x^r$이라 두고 y''과 y'을 구하여 위의 식에 대입하면 $x^r\{r^3 + (a-3)r^2 + (b-a+2)r + c\} = 0$을 얻는다. $x^r \neq 0$이므로 보조방정식 $r^3 + (a-3)r^2 + (b-a+2)r + c = 0$을 얻을 수 있다.

② 보조방정식 $r^3 + (a-3)r^2 + (b-a+2)r + c = 0$의 해

- 서로 다른 세 실근 α, β, γ
$$y = c_1 e^{\alpha(\ln x)} + c_2 e^{\beta(\ln x)} = c_1 x^\alpha + c_2 x^\beta + c_3 x^\gamma$$

- 삼중근 α
$$y = (c_1 + c_2 \ln x) e^{\alpha \ln x} = (c_1 + c_2 \ln x + c_3 (\ln x)^2) x^\alpha$$

- 한 실근 α와 중근 β
$$c_1 x^\alpha + c_2 x^\beta + c_3 (\ln x) x^\beta$$

- 한 실근 α와 공액복소근 $\beta \pm \gamma i$
$$y = c_1 x^\alpha + x^\beta (c_2 \cos \gamma \ln x + c_2 \sin \gamma \ln x)$$

(3) **참고사항**

① 4계 이상의 코시-오일러 미분방정식의 보조방정식 해는 3계 코시-오일러 미분방정식보다 다양한 종류의 해를 가지나, 결국 2계 코시-오일러 미분방정식의 기본해법을 확장한 것에 불과하다.

② $R(x) \neq 0$인 경우에는 매개변수변화법을 이용하여 특수해를 구한다. 이때, 최고차항의 계수를 1로 만들어야 한다.

TIP ▶ $\ln x = t \Leftrightarrow x = e^t$로 치환하고 $\dfrac{dy}{dx} = \dfrac{1}{x} \dfrac{dy}{dt}$, $\dfrac{d^2 y}{dx^2} = \dfrac{1}{x^2}\left(\dfrac{d^2 y}{dt^2} - \dfrac{dy}{dt}\right)$임을 이용하여 2계 비제차 코시-오일러 미분방정식을 2계 상수계수 비제차 미분방정식으로 변형 가능하다.

개념적용

01 다음 미분방정식의 일반해를 구하시오.

(1) $x^2 y'' - 5xy' + 5y = 0$

(2) $x^2 y'' - 3xy' + 4y = 0$

(3) $x^2 y'' + 3xy' + 3y = 0$

(4) $(x+2)^2 \dfrac{d^2 y}{dx^2} + (x+2) \dfrac{dy}{dx} + y = 0$

공략 포인트

2계 코시-오일러의 미분방정식 해법

$y = x^r$이라 두고, y''과 y'을 구하여 식에 대입 후 얻은 보조방정식의 해를 구한다. 근의 형태에 따라 미분방정식의 해를 얻을 수 있다.

풀이

(1) $y = x^r$이라 하면 $y' = rx^{r-1}$, $y'' = r(r-1)x^{r-2}$이다.
이를 주어진 미분방정식에 대입하면
$x^2 \cdot r(r-1)x^{r-2} - 5x \cdot rx^{r-1} + 5x^r = 0 \Leftrightarrow x^r \{r(r-1) - 5r + 5\} = 0$이고
특성방정식은 $r(r-1) - 5r + 5 = 0 \Leftrightarrow r^2 - 6r + 5 = 0$에서 $r = 1, 5$이다.
따라서 일반해는 $y = c_1 e^{\ln x} + c_2 e^{5\ln x} = c_1 x + c_2 x^5$이다.

(2) $x^2 y'' - 3xy' + 4y = 0$은 제차 코시-오일러 미분방정식이므로 특성방정식을 이용하여 미분방정식의 해를 구하면 된다.
$t(t-1) - 3t + 4 = 0 \Leftrightarrow t^2 - 4t + 4 = 0 \Leftrightarrow (t-2)^2 = 0$이므로 $t = 2$(중근)이다.
그러므로 주어진 미분방정식의 해는 $y = c_1 x^2 + c_2 x^2 \ln x$이다.

(3) $y = x^r$이라 하면 $y' = rx^{r-1}$, $y'' = r(r-1)x^{r-2}$이다. 이를 주어진 미분방정식에 대입하면
$x^2 \cdot r(r-1)x^{r-2} + 3x \cdot rx^{r-1} + 3x^r = 0 \Leftrightarrow x^r \{r(r-1) + 3r + 3\} = 0$이고
특성방정식은 $r(r-1) + 3r + 3 = 0 \Leftrightarrow r^2 + 2r + 3 = 0$에서 $r = -1 \pm \sqrt{2}\, i$이다.
따라서 일반해는 다음과 같다.
$$y = e^{-1\ln x}\{c_1 \cos(\sqrt{2}\ln x) + c_2 \sin(\sqrt{2}\ln x)\} = \dfrac{1}{x}\{c_1 \cos(\sqrt{2}\ln x) + c_2 \sin(\sqrt{2}\ln x)\}$$

(4) 주어진 미분방정식에서 $x+2 = t$라 하면 $dx = dt$이고,
$t^2 \dfrac{d^2 y}{dt^2} + t \dfrac{dy}{dt} + y = 0$이 되어 코시-오일러 미분방정식이 된다.
$y = t^r$이라 하면 $\dfrac{dy}{dt} = rt^{r-1}$, $\dfrac{d^2 y}{dt^2} = r(r-1)t^{r-2}$이다.
이것을 주어진 미분방정식에 대입하면
$t^2 \cdot r(r-1)t^{r-2} + t \cdot rt^{r-1} + t^r = 0 \Leftrightarrow t^r \{r(r-1) + r + 1\} = 0$이다.
특성방정식은 $r(r-1) + r + 1 = 0 \Leftrightarrow r^2 + 1 = 0 \therefore r = \pm i$
따라서 일반해는 다음과 같다. (여기서 c_1, c_2는 임의의 상수)
$y = e^{0 \cdot \ln t}\{c_1 \cos(\ln t) + c_2 \sin(\ln t)\} = c_1 \cos(\ln t) + c_2 \sin(\ln t)$이고,
여기에 $t = x+2$를 대입하면 $y = c_1 \cos(\ln(x+2)) + c_2 \sin(\ln(x+2))$이다.

정답 풀이 참조

02

다음 미분방정식의 일반해를 구하시오.

(1) $x^3 y''' - 6x^2 y'' + 18xy' - 24y = 0$

(2) $y''' + 4y'' + 13y' = 0$

공략 포인트

3계 코시-오일러의 미분방정식 해법

$y = x^r$이라 두고, y''과 y'을 구하여 식에 대입 후 얻은 보조방정식의 해를 구한다. 근의 형태에 따라 미분방정식의 해를 얻을 수 있다.

풀이

(1) 주어진 코시-오일러 미분방정식의 특성방정식은
$r(r-1)(r-2) - 6r(r-1) + 18r - 24 = 0$
$\Leftrightarrow r^3 - 9r^2 + 26r - 24 = 0$
$\Leftrightarrow (r-2)(r^2 - 7r + 12) = 0$
$\Leftrightarrow (r-2)(r-3)(r-4) = 0$에서 $r = 2, 3, 4$이다.
따라서 구하는 미분방정식의 일반해는 다음과 같다.
$y = c_1 x^2 + c_2 x^3 + c_3 x^4$ (단, c_1, c_2, c_3는 임의의 상수)

(2) 특성방정식 $t^3 + 4t^2 + 13t = t(t^2 + 4t + 13) = 0$에서 $t = 0, -2 \pm 3i$이므로 일반해는 다음과 같다.
$y = c_1 + e^{-2x}(c_2 \cos 3x + c_3 \sin 3x)$

정답 풀이 참조

03

비제차 코시-오일러 방정식의 해를 구하시오.

(1) $x^2y'' - 2xy' + 2y = x^2\ln x$

(2) $x^2y'' + xy' + 4y = 2x\ln x$

공략 포인트

비제차 코시-오일러 방정식의 해를 구할 경우에는 최고 차항의 계수를 1로 만든 후, 매개변수 변화법을 이용하여 특수해를 구한다.

풀이

(1) 제차 미분방정식 $x^2y'' - 2xy' + 2y = 0$에 $y = x^r$을 대입하여 특성방정식을 구하면 $r(r-1) - 2r + 2 = 0$에서 $r = 1, 2$를 가진다.
그러므로 $y_c = c_1 x + c_2 x^2$ 이다.
제차 방정식의 기저는 $\{x, x^2\}$ 이고
$x^2y'' - 2xy' + 2y = x^2\ln x \Leftrightarrow y'' - 2x^{-1}y' + 2x^{-2}y = \ln x$ 이므로
$R(x) = \ln x$ 이다.

$W(x) = \begin{vmatrix} x & x^2 \\ 1 & 2x \end{vmatrix} = x^2$,

$W_1(x)R(x) = \begin{vmatrix} 0 & x^2 \\ \ln x & 2x \end{vmatrix} = -x^2\ln x$, $W_2(x)R(x) = \begin{vmatrix} x & 0 \\ 1 & \ln x \end{vmatrix} = x\ln x$

$\therefore y_p = x\int \frac{-x^2\ln x}{x^2}dx + x^2\int \frac{x\ln x}{x^2}dx$

$= -x\int \ln x\, dx + x^2\int \frac{\ln x}{x}dx$

$= -x(x\ln x - x) + \frac{1}{2}x^2(\ln x)^2$ ($\because$ 부분적분과 치환적분)

$\therefore y = c_1 x + c_2 x^2 + x^2 - x^2\ln x + \frac{1}{2}x^2(\ln x)^2$

(2) $x^2y'' + xy' + 4y = 2x\ln x$에서 $x = e^t$로 치환하면 $y'' + 4y = 2te^t$ 이다.

$y = \frac{1}{D^2+4}(2te^t) = e^t\frac{1}{(D+1)^2+4}(2t) = e^t\frac{1}{D^2+2D+5}(2t)$이고

$y = At + B$라고 가정하여 $y'' + 2y' + 5y = 2t$에 대입하면
$y'' + 2y' + 5y = 2(A) + 5(At+B) = 5At + (2A+5B)$이므로
$A = \frac{2}{5}$, $B = -\frac{4}{25}$이다.

따라서 $y_p = e^t\left(\frac{2}{5}t - \frac{4}{25}\right)$이므로

$y(t) = c_1\cos(2t) + c_2\sin(2t) + \frac{e^t}{5}\left(2t - \frac{4}{5}\right)$

$\Rightarrow y(x) = c_1\cos(2\ln x) + c_2\sin(2\ln x) + \frac{x}{5}\left(2\ln x - \frac{4}{5}\right)$

정답 풀이 참조

2 멱급수해

1. 멱급수를 이용한 미분방정식의 해법

(1) 미분방정식의 해를 x에 관한 멱급수로 놓으면 다음과 같다.

$$y = \sum_{m=0}^{\infty} a_m x^m = a_0 + a_1 x + a_2 x^2 + \cdots$$

(2) 주어진 미분방정식에 멱급수를 대입한 후, 미정계수의 관계식을 구하여 해를 구한다.

2. 급수해의 존재 정리

(1) 급수해가 존재하기 위한 조건

2계 선형미분방정식 $a_2(x)y'' + a_1(x)y' + a_0(x)y = 0$의 양변을 나누어 $y'' + P(x)y' + Q(x)y = 0$으로 변형한다.
$P(x) = \dfrac{a_1(x)}{a_2(x)}$, $Q(x) = \dfrac{a_0(x)}{a_2(x)}$가 $x = a$에서 해석적일 때, 미분방정식 $y'' + p(x)y' + q(x)y = 0$은
$(x-a)$에 관한 멱급수해가 존재한다.

(2) 정상점과 특이점

$P(x)$와 $Q(x)$가 모두 양의 수렴반경을 갖는 $(x-a)$의 멱급수를 가지면 $x = a$를 정상점이라 한다.
정상점이 아닌 점을 그 방정식의 특이점이라 한다.

(3) 급수해 판단

$y'' + P(x)y' + Q(x)y = 0$의 특이점을 $x = 0$이라 할 때, 형식이 $y = \sum\limits_{m=0}^{\infty} a_m x^m$인 해를 구하는 것은 가능하지 않다.

그러나 r이 결정되어야 할 상수라 할 때, 형식이 $y = \sum\limits_{m=0}^{\infty} a_m x^{m+r}$인 꼴의 해를 구할 수 있다.

이 급수를 플로베니우스(Frobenius)급수라 한다.

(4) 결정방정식

급수해를 방정식에 대입하여 a_0의 계수를 $f(r)$이라 할 때, $f(r) = 0$을 결정방정식이라 한다.
이를 정리하면 $x^2 y'' + xp(x)y' + q(x)y = 0$의 결정방정식은 $r(r-1) + p(0)r + q(0) = 0$이다.

(5) 예시

① 미분방정식 $\dfrac{d^2 y}{dx^2} - xy = 0$에서 $p_1(x) = 0$, $p_2(x) = -x$는 $x = 0$에서 해석적이므로 주어진 미분방정식은

$y = \sum\limits_{m=0}^{\infty} a_m x^m$과 같은 꼴의 급수해를 갖는다.

② 미분방정식 $4x\dfrac{d^2y}{dx^2}+2\dfrac{dy}{dx}+y=0$에서 y''의 계수가 1이 되도록 양변을 $4x$로 나누어 $\dfrac{d^2y}{dx^2}+\dfrac{1}{2x}\dfrac{dy}{dx}+\dfrac{1}{4x}y=0$과 같이 변형하면 계수 $P(x)=\dfrac{1}{2x}$, $Q(x)=\dfrac{1}{4x}$은 $x=0$에서 해석적이 아니므로 이 미분방정식은 $y=x^r\displaystyle\sum_{m=0}^{\infty}a_m x^m$과 같은 꼴의 급수해를 갖는다.

개념적용

01

미분방정식 $y'' - e^x y' = 0$을 만족하는 함수를 멱급수 $y = \sum_{n=0}^{\infty} a_n x^n$이라 할 때, a_2는?

① $\dfrac{a_1}{2}$ ② $\dfrac{a_0}{2}$ ③ $-a_0$ ④ $-\dfrac{a_1}{4}$

공략 포인트

멱급수를 이용한 미분방정식의 해법
주어진 미분방정식에 멱급수를 대입한 후, 미정계수의 관계식을 구하여 해를 구한다.

매클로린 급수
$e^x = 1 + x + \dfrac{x^2}{2!} + \dfrac{x^3}{3!} + \cdots$

풀이

$y = a_0 + a_1 x + a_2 x^2 + a_3 x^3 + a_4 x^4 + \cdots$
$y' = a_1 + 2a_2 x + 3a_3 x^2 + 4a_4 x^3 + \cdots$
$y'' = 2a_2 + 6a_3 x + 12a_4 x^2 + \cdots$
$e^x = \sum_{n=0}^{\infty} \dfrac{x^n}{n!} = 1 + x + \dfrac{x^2}{2!} + \cdots$
$\Rightarrow y'' - e^x y' = (2a_2 - a_1) + (6a_3 + a_1)x + \cdots = 0$

즉, $2a_2 - a_1 = 0$에서 $a_2 = \dfrac{a_1}{2}$이다.

정답 ①

02

미분방정식 $y'' + \dfrac{y}{1+x^2} = x^2$을 만족하는 함수를 멱급수 $y = \sum_{n=0}^{\infty} a_n x^n$이라 할 때, a_2의 값은?

① $-\dfrac{a_0}{2}$ ② $-a_0$ ③ -1 ④ 0

공략 포인트

멱급수를 이용한 미분방정식의 해법
주어진 미분방정식에 멱급수를 대입한 후, 미정계수의 관계식을 구하여 해를 구한다.

매클로린 급수
$\dfrac{1}{1+x^2} = 1 - x^2 + x^4 - x^6 + \cdots$

풀이

$y = \sum_{n=0}^{\infty} a_n x^n = a_0 + a_1 x + a_2 x^2 + a_3 x^3 + \cdots$
$y' = a_1 + 2a_2 x + 3a_3 x^2 + \cdots$
$y'' = 2a_2 + 6a_3 x + \cdots$

매클로린 급수에서 $\dfrac{1}{1+x^2} = 1 - x^2 + x^4 - x^6 + \cdots$ 이다.

$\Rightarrow y'' + \dfrac{y}{1+x^2} = x^2$
$\Leftrightarrow 2a_2 + 6a_3 x + \cdots + (1 - x^2 + x^4 - x^6 + \cdots)(a_0 + a_1 x + a_2 x^2 + a_3 x^3 + \cdots) = x^2$

이것을 오름차순 정리하면 $(2a_2 + a_0) + (6a_3 + a_1)x + \cdots = 0$이다.

즉, $2a_2 + a_0 = 0$에서 $a_2 = -\dfrac{a_0}{2}$이다.

정답 ①

03

다음 방정식 중 멱급수 $y(x) = \sum_{n=0}^{\infty} a_n x^n$ 형의 해가 존재하지 <u>않는</u> 것은?

① $\dfrac{d^2y}{dx^2} + \dfrac{\sin x}{x} y = 0$

② $\dfrac{d^2y}{dx^2} + \dfrac{\cos x}{x} y = 0$

③ $\dfrac{d^2y}{dx^2} + (\sin x) y = 0$

④ $\dfrac{d^2y}{dx^2} + (\cos x) y = 0$

공략 포인트

급수해가 존재하기 위한 조건
2계 선형미분방정식
$y'' + P(x)y' + Q(x)y = 0$에서
$P(x) = \dfrac{a_1(x)}{a_2(x)}$,
$Q(x) = \dfrac{a_0(x)}{a_2(x)}$
가 $x = a$에서 해석적일 때,
미분방정식
$y'' + p(x)y' + q(x)y = 0$은
$(x-a)$에 관한 멱급수해가 존재한다.

풀이

① $\dfrac{d^2y}{dx^2} + \dfrac{\sin x}{x} y = 0 \Leftrightarrow \dfrac{d^2y}{dx^2} + \dfrac{x - \dfrac{1}{3!}x^3 + \dfrac{1}{5!}x^5 - \cdots}{x} y = 0$

$\Leftrightarrow \dfrac{d^2y}{dx^2} + \left(1 - \dfrac{1}{3!}x^2 + \dfrac{1}{5!}x^4 - \cdots\right) y = 0$에서

$p_1(x) = 0$, $p_2(x) = 1 - \dfrac{1}{3!}x^2 + \dfrac{1}{5!}x^4 - \cdots$은 $x = 0$에서 해석적이므로

주어진 미분방정식은 $y = \sum_{n=0}^{\infty} a_n x^n$과 같은 꼴의 급수해를 갖는다.

② $\dfrac{d^2y}{dx^2} + \dfrac{\cos x}{x} y = 0$일 때, $p_2(x) = \dfrac{\cos x}{x}$는 $x = 0$에서 해석적이 아니다.

따라서 이 미분방정식은 $y = x^r \sum_{n=0}^{\infty} a_n x^n$과 같은 꼴의 급수해를 갖는다.

③ $\dfrac{d^2y}{dx^2} + (\sin x) y = 0$에서 $p_1(x) = 0$, $p_2(x) = \sin x$는 $x = 0$에서 해석적이므로

주어진 미분방정식은 $y = \sum_{n=0}^{\infty} a_n x^n$과 같은 꼴의 급수해를 갖는다.

④ $\dfrac{d^2y}{dx^2} + (\cos x) y = 0$에서 $p_1(x) = 0$, $p_2(x) = \cos x$는 $x = 0$에서 해석적이므로

주어진 미분방정식은 $y = \sum_{n=0}^{\infty} a_n x^n$과 같은 꼴의 급수해를 갖는다.

즉, 멱급수 $y(x) = \sum_{n=0}^{\infty} a_n x^n$ 형의 해가 존재하지 않는 것은 ②이다.

정답 ②

3 변수계수를 가지는 미분방정식

대표출제유형

출제경향 분석
제차, 비제차 코시-오일러 미분방정식이 출제됩니다.
매클로린 급수를 이용한 미분방정식의 급수 해법이 출제됩니다. '미분법'에서 배운 매클로린 급수 공식과 연계한 학습이 필요합니다.

01 2계 코시-오일러의 미분방정식

🔍 개념 1. 코시-오일러의 미분방정식

미분방정식 $x^2y'' - 2xy' + 2y = 0$, $y(1) = \dfrac{1}{2}$, $y'(1) = 1$을 만족하는 함수 y에 대해 $y(2)$는?

① $-\dfrac{1}{2}$ ② 1 ③ 2 ④ $\dfrac{5}{2}$

풀이

STEP A 미분방정식의 형태에 맞게 풀이하기

주어진 방정식이 코시-오일러의 미분방정식 형태를 갖고 있으므로
특성방정식을 이용하여 근을 찾으면 된다.
$y = x^r$이라 하면 $y' = rx^{r-1}$, $y'' = r(r-1)x^{r-2}$이다.
이를 주어진 미분방정식에 대입하면
$x^2 \cdot r(r-1)x^{r-2} - 2x \cdot rx^{r-1} + 2x^r = 0$
$\Leftrightarrow x^r\{r(r-1) - 2r + 2\} = 0$에서 특성방정식은 $r(r-1) - 2r + 2 = 0$이다.

STEP B 특성방정식의 근의 형태에 따라 방정식의 해 구하기

$r(r-1) - 2r + 2 = r^2 - 3r + 2 = (r-2)(r-1) = 0$
$\Rightarrow r = 1, 2$의 서로 다른 두 실근을 갖는다.
$\therefore y = c_1 x + c_2 x^2$, $y' = c_1 + 2c_2 x$

STEP C 초기 조건을 이용하여 함숫값 구하기

$y(1) = c_1 + c_2 = \dfrac{1}{2}$, $y'(1) = c_1 + 2c_2 = 1$이므로 $c_1 = 0$, $c_2 = \dfrac{1}{2}$이다.

$\therefore y(x) = \dfrac{1}{2}x^2$이고 $y(2) = 2$이다.

정답 ③

02 2계 비제차 코시-오일러의 미분방정식

🔎 개념 1. 코시-오일러의 미분방정식

다음 중 비제차 미분방정식 $x^2 y'' - xy' + y = 2x$의 해인 것은?

① x ② $x \ln x$ ③ $x^2 \ln x$ ④ $x(\ln x)^2$

풀이

STEP A 먼저 제차 미분방정식의 해 구하기

제차 미분방정식 $x^2 y'' - xy' + y = 0$의 해를 먼저 구한다.
특성방정식은 $r(r-1) - r + 1 = 0$이므로 $r = 1$의 중근을 갖는다.
즉, 보조해는 $y_c = c_1 x + c_2 x \ln x$ (c_1, c_2는 상수)이다.

STEP B 치환 후 매개변수변화법에 의해 일반해 구하기

최고차항의 계수가 1인 표준형 $y'' - \frac{1}{x}y' + \frac{1}{x^2}y = \frac{2}{x}$로 바꾸면

$R(x) = \frac{2}{x}$이다.

매개변수변화법에 의해 특수해는

$y_p = -x(\ln x)^2 + 2x(\ln x)^2 = x(\ln x)^2$이므로 일반해는

$y = y_c + y_p = c_1 x + c_2 x \ln x + x(\ln x)^2$이다.

정답 ④

03 멱급수를 이용한 미분방정식의 해법

🔍 개념 2. 멱급수해

$y'' + (\sin x)y' + (\cos x)y = 0$과 $y(0) = 1$, $y'(0) = 1$을 만족하는 함수 y를 멱급수 $\sum_{n=0}^{\infty} a_n x^n$으로 표현할 때, a_3의 값은?

① $\dfrac{1}{3}$ ② $-\dfrac{1}{3}$ ③ $\dfrac{1}{6}$ ④ $-\dfrac{1}{6}$

풀이

STEP A 멱급수를 나열하기

$y = a_0 + a_1 x + a_2 x^2 + a_3 x^3 + \cdots \Rightarrow y(0) = 1$이므로 $a_0 = 1$이다.

$y' = a_1 + 2a_2 x + 3a_3 x^2 + \cdots \Rightarrow y'(0) = 1$이므로 $a_1 = 1$이다.

$y'' = 2a_2 + 6a_3 x + \cdots$ 이다.

STEP B 주어진 미분방정식에 나열한 멱급수를 대입하기

$y'' + (\sin x)y' + (\cos x)y$에 멱급수를 대입하면 다음과 같다.

$$y'' + (\sin x)y' + (\cos x)y = (2a_2 + 6a_3 x + \cdots)$$
$$+ (x - \dfrac{x^3}{3!} + \cdots)(a_1 + 2a_2 x + 3a_3 x^2 + \cdots)$$
$$- (1 - \dfrac{x^2}{2!} + \dfrac{x^4}{4!} - \cdots)(a_0 + a_1 x + a_2 x^2 + a_3 x^3 + \cdots) = 0$$

STEP C 미정계수의 관계식을 구하기

∴ $6a_3 = -2a_1 = -2$이므로 구하고자 하는 값 $a_3 = -\dfrac{1}{3}$이다.

정답 ②

4 변수계수를 가지는 미분방정식

01 미분방정식 $x^2y'' - 3xy' + 5y = 0$, $y\left(e^{\frac{\pi}{2}}\right) = e^\pi$, $y(e^\pi) = 2e^{2\pi}$에 대하여 $y\left(e^{\frac{\pi}{4}}\right)$는?

① $-\sqrt{2}\,e^{\frac{\pi}{4}}$ ② $-\dfrac{1}{\sqrt{2}}e^{\frac{\pi}{4}}$ ③ $-\sqrt{2}\,e^{\frac{\pi}{2}}$ ④ $-\dfrac{1}{\sqrt{2}}e^{\frac{\pi}{2}}$

02 $y = x^p\{a\cos(c\ln x) + b\sin(c\ln x)\}$가 $y(1) = 1$, $y'(1) = 5$를 만족하는 미분방정식 $x^2y'' - 5xy' + 12y = 0$의 해일 때, $pabc$의 값은?

① 1 ② $\sqrt{3}$ ③ 3 ④ 6

03 $y = y(x)$가 미분방정식 $(x-3)^2y'' - 5(x-3)y' + 9y = 0$, $y(4) = 1$, $y'(4) = 5$의 해일 때, $3y(5) - 2y'(5)$의 값은?

① -16 ② -8 ③ 0 ④ 8

04 $y=y(x)$가 미분방정식 $x^3y'''+5x^2y''+7xy'+8y=0$, $y(1)=1+e^\pi$, $y\left(e^{-\frac{\pi}{2}}\right)=0$, $y\left(e^{-\frac{\pi}{4}}\right)=e^{\frac{\pi}{2}}-e^{-\pi}$의 해일 때, $y\left(e^{-\frac{\pi}{8}}\right)$의 값은?

① $e^{\frac{\pi}{4}}+\frac{\sqrt{2}}{2}e^\pi+\frac{\sqrt{2}}{2}e^{-\pi}$
② $e^{\frac{\pi}{4}}-\frac{\sqrt{2}}{2}e^\pi-\frac{\sqrt{2}}{2}e^{-\pi}$

③ $e^{\frac{\pi}{4}}+\frac{\sqrt{2}}{2}e^\pi-\frac{\sqrt{2}}{2}e^{-\pi}$
④ $e^{\frac{\pi}{4}}-\frac{\sqrt{2}}{2}e^\pi+\frac{\sqrt{2}}{2}e^{-\pi}$

05 미분방정식 $x^2y''+xy'-y=2\ln x$, $y(1)=1$, $y'(1)=0$의 해가 $y(x)$라고 할 때, $y\left(\frac{1}{2}\right)$의 값은?
(단, $\ln 2=0.7$로 계산한다.)

① 0.85 ② 0.95 ③ 1.05 ④ 1.15

06 $y=y(x)$가 미분방정식 $x^2y''+xy'+4y=2x\ln x$, $y(1)=0$, $y\left(e^{\frac{3}{4}\pi}\right)=\frac{3}{10}\pi e^{\frac{3}{4}\pi}$의 해일 때, $y(e)$의 값은?

① $\frac{4}{25}\cos 2+\frac{4}{25}e^{\frac{3\pi}{4}}\sin 2-\frac{6}{25}e$

② $\frac{4}{25}\cos 2-\frac{4}{25}e^{\frac{3\pi}{4}}\sin 2-\frac{6}{25}e$

③ $\frac{4}{25}\cos 2+\frac{4}{25}e^{\frac{3\pi}{4}}\sin 2+\frac{6}{25}e$

④ $\frac{4}{25}\cos 2-\frac{4}{25}e^{\frac{3\pi}{4}}\sin 2+\frac{6}{25}e$

07 멱급수 형태의 함수 $y = \sum_{k=0}^{\infty} c_k x^k$가 미분방정식 $y'' - (\sin x)y = 0$, $y(0) = 0$, $y'(0) = 1$을 만족할 때, $c_0 + c_1 + c_2 + c_3 + c_4$의 값은?

① $\dfrac{25}{12}$ ② $-\dfrac{11}{12}$ ③ $\dfrac{13}{12}$ ④ $-\dfrac{23}{12}$

08 다음 미분방정식의 해 $y(x)$에 대해 $\dfrac{y^{(4)}(0)}{4!}$을 구하시오.

$$(1-x^2)y'' - xy' + 10y = 0, \ y(0) = 1, \ y'(0) = 3$$

① $\dfrac{1}{8}$ ② $\dfrac{5}{2}$ ③ $\dfrac{10}{3}$ ④ $\dfrac{25}{6}$

09 $y'' + xy = 0$, $y(0) = 0$, $y'(0) = 1$의 해가 멱급수 $\sum_{n=0}^{\infty} a_n x^n$일 때, 멱급수 계수의 쌍 (a_3, a_4)의 값은?

① $\left(1, -\dfrac{1}{4}\right)$ ② $\left(0, \dfrac{1}{4}\right)$ ③ $\left(0, \dfrac{1}{12}\right)$ ④ $\left(0, -\dfrac{1}{12}\right)$

10 미분방정식 $y'' - 2xy' + 8y = 0$, $y(0) = 1$, $y'(0) = 0$의 거듭제곱급수 해가 $y(x) = \sum_{n=0}^{\infty} c_n x^n$이라고 할 때, $y(1)$의 값은?

① $-\dfrac{2}{3}$ ② $-\dfrac{5}{3}$ ③ $-\dfrac{8}{3}$ ④ -4

11 미분방정식의 해를 $y = \sum_{n=0}^{\infty} a_n x^n$으로 표현할 때, 계수 a_n 사이의 관계식은? (단, $x \neq \pm 1$이다.)

$$(1-x^2)\dfrac{d^2y}{dx^2} - 2x\dfrac{dy}{dx} + 6y = 0$$

① $a_n = \dfrac{(n+1)(n+2)}{n(n-1)} a_{n-2}$, $n \geq 2$

② $a_n = \dfrac{(n-2)(n+1)}{n(n-1)} a_{n-2}$, $n \geq 2$

③ $a_n = \dfrac{(n-3)(n+1)}{n(n-1)} a_{n-2}$, $n \geq 2$

④ $a_n = \dfrac{(n-4)(n+1)}{n(n-1)} a_{n-2}$, $n \geq 2$

12 미분방정식 $3xy'' + (2-x)y' - y = 0$의 해를 구하기 위해 해의 형태가 (가)라고 가정하고 Frobenius 방법을 적용하면 결정방정식(indicial equation)이 (나)와 같이 구해진다. (가), (나)가 바르게 짝지어진 것은?

① (가) $y(x) = \sum_{m=0}^{\infty} a_m x^{m+r}$ (나) $3r^2 - r = 0$

② (가) $y(x) = \sum_{m=0}^{\infty} a_m x^{mr}$ (나) $3r^2 - r = 0$

③ (가) $y(x) = \sum_{m=0}^{\infty} a_m x^{m+r}$ (나) $5r^2 - 3r = 0$

④ (가) $y(x) = \sum_{m=0}^{\infty} a_m x^{mr}$ (나) $5r^2 - 3r = 0$

07

연립미분방정식과 상평면

🎯 출제 비중 & 빈출 키워드 리포트

단원	출제 비중	합계 6%	빈출 키워드
1. 연립미분방정식	▶	4%	· 연립미분방정식(제차, 비제차)
2. 상평면	▶	2%	

1 연립미분방정식

1. 제차 연립방정식의 해법

(1) 고유치를 이용한 방법

① 연립미분방정식 $\begin{cases} \dfrac{dx_1}{dt} = ax_1 + bx_2 \\ \dfrac{dx_2}{dt} = cx_1 + dx_2 \end{cases}$ 의 해를 구하는 방법 중에서 고유치를 이용한 방법은 계수행렬의 고유치와 고유벡터를 이용하여 해를 구하는 방법을 말한다.

② 고유치 λ_1 일 때의 고유벡터가 X_1, 고유치 λ_2 일 때의 고유벡터가 X_2 인 경우의 해
$$Y = c_1 X_1 e^{\lambda_1 t} + c_2 X_2 e^{\lambda_2 t}$$

③ 예시

연립미분방정식 $\dfrac{dx}{dt} = 2x + 3y,\ \dfrac{dy}{dt} = 2x + y$ 의 계수행렬이 $A = \begin{pmatrix} 2 & 3 \\ 2 & 1 \end{pmatrix}$ 이라 하면

$\det(A - \lambda I) = \lambda^2 - 3\lambda - 4 = 0 \Rightarrow \lambda_1 = -1,\ \lambda_2 = 4$ 이다.

$\lambda_1 = -1$ 에 대응되는 고유벡터 $X_1 = \begin{pmatrix} 1 \\ -1 \end{pmatrix}$ 이고, $\lambda_2 = 4$ 에 대응되는 고유벡터 $X_2 = \begin{pmatrix} 3 \\ 2 \end{pmatrix}$ 이다.

그러므로 연립미분방정식의 일반해는 $\begin{pmatrix} x \\ y \end{pmatrix} = c_1 \begin{pmatrix} 1 \\ -1 \end{pmatrix} e^{-t} + c_2 \begin{pmatrix} 3 \\ 2 \end{pmatrix} e^{4t}$ 이다.

④ 고유치가 다중근을 가진다 하더라도 일차독립인 고유벡터가 중복된 고유치의 개수만큼 나온다면 그것들의 일차결합 모양으로 일반해가 구성된다.

(2) 미분연산자를 이용한 소거법

① 연립미분방정식 $\begin{cases} \dfrac{dx_1}{dt} = ax_1 + bx_2 \\ \dfrac{dx_2}{dt} = cx_1 + dx_2 \end{cases}$ 의 해를 구하는 방법 중에서 미분연산자를 이용한 소거법은 종속변수를 소거하여 종속변수가 하나인 방정식으로 나타내어 푸는 방법을 말한다.

② 해법

$\begin{cases} \dfrac{dx_1}{dt} = ax_1 + bx_2 \\ \dfrac{dx_2}{dt} = cx_1 + dx_2 \end{cases}$ 를 $\begin{cases} (D-a)x_1 - bx_2 = 0 \\ -cx_1 + (D-d)x_2 = 0 \end{cases}$ 으로 고친 후 연립하여 $x_1(t)$ 와 $x_2(t)$ 를 구한다.

2. 비제차 연립방정식의 해법

비제차 연립방정식에서도 종속변수를 하나씩 소거해서 하나의 종속변수만을 가진 미분방정식을 얻은 후, 그 해를 다른 방정식에 대입하여 남은 종속변수를 구할 수 있다.

개념적용

01

다음 연립미분방정식의 일반해를 구하시오.

(1) $\begin{cases} x' = -x + y \\ y' = -x - y \end{cases}$

(2) $\begin{cases} \dfrac{dx}{dt} = 4x - 2y \\ \dfrac{dy}{dt} = x + y \end{cases}$

공략 포인트

미분연산자를 이용한 소거법
종속변수를 소거하여 종속변수가 하나인 방정식으로 나타내어 푸는 방법

풀이

(1) 주어진 미분방정식의 우변을 모두 이항하고 정리하면 다음과 같다.

$(D+1)x - y = 0 \cdots$ ①

$x + (D+1)y = 0 \cdots$ ②

두 식에서 x항을 소거하기 위해 ②$\times(D+1)$을 하면

$(D+1)x + (D+1)^2 y = 0 \cdots$ ③이다.

③−①을 하면

$(D^2 + 2D + 2)y = 0$ 인 2계 상수계수 제차 미분방정식을 얻는다.

$\therefore y = e^{-t}(A\cos t + B\sin t)$

이것을 주어진 미분방정식의 두 번째 식에 대입하면

$x = -y' - y = -\{-e^{-t}(A\cos t + B\sin t) + e^{-t}(-A\sin t + B\cos t)\}$

$\Leftrightarrow -e^{-t}(A\cos t + B\sin t) = e^{-t}(A\sin t - B\cos t)$ 이다.

(2) $\begin{cases} \dfrac{dx}{dt} = 4x - 2y \\ \dfrac{dy}{dt} = x + y \end{cases}$ 의 우변을 모두 이항하고 정리하면 다음과 같다.

$(D-4)x + 2y = 0 \cdots$ ①

$-x + (D-1)y = 0 \cdots$ ②

두 식에서 x항을 소거하기 위해 ②$\times(D-4)$를 하면

$-(D-4)x + (D-1)(D-4)y = 0 \cdots$ ③이다.

②+③을 하면

$(D^2 - 5D + 6)y = 0$인 2계 상수계수 제차 미분방정식을 얻는다.

$\therefore y = Ae^{2t} + Be^{3t}$

이것을 주어진 미분방정식의 두 번째 식에 대입하면

$x = \dfrac{dy}{dt} - y = 2Ae^{2t} + 3Be^{3t} - (Ae^{2t} + Be^{3t}) = Ae^{2t} + 2Be^{3t}$ 이다.

정답 풀이 참조

02

다음 연립미분방정식의 일반해를 구하시오.

(1) $\begin{cases} x' = -3x+y-6e^{-2t} \\ y' = x-3y+2e^{-2t} \end{cases}$

(2) $\dfrac{dx}{dt} = -4x+y+z$, $\dfrac{dy}{dt}=x+5y-z$, $\dfrac{dz}{dt}=y-3z$

공략 포인트

미분연산자를 이용한 소거법
종속변수를 소거하여 종속변수가 하나인 방정식으로 나타내어 푸는 방법

고유치를 이용한 연립방정식의 해법
계수행렬의 고유치와 고유벡터를 이용하여 해를 구하는 방법

고유치 λ_1 일 때의 고유벡터가 X_1, 고유치 λ_2 일 때의 고유벡터가 X_2 인 경우의 해는 다음과 같다.

$Y = c_1 X_1 e^{\lambda_1 t} + c_2 X_2 e^{\lambda_2 t}$

풀이

(1) 주어진 미분방정식의 우변을 모두 이항하고 정리하면 다음과 같다.

$(D+3)x-y=-6e^{-2t}$ ⋯ ①

$-x+(D+3)y = 2e^{-2t}$ ⋯ ②

두 식에서 x항을 소거하기 위해 ②×$(D+3)$을 하면

$-(D+3)x+(D+3)^2y = (D+3)\{2e^{-2t}\}$이고 우변을 정리하면

$-(D+3)x+(D+3)^2y = 2e^{-2t}$ ⋯ ③이다.

①+③을 하면

$(D^2+6D+8)y = -4e^{-2t}$인 2계 상수계수 비제차 미분방정식을 얻는다.

∴ $y = Ae^{-2t} + Be^{-4t} - 2te^{-2t}$

이것을 ②에 대입하면

$x = (D+3)(Ae^{-2t}+Be^{-4t}-2te^{-2t}) - 2e^{-2t} = (A-4)e^{-2t} - Be^{-4t} - 2te^{-2t}$ 이다.

(2) $\det(A-\lambda I) = (\lambda+3)(\lambda+4)(\lambda-5) = 0$

$\lambda_1 = -3$에 대응되는 고유벡터 $v_1 = \begin{pmatrix} 1 \\ 0 \\ 1 \end{pmatrix}$

$\lambda_2 = -4$에 대응되는 고유벡터 $v_2 = \begin{pmatrix} 10 \\ -1 \\ 1 \end{pmatrix}$

$\lambda_3 = 5$에 대응되는 고유벡터 $v_3 = \begin{pmatrix} 1 \\ 8 \\ 1 \end{pmatrix}$

따라서 일반해는 $\begin{pmatrix} x \\ y \\ z \end{pmatrix} = c_1 \begin{pmatrix} 1 \\ 0 \\ 2 \end{pmatrix} e^{-3t} + c_2 \begin{pmatrix} 10 \\ -1 \\ 1 \end{pmatrix} e^{-4t} + c_3 \begin{pmatrix} 1 \\ 8 \\ 1 \end{pmatrix} e^{5t}$ 이다.

정답 풀이 참조

2 상평면

1. 임계점

(1) 정의

연립미분방정식 $\begin{cases} x' = F(x,y) \\ y' = G(x,y) \end{cases}$ 에서 $F(x,y)$와 $G(x,y)$가 동시에 0이 되는 (x_0, y_0)를 임계점이라 한다.

(2) 임계점의 유형 분류

행렬 $A = \begin{pmatrix} F_x & F_y \\ G_x & G_y \end{pmatrix}\Big|_{(x_0, y_0)}$ 의 고유치에 따라서 임계점의 유형을 분류한다.

(3) 예시

$\begin{cases} \dfrac{dx_1}{dt} = a_{11}x_1 + a_{12}x_2 \\ \dfrac{dx_2}{dt} = a_{21}x_1 + a_{22}x_2 \end{cases}$ $\Leftrightarrow \begin{pmatrix} x_1' \\ x_2' \end{pmatrix} = \begin{pmatrix} a_{11} & a_{12} \\ a_{21} & a_{22} \end{pmatrix} \begin{pmatrix} x_1 \\ x_2 \end{pmatrix}$ $\Leftrightarrow x' = Ax$인 연립방정식의 유일한 임계점은 원점$(0,0)$이다.

(단, $a_{11}a_{22} - a_{12}a_{21} \neq 0$)

2. 임계점의 유형

(1) 임계점의 종류 (여기서 $trA = p$, $\det A = q$, 판별식 $D = p^2 - 4q$)

	고유치	궤적(용어)	판정
실근	같은 부호의 실근	마디점(절점, node)	$D \geq 0$, $p > 0$, $q > 0$
	서로 다른 부호의 실근	안장점(saddle point)	$q < 0$
허근	순허수	중심(center)	$p = 0$, $q > 0$
	순허수가 아닌 허근	나선점(spiral point)	$p \neq 0$, $D < 0$

(2) 마디점(절점)의 구분

① 같은 부호의 서로 다른 두 실근: 비고유마디점 (이상절점, improper node)

② 중근, 일차독립인 대응 고유벡터가 2개: 고유마디점 (정상절점, proper node)

③ 중근, 일차독립인 대응 고유벡터가 1개: 퇴화마디점 (degenerate node)

(3) 임계점 $(0,0)$에서의 궤적의 모양

① 비고유마디점	② 고유마디점	③ 퇴화마디점
④ 안장점	⑤ 중심	⑥ 나선점

3. 임계점에서 궤적의 안정성

		고유치	공식으로 찾는 법	비고
안정	안정	① 음의 두 실근 ② 두 허근의 실수부가 음수 ③ 순허수인 두 근	$p \leq 0$이고 $q > 0$	여기서 $trA = p$, $detA = q$
	안정 흡입	① 서로 다른 음의 두 실근 ② 두 허근의 실수부가 음수	$p < 0$이고 $q > 0$	
불안정		위 경우 이외의 경우	$p > 0$ 또는 $q < 0$	

개념적용

01 $y_1 = y_1(x)$, $y_2 = y_2(x)$가 연립미분방정식 $y_1' = 2y_1 + y_2$, $y_2' = 5y_1 - 2y_2$의 해일 때, $y_1 y_2$ 위 상평면에서 임계점의 유형과 안정성이 바르게 짝지어진 것은?

① 안장점, 불안정
② 나선점, 안정
③ 중심, 안정
④ 마디점, 불안정

공략 포인트

고유치가 서로 다른 부호의 두 실근을 가지면 궤적은 안장점을 갖는다. 또한, 임계점에서의 궤적은 불안정하다.

풀이

$y_1' = 2y_1 + y_2$, $y_2' = 5y_1 - 2y_2 \Leftrightarrow \begin{pmatrix} y_1' \\ y_2' \end{pmatrix} = \begin{pmatrix} 2 & 1 \\ 5 & -2 \end{pmatrix} \begin{pmatrix} y_1 \\ y_2 \end{pmatrix}$이고

$\lambda^2 - 9 = 0 = 0$이므로 $\lambda = \pm 3$이다.

따라서 주어진 연립미분방정식은 불안정한 안장점을 갖는다.

정답 ①

3 연립미분방정식과 상평면

대표출제유형

출제경향 분석
연립미분방정식이 자주 출제되므로 문제 형태에 따라 소거법과 고유치를 이용한 해법을 적절히 사용할 수 있어야 합니다.
임계점의 유형과 안정성을 판정하는 문제가 출제됩니다.

01 고유치를 이용한 제차 연립방정식의 해법

🔍 개념 1. 연립미분방정식

연립미분방정식의 초깃값 문제 $x' = 2x - y$, $y' = -x + 2y$, $x(0) = 3$, $y(0) = 2$의 해 x, y에 대해 $x(1) + y(1)$의 값을 구하시오.

① $2e$ ② $3e$ ③ $5e$ ④ $-5e$

풀이

STEP A 행렬을 이용하여 고유치와 고유벡터 구하기

행렬로 나타내어 보면 $\begin{pmatrix} x' \\ y' \end{pmatrix} = \begin{pmatrix} 2 & -1 \\ -1 & 2 \end{pmatrix} \begin{pmatrix} x \\ y \end{pmatrix}$ 이다.

$\begin{vmatrix} 2-\lambda & -1 \\ -1 & 2-\lambda \end{vmatrix} = \lambda^2 - 4\lambda + 3 = (\lambda - 3)(\lambda - 1) = 0$에서 $\lambda = 3, 1$이다.

(i) $\lambda = 3$일 때의 고유벡터를 구하면

$\begin{pmatrix} -1 & -1 \\ -1 & -1 \end{pmatrix} \begin{pmatrix} x \\ y \end{pmatrix} = \begin{pmatrix} 0 \\ 0 \end{pmatrix}$이므로 구하고자 하는 고유벡터는 $\begin{pmatrix} 1 \\ -1 \end{pmatrix}$이다.

(ii) $\lambda = 1$일 때의 고유벡터를 구하면

$\begin{pmatrix} 1 & -1 \\ -1 & 1 \end{pmatrix} \begin{pmatrix} x \\ y \end{pmatrix} = \begin{pmatrix} 0 \\ 0 \end{pmatrix}$이므로 구하고자 하는 고유벡터는 $\begin{pmatrix} 1 \\ 1 \end{pmatrix}$이다.

STEP B 고유치를 이용한 연립미분방정식의 해 구하기

따라서 연립미분방정식의 해는 $\begin{pmatrix} x(t) \\ y(t) \end{pmatrix} = c_1 \begin{pmatrix} 1 \\ -1 \end{pmatrix} e^{3t} + c_2 \begin{pmatrix} 1 \\ 1 \end{pmatrix} e^t$이다.

주어진 초기 조건을 대입하면

$\begin{pmatrix} x(0) \\ y(0) \end{pmatrix} = c_1 \begin{pmatrix} 1 \\ -1 \end{pmatrix} + c_2 \begin{pmatrix} 1 \\ 1 \end{pmatrix} = \begin{pmatrix} 3 \\ 2 \end{pmatrix}$이다.

$c_1 + c_2 = 3$, $-c_1 + c_2 = 2$ 두 식을 연립하면 $c_1 = \frac{1}{2}$, $c_2 = \frac{5}{2}$이다.

$\therefore \begin{pmatrix} x(t) \\ y(t) \end{pmatrix} = \frac{1}{2} \begin{pmatrix} 1 \\ -1 \end{pmatrix} e^{3t} + \frac{5}{2} \begin{pmatrix} 1 \\ 1 \end{pmatrix} e^t$

구하고자 하는 값 $x(1) + y(1)$은 다음과 같다.

$\begin{pmatrix} x(1) \\ y(1) \end{pmatrix} = \frac{1}{2} \begin{pmatrix} 1 \\ -1 \end{pmatrix} e^3 + \frac{5}{2} \begin{pmatrix} 1 \\ 1 \end{pmatrix} e$에서 $x(1) + y(1) = 5e$이다.

정답 ③

02 고유치를 이용한 제차 연립방정식의 해법

🔍 개념 1. 연립미분방정식

행렬 $X(t)$가 다음 미분방정식을 만족할 때, $X(1)$의 값은?

$$X'(t) = \begin{pmatrix} 0 & 0 & 1 \\ 0 & 1 & 0 \\ 1 & 0 & 0 \end{pmatrix} X(t), \ X(0) = \begin{pmatrix} 1 \\ 2 \\ 5 \end{pmatrix}$$

① $\begin{pmatrix} e \\ 2e \\ 5e \end{pmatrix}$

② $\begin{pmatrix} -2e^{-1} + 3e \\ 2e \\ 2e^{-1} + 3e \end{pmatrix}$

③ $\begin{pmatrix} -2e^{-1} \\ 2e \\ 3e \end{pmatrix}$

④ $\begin{pmatrix} 1 \\ 1 \\ 1 \end{pmatrix}$

풀이

STEP A 행렬을 이용하여 고유치와 고유벡터 구하기

$A = \begin{pmatrix} 0 & 0 & 1 \\ 0 & 1 & 0 \\ 1 & 0 & 0 \end{pmatrix} \Rightarrow |A - \lambda I| = 0 \Leftrightarrow \lambda = 1(\text{중근}), -1$이다.

(ⅰ) $\lambda = 1$에 대응되는 고유벡터: $\left\{ \begin{pmatrix} 1 \\ 0 \\ 1 \end{pmatrix}, \begin{pmatrix} 0 \\ 1 \\ 0 \end{pmatrix} \right\}$

(ⅱ) $\lambda = -1$에 대응되는 고유벡터: $\left\{ \begin{pmatrix} -1 \\ 0 \\ 1 \end{pmatrix} \right\}$

STEP B 고유치를 이용한 연립미분방정식의 해 구하기

$\begin{pmatrix} x(t) \\ y(t) \\ z(t) \end{pmatrix} = c_1 \begin{pmatrix} 1 \\ 0 \\ 1 \end{pmatrix} e^t + c_2 \begin{pmatrix} 0 \\ 1 \\ 0 \end{pmatrix} e^t + c_3 \begin{pmatrix} -1 \\ 0 \\ 1 \end{pmatrix} e^{-t}$

초기 조건에 의해 $c_1 = 3$, $c_2 = 2$, $c_3 = 2$이다.

$\therefore \begin{pmatrix} x(1) \\ y(1) \\ z(1) \end{pmatrix} = 3 \begin{pmatrix} 1 \\ 0 \\ 1 \end{pmatrix} e + 2 \begin{pmatrix} 0 \\ 1 \\ 0 \end{pmatrix} e + 2 \begin{pmatrix} -1 \\ 0 \\ 1 \end{pmatrix} e^{-1}$ 이고

구하고자 하는 값 $X(1) = \begin{pmatrix} -2e^{-1} + 3e \\ 2e \\ 2e^{-1} + 3e \end{pmatrix}$이다.

정답 ②

03 미분연산자를 이용한 제차 연립방정식의 해법

🔍 개념 1. 연립미분방정식

연립미분방정식 $\begin{cases} x'(t)=x(t)+y(t)+2e^{-t} \\ y'(t)=4x(t)+y(t)+4e^{-t} \end{cases}$ 의 해 $\begin{pmatrix} x(t) \\ y(t) \end{pmatrix}$ 가 초기조건 $\begin{pmatrix} x(0) \\ y(0) \end{pmatrix} = \begin{pmatrix} 3 \\ 6 \end{pmatrix}$ 을 만족할 때, $2x(\ln 2)+y(\ln 2)$의 값은?

① 102 ② 105 ③ 108 ④ 111

풀이

STEP A 주어진 연립미분방정식을 미분연산자를 이용하여 나타내기

$\begin{cases} x'(t)=x(t)+y(t)+2e^{-t} \\ y'(t)=4x(t)+y(t)+4e^{-t} \end{cases}$ 를 미분연산자로 나타내면

$\begin{cases} (D-1)x-y=2e^{-t} \\ -4x+(D-1)y=4e^{-t} \end{cases}$ 이다. 이를 연립하면

$(D^2-2D-3)x=0$ 이므로 $x=C_1 e^{-t}+C_2 e^{3t}$ 이다.

STEP B 앞서 구한 식을 주어진 미분방정식에 대입하기

이를 $x'=x+y+2e^{-t}$에 대입하여 정리하면

$y=-2C_1 e^{-t}+2C_2 e^t -2e^{-t}$이다.

따라서 해는 $\begin{pmatrix} x \\ y \end{pmatrix} = c_1 \begin{pmatrix} 1 \\ -2 \end{pmatrix} e^{-t} + c_2 \begin{pmatrix} 1 \\ 2 \end{pmatrix} e^{3t} + \begin{pmatrix} 0 \\ -2e^{-t} \end{pmatrix}$ 이므로

초기조건을 대입하면 $c_1=-\frac{1}{2}$, $c_2=\frac{7}{2}$이다.

즉, $\begin{pmatrix} x \\ y \end{pmatrix} = -\frac{1}{2}\begin{pmatrix} 1 \\ -2 \end{pmatrix} e^{-t} + \frac{7}{2}\begin{pmatrix} 1 \\ 2 \end{pmatrix} e^{3t} + \begin{pmatrix} 0 \\ -2e^{-t} \end{pmatrix}$ 이므로

$\begin{pmatrix} x(\ln 2) \\ y(\ln 2) \end{pmatrix} = -\frac{1}{2}\begin{pmatrix} 1 \\ -2 \end{pmatrix} e^{-\ln 2} + \frac{7}{2}\begin{pmatrix} 1 \\ 2 \end{pmatrix} e^{3\ln 2} + \begin{pmatrix} 0 \\ -2e^{-\ln 2} \end{pmatrix}$ 이다.

∴ $2x(\ln 2)+y(\ln 2)=-2e^{-\ln 2}+14e^{3\ln 2}=-1+14\times 8=111$

정답 ④

04 임계점의 종류와 안정성

◎ 개념 2. 상평면

연립방정식 $\begin{bmatrix} \dfrac{dy_1}{dt} \\ \dfrac{dy_2}{dt} \end{bmatrix} = \begin{bmatrix} y_2 \\ -4y_1 - 5y_2 \end{bmatrix}$ 의 임계점의 종류와 안정성은?

① 불안정한 마디점
② 불안정한 나선점
③ 안정하고 끌어당기는 마디점
④ 안정하고 끌어당기는 나선점

풀이

STEP A 행렬의 대각합, 행렬식 구하기
  $x' = Ax$ 라고 할 때, $tr(A) = -5$ 이고, $|A| = 4$ 이다.

STEP B 임계점에서 궤적의 안정성 판정하기
  $tr(A) = -5 \leq 0$ 이고, $|A| = 4 > 0$ 이므로
  연립방정식은 주어진 임계점에서 안정하다.

STEP C 임계점의 종류 판정하기
  행렬 A의 고유치가 $-1, -4$인 서로 같은 부호의 두 실근이므로
  마디점(절점)을 갖는다.

정답 ③

4 연립미분방정식과 상평면

실전문제

정답 및 풀이 p.270

01 미분방정식 $\begin{cases} y_1' = 2y_1 + y_2 \\ y_2' = y_1 + 2y_2 \end{cases}$의 해 $y_1(x)$, $y_2(x)$에 대해 $y_1(0) = 1$, $y_2(0) = 3$일 때, $y_1(1) + y_2(1)$의 값은?

① e ② $2e$ ③ $4e^3$ ④ $4e$

02 $X = X(t)$가 연립미분방정식 $X' = \begin{pmatrix} 3 & -18 \\ 2 & -9 \end{pmatrix} X$, $X(0) = \begin{pmatrix} 1 \\ 1 \end{pmatrix}$의 해일 때, $X(1)$을 구하면?

① $\begin{pmatrix} -11e^{-3} \\ -3e^{-3} \end{pmatrix}$ ② $\begin{pmatrix} 11e^{-3} \\ -3e^{-3} \end{pmatrix}$ ③ $\begin{pmatrix} -11e^{-3} \\ 3e^{-3} \end{pmatrix}$ ④ $\begin{pmatrix} 11e^{-3} \\ 3e^{-3} \end{pmatrix}$

03 다음 연립 선형미분방정식 $\dfrac{dx}{dt} = -7x + 2y$, $\dfrac{dy}{dt} = -12x + 7y$의 해 $x(t)$, $y(t)$에 대해 $\displaystyle\lim_{t \to \infty} \dfrac{y(t)}{x(t)}$를 구하시오. (단, $x(0) = 2021$, $y(0) = 1.08$이다.)

① -5 ② 1 ③ 5 ④ 6

04 연립미분방정식 $\begin{cases} x'(t) = y(t) \\ y'(t) = -x(t) - 2y(t) \end{cases}$ 의 해 $\begin{pmatrix} x(t) \\ y(t) \end{pmatrix}$ 가 초기조건 $\begin{pmatrix} x(0) \\ y(0) \end{pmatrix} = \begin{pmatrix} 1 \\ 2 \end{pmatrix}$ 를 만족할 때, $x(2) + y(2)$의 값은?

① $3e^{-2}$ ② $-2e^{-2}$ ③ $-e^{-2}$ ④ $2e^{-2}$

05 $x = x(t)$, $y = y(t)$가 연립미분방정식 $2x'(t) + y'(t) - 2x = 1$, $x'(t) + y'(t) - 3x - 3y = 2$, $x(0) = 0$, $y(0) = 0$의 해일 때, $x(1) + y(1)$의 값은?

① $\dfrac{2}{3}(e^2 - 1)$ ② $\dfrac{2}{3}(e^3 - 1)$ ③ $e^2 - 1$ ④ $e^3 - 1$

06 연립미분방정식 $y_1' = 4y_2 - 8\cos 4t$, $y_2' = -3y_1 - 9\sin 4t$, $y_1(0) = 0$, $y_2(0) = 3$에 대하여 $y_1\left(-\dfrac{\pi}{8}\right) + y_2\left(\dfrac{\pi}{8}\right)$는?

① 1 ② 3 ③ -1 ④ -3

07 다음과 같은 연립상미분방정식이 있다.

$$\begin{cases} y_1' = y_1 + 2y_2 \\ y_2' = -y_1 - y_2 + y_3 \\ y_3' = 3y_1 + 2y_2 - 2y_3 \end{cases}$$

이 방정식의 일반해 $y_1(x)$, $y_2(x)$, $y_3(x)$로 구성된 벡터 $\vec{y}(x) = \begin{bmatrix} y_1(x) \\ y_2(x) \\ y_3(x) \end{bmatrix}$를 단위벡터 $\vec{p_1}$, $\vec{p_2}$, $\vec{p_3}$를 이용하여 $\vec{y}(x) = c_1 e^{k_1 x} \vec{p_1} + c_2 e^{k_2 x} \vec{p_2} + c_3 e^{k_3 x} \vec{p_3}$의 형태로 나타낼 때, $|\vec{p_2} \cdot \vec{p_3}|$의 값을 구하시오.
(여기서 c_1, c_2, c_3는 임의의 상수이며, 상수 k_1, k_2, k_3의 크기는 $k_1 < k_2 < k_3$이다.)

① $\dfrac{7}{2\sqrt{19}}$ ② $\dfrac{2}{\sqrt{6}}$ ③ $\dfrac{10}{\sqrt{144}}$ ④ 0

08 연립미분방정식 $\begin{cases} x'(t) = 7x(t) - y(t) + 6z(t) \\ y'(t) = -10x(t) + 4y(t) - 12z(t) \\ z'(t) = -2x(t) + y(t) - z(t) \end{cases}$의 해 $\begin{pmatrix} x(t) \\ y(t) \\ z(t) \end{pmatrix}$가 초기 조건 $\begin{pmatrix} x(0) \\ y(0) \\ z(0) \end{pmatrix} = \begin{pmatrix} -1 \\ 4 \\ 2 \end{pmatrix}$를 만족할 때, $x(1) + y(1) + z(1)$의 값은 $ae^l + be^m + ce^n$이다. $a+b+c+l+m+n$의 값을 구하시오.
(단, a, b, c, l, m, n은 모두 정수이다.)

① 13 ② 14 ③ 15 ④ 16

09 연립미분방정식 $\begin{cases} y_1' = -y_1 + y_2 - y_2^2 \\ y_2' = -y_1 - y_2 \end{cases}$의 임계점들과 유형이 맞게 짝지어진 것은?

① $(0, 0)$: 나선점, $(-2, 2)$: 안장점
② $(0, 0)$: 안장점, $(-2, 2)$: 나선점
③ $(0, 0)$: 안장점, $(2, -2)$: 나선점
④ $(0, 0)$: 나선점, $(2, -2)$: 안장점

08 모델링

출제 비중 & 빈출 키워드 리포트

단원	출제 비중	합계 4%	빈출 키워드
1. 지수적 증가, 감소 모델		3%	·지수변화의 법칙
2. 연립미분방정식의 모델링		1%	·균형 법칙

1 지수적 증가, 감소 모델

1. 지수변화의 법칙

(1) 정의

현실 상황을 모델링해 보면 고려하는 물질의 양 y는 시점 t에서 y의 크기에 비례하여 증가하거나 감소하는 경우가 많다. 예를 들면 박테리아의 수, 방사성 물질의 감소, 뜨거운 커피와 방의 온도와의 차이 등이 있으며 이러한 양은 지수변화의 법칙에 따른다.

(2) 모델링 단계

① 시각 t에서의 물질의 양을 $y(t)$로 설정한다.

② 다음의 방정식을 풀어서 y를 t의 함수로 나타낸다.

- 미분방정식: $\dfrac{dy}{dt} = ky$
- 초기 조건: $t=0$일 때, $y = y_0$

③ ②의 미분방정식을 푼다.

TIP 지수적 증가, 감소 모델: $\dfrac{dy}{dt} = ky \Rightarrow y(t) = ce^{kt}$

2. 열전도 법칙(뉴턴의 냉각법칙)

(1) 정의

컵에 담겨있는 뜨거운 물은 주위 공기의 온도로 식어간다. 이런 경우, 어느 시점에서 물질의 온도가 변화하는 비율은 그 물질의 온도와 주변 물질의 온도의 차에 비례한다. 이 법칙을 뉴턴의 냉각법칙이라 한다.

(2) 모델링 단계

① T를 시각 t에서 물질의 온도, T_{out}을 외부온도, k를 비례상수로 설정한다.

② 다음의 일계 선형미분방정식을 풀어서 T를 t의 함수로 나타낸다.

- 미분방정식: $\dfrac{dT}{dt} = -k(T - T_{out})$
- 초기 조건: $t = 0$일 때, $T(0) = T_0$

③ ②의 미분방정식을 푼다.

TIP 뉴턴의 냉각법칙: $\dfrac{dT}{dt} = k(T - T_{out}) \Rightarrow T(t) = T_{out} + ce^{kt}$

3. 균형법칙

(1) 정의

임의의 주어진 시간에서 용기 내 물질 농도를 알고자 할 때, 그 과정을 나타내는 미분방정식을 균형법칙이라 하고 다음과 같이 나타낸다.

$$(\text{용기 내 물질의 양의 변화율}) = (\text{물질의 유입량}) - (\text{물질의 유출량})$$

(2) 모델링 단계

① $y(t)$를 시간 t에서 용기 내 물질의 양, $V(t)$를 시간 t에서 용기 내 액체의 총 부피라 한다.

② 시간 t에서 물질의 유출량은 다음과 같이 정할 수 있다.

$$\text{유출량} = \frac{y(t)}{V(t)} \cdot (\text{흘러나가는 비율}) = (\text{시간 } t \text{에서 용기 내 농도}) \cdot (\text{흘러나가는 비율})$$

③ • 미분방정식: $\dfrac{dy}{dt} = (\text{물질의 유입량}) - \dfrac{y(t)}{V(t)} \cdot (\text{흘러나가는 비율}) = (\text{물질의 유입량}) - (\text{물질의 유출량})$

• 초기 조건: $y(0) = y_0$

④ ③의 미분방정식을 푼다.

TIP ▶ 다음과 같을 때에 연립미분방정식을 통하여 모델링할 수 있다.
- 두 개의 탱크로 연결된 혼합물을 연결하여 농도가 다른 혼합물이 서로 교환될 때
- 시간 t가 지났을 때 각각의 탱크에 남아있는 용질의 양

개념적용

01 배양하는 박테리아의 수는 임의의 시점에서의 박테리아 수에 비례하는 속도로 증가한다. 3시간 후 박테리아 수는 400마리가 되었다. 그리고 5시간 후에는 1,600마리가 되었다. 초기 박테리아 수는 얼마인가?

① 50　　　　② 100　　　　③ 250　　　　④ 300

공략 포인트

지수변화의 법칙
물질의 양을 함수로 설정한 후, 미분방정식을 푼다. 주로 지수적 증가, 감소 모델에 활용한다.

풀이

$N(t)$를 시간 t에서의 박테리아의 수라고 할 때,

$N' = kN \Rightarrow N(t) = N_0 e^{kt}$

초기 조건을 대입하면 다음과 같다.

$N(3) = N_0 e^{3k} = 400$, $N(5) = N_0 e^{5k} = 1{,}600 \Rightarrow \dfrac{N_0 e^{5k}}{N_0 e^{3k}} = \dfrac{1{,}600}{400}$

$\therefore e^k = 2$

$N_0 e^{3k} = N_0 (e^k)^3 = N_0 2^3 = 400$

$\therefore N_0 = 50$

정답 ①

02

어떤 방사능 물질의 반감기가 30년이라고 한다. 붕괴속도는 현재 양에 비례한다고 할 때, 이 방사능 물질 $100\,g$이 $30\,g$이 되는 것은 몇 년 후인가?
(단, 방사성 원소의 반감기는 표본으로 주어진 방사성 원소가 붕괴를 통하여 그 양이 반으로 줄어들 때까지 걸린 시간을 의미한다.)

① $30 \times \dfrac{\ln 3 - \ln 10}{\ln 2}$ 　　② $30 \times \dfrac{\ln 10 - \ln 3}{\ln 2}$

③ $30 \times \dfrac{\ln 10 + \ln 3}{\ln 2}$ 　　④ $30 \times \dfrac{\ln 3 - \ln 2}{\ln 10}$

공략 포인트

지수변화의 법칙
물질의 양을 함수로 설정한 후, 미분방정식을 푼다. 주로 지수적 증가, 감소 모델에 활용한다.

풀이

t년 후의 방사능 물질의 양을 $y(t)$라 하면
$\dfrac{dy}{dt} = ky \Leftrightarrow y' - ky = 0$이므로 1계 선형미분방정식 공식에 의해
$y = e^{kt+c_1} = Ce^{kt}$이다.
초기 조건 $y(0) = 100$이므로 $C = 100$이다.
또한, $y(30) = 50$이므로 $50 = 100e^{30k}$에서 $k = -\dfrac{1}{30}\ln 2$이다.
즉, $30 = 100e^{-\frac{t}{30}\ln 2}$이므로
$\therefore\ t = 30 \times \dfrac{\ln 10 - \ln 3}{\ln 2}$이다.

정답 ②

03

난방 실내온도가 T로 유지될 때, 난방을 중지하면 온도가 변하는 과정이 $\dfrac{dT}{dt} = -k(T - T_{out})$이다. 여기서 k는 열전도 계수, T_{out}은 실외 온도이다. 실내온도 $30°$에서 난방기가 중단되어 $10°$까지 되는 데 걸린 시간이 1시간이면 그 이후 30분이 지났을 때의 실내온도 T는? (단, 실외온도는 $0°$이다.)

① $\dfrac{5}{3}$ 　　② 3 　　③ $\dfrac{10}{3}$ 　　④ $\dfrac{10}{\sqrt{3}}$

공략 포인트

열전도 법칙(뉴턴의 냉각법칙)
모델링을 통하여 미분방정식을 푼다.

풀이

$\dfrac{dT}{dt} = -kT$의 해는 $T = ce^{-kt}$이다.
$t = 0$일 때, $T = 30$이므로 $c = 30$이다.
$t = 1$일 때, $T = 10$이므로 $10 = 30e^{-k}$이다. 따라서 $k = \ln 3$이다.
그러므로 $T = 30e^{-t\ln 3}$이고 $t = \dfrac{3}{2}$을 대입하면
구하고자 하는 실내온도는 $T = 30e^{-\frac{3}{2}\ln 3} = \dfrac{10}{\sqrt{3}}$이다.

정답 ④

04

200 L의 물이 들어있는 큰 용기의 초기에 소금이 100 kg 녹아 있다고 한다. 이 용기에 소금물이 3 L/min의 비율로 유입되고, 용기 속에서 잘 섞인 소금물은 2 L/min의 비율로 유출된다고 한다. 유입되는 소금의 농도가 1 kg/L이고, 시간 $t(\min)$에서 용기에 있는 소금의 양을 $x(t)\,(\mathrm{kg})$라 할 때, $x(t)$가 만족하는 초기치 문제는?

① $\dfrac{dx}{dt} = 3 - \dfrac{2x}{200+t}$, $x(0) = \dfrac{1}{2}$

② $\dfrac{dx}{dt} = 3 - \dfrac{x}{100}$, $x(0) = \dfrac{1}{2}$

③ $\dfrac{dx}{dt} = 3 - \dfrac{x}{100+t}$, $x(0) = 100$

④ $\dfrac{dx}{dt} = 3 - \dfrac{2x}{200+t}$, $x(0) = 100$

공략 포인트

균형법칙
(용기 내의 물질의 양의 변화율)
=(물질의 유입량)−(물질의 유출량)

풀이

초기에 100 kg의 소금이 녹아있으므로 $x(0) = 100$이다.
그리고 1 kg/L인 소금이 분당 3 L씩 유입되므로 분당 3 kg의 소금이 주입되며, 분당 2 L씩 소금물이 유출되므로 물의 양이 분당 1 L씩 증가한다.
물의 유출되는 비율과 소금이 유출되는 비율이 같으므로
$x'(t) = 3 - \dfrac{2}{200+t} x(t)$가 성립한다.

정답 ④

05

두 탱크 T_1, T_2에 각각 물 100L가 들어있다. T_1에는 순수한 물 100L가 들어있고, T_2에는 30kg의 질소비료가 용해된 용액이 들어있다. 두 탱크의 액체를 분당 2L의 속도로 순환시켜 T_1 내 질소비료의 양이 T_2 내 질소비료의 양의 $\frac{1}{2}$이 되기 위해서는 몇 분 동안 액체를 순환시켜야 하는가?

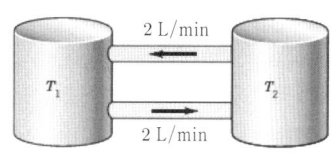

① $10\ln\frac{3}{2}$ ② $15\ln 3$ ③ $20\ln\frac{3}{2}$ ④ $25\ln 3$

공략 포인트

균형법칙
(용기 내의 물질의 양의 변화율)
=(물질의 유입량)-(물질의 유출량)

풀이

시각 t에서의 T_1, T_2 내 질소비료의 양을 각각 $y_1(t)$, $y_2(t)$라 하면

$$\begin{cases} y_1'(t) = \dfrac{2}{100}y_2 - \dfrac{2}{100}y_1 \\ y_2'(t) = \dfrac{2}{100}y_1 - \dfrac{2}{100}y_2 \end{cases}$$ 이므로

$y' = Ay \Rightarrow \begin{bmatrix} y_1' \\ y_2' \end{bmatrix} = \begin{bmatrix} -0.02 & 0.02 \\ 0.02 & -0.02 \end{bmatrix} \begin{bmatrix} y_1 \\ y_2 \end{bmatrix}$ 이다.

특성방정식을 풀면

$\det(A - \lambda I) = \begin{vmatrix} -0.02-\lambda & 0.02 \\ 0.02 & -0.02-\lambda \end{vmatrix} = \lambda(\lambda + 0.04) = 0$ 이고

$\lambda = 0$에 대응하는 고유벡터는 $\begin{bmatrix} 1 \\ 1 \end{bmatrix}$, $\lambda = -0.04$에 대응하는 고유벡터는 $\begin{bmatrix} 1 \\ -1 \end{bmatrix}$이므로

일반해는 $y(t) = c_1 \begin{bmatrix} 1 \\ 1 \end{bmatrix} + c_2 \begin{bmatrix} 1 \\ -1 \end{bmatrix} e^{-0.04t}$이다.

초기 조건 $y_1(0) = 0$, $y_2(0) = 30$이므로

$y(0) = c_1 \begin{bmatrix} 1 \\ 1 \end{bmatrix} + c_2 \begin{bmatrix} 1 \\ -1 \end{bmatrix} = \begin{bmatrix} c_1 + c_2 \\ c_1 - c_2 \end{bmatrix} = \begin{bmatrix} 0 \\ 30 \end{bmatrix}$에서 $c_1 = 15$, $c_2 = -15$이다.

$\therefore y(t) = 15\begin{bmatrix} 1 \\ 1 \end{bmatrix} - 15\begin{bmatrix} 1 \\ -1 \end{bmatrix} e^{-0.04t}$

T_1 내 질소비료의 양이 T_2의 $\frac{1}{2}$ 이상이 되려면 최소 10 kg이어야 하므로

$y_1 = 15 - 15e^{-0.04t} = 10$이다.

$\therefore t = 25\ln 3$(분)

정답 ④

2 연립미분방정식의 모델링

1. 전기회로

(1) 키르히호프의 제2법칙

회로망 속의 임의의 폐회로에 들어있는 성분에 의해 생기는 전압강하의 합은 그 폐회로 속에 들어있는 기전력의 합과 같다는 법칙이다.

(2) RL 회로

① 저항(resistor)과 유도자(inductor)만을 갖는 직렬회로에서 유도자를 지나는 전압강하 $\left(L\dfrac{dI}{dt}\right)$와 저항을 지나는 전압강하($IR$)의 합이 그 회로의 인가전압($E(t)$)과 같음을 나타내는 것이 키르히호프의 제2법칙이다.

② RL 회로에서 전류 $I(t)$에 관한 선형미분방정식은 다음과 같다.

$$L\frac{dI}{dt} + RI = E(t)$$

(여기서 L: 유도자의 인덕턴스, R: 저항)

(3) RC 회로

커패시턴스 C를 가지는 축전지(capacitor)를 지나는 전압강하는 $\dfrac{Q(t)}{C}$로 주어진다.

(여기서 Q: 축전지의 전하(charge)이다.) 키르히호프 제2법칙에 의하여 $RI + \dfrac{1}{C}Q = E(t)$가 된다.

이때 전류 I와 전하 Q는 $I = \dfrac{dQ}{dt}$의 관계가 있으므로 RC 회로에서 선형방정식은 다음과 같다.

$$R\frac{dQ}{dt} + \frac{1}{C}Q = E(t)$$

(4) RLC 회로

유도자, 저항, 축전지를 성분으로 갖는 단순폐회로(RLC 회로)의 전하에 관한 미분방정식은 다음과 같다.

$$L\frac{d^2Q}{dt^2} + R\frac{dQ}{dt} + \frac{1}{C}Q = E(t)$$

2. 용수철 운동

(1) 스프링의 탄성계수가 k, 감쇠기의 감쇠계수가 c, 물체의 질량이 m인 시스템에 외력 $f(t)$를 가하는 경우, 물체의 위치 $y(t)$를 결정하는 방정식은 다음과 같다.

$$my'' + cy' + ky = f(t)$$

(2) 질량이 m인 공이 탄성계수가 k인 스프링에 매달려서 진동하는 자유진동의 상황을 모델링하면 미분방정식은 다음과 같다.

$$my'' + ky = 0$$

개념적용

01

$12\,V$인 축전지가 인덕턴스가 $\frac{1}{2}\,H$이고 저항이 $10\,\Omega$인 회로에 연결되어 있다. 초기 전류가 0일 때 전류 I를 구하면?

공략 포인트

RL 회로
$L\frac{dI}{dt}+RI=E(t)$

풀이

주어진 조건을 모델링하면 다음과 같다.

$L\frac{dI}{dt}+RI=E(t)$에서 $\frac{1}{2}I'+10I=12$이고 초깃값은 $I(0)=0$이다.

$\Rightarrow I(t)=\frac{6}{5}+Ce^{-20t}$

$I(0)=0$이므로 $C=-\frac{6}{5}$이다.

$\therefore I(t)=\frac{6}{5}-\frac{6}{5}e^{-20t}$

정답 풀이 참조

02

전기회로가 전하 $q(t)$에 대하여 $R\frac{dq}{dt}+\frac{1}{C}q(t)=E(t)$로 표현된다.

$E(t)=0\,V$, $R=10\Omega$, $C=0.1F$일 때, 축전지가 최초 전하량의 80%를 잃는 데 걸리는 시간을 구하시오.

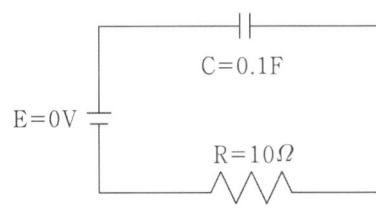

① 5초 ② $\sqrt{5}$초 ③ $\ln 5$초 ④ e^2초

공략 포인트

RC 회로
$R\frac{dQ}{dt}+\frac{1}{C}Q=E(t)$

풀이

$R\frac{dq}{dt}+\frac{1}{C}q(t)=E(t) \Leftrightarrow \frac{dq}{dt}+\frac{1}{RC}q(t)=E(t)$일 때,

주어진 조건 $E(t)=0\,V$, $R=10\Omega$, $C=0.1F$을 대입하여 보면

$\frac{dq}{dt}+\frac{1}{RC}q(t)=E(t) \Leftrightarrow \frac{dq}{dt}+q(t)=0$이므로 $q(t)=ce^{-t}$이다.

$t=0$일 때, 축전지의 전하량은 $y(0)=c$이므로 최초 전하량의 80%를 잃었을 때,

축전지의 전하량은 $\frac{1}{5}c$이다.

즉, $q(t)=ce^{-t}=\frac{1}{5}c$를 만족하는 t의 값을 찾으면 된다.

$ce^{-t}=\frac{1}{5}c \Leftrightarrow e^{-t}=\frac{1}{5} \Leftrightarrow t=\ln 5$

그러므로 $t=\ln 5$일 때, 축전지가 최초 전하량의 80%를 잃는다.

정답 ③

03

$R = 120\,\Omega$, $C = 2{,}000^{-1}\,\mathrm{F}$, $L = 4\mathrm{H}$, $E(t) = 10\cos t\,\mathrm{V}$인 RLC 직렬회로의 전류를 결정하는 미분방정식을 쓰시오. (단, 최초에 회로에 전류는 흐르지 않고, 콘덴서에 축전된 전하도 없다.)

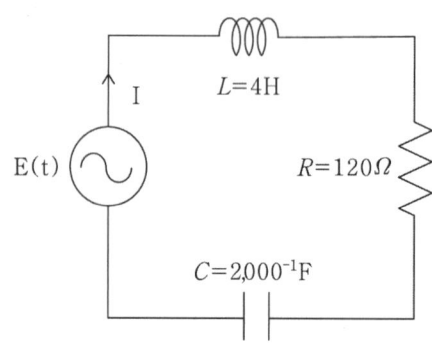

공략 포인트

RLC 회로

$L\dfrac{d^2Q}{dt^2} + R\dfrac{dQ}{dt} + \dfrac{1}{C}Q = E(t)$

풀이

$I(t)$를 시간 t에서 폐회로에 흐르는 전류라고 할 때, 키르히호프의 법칙에 의해 다음과 같다.

$RI + L\dfrac{dI}{dt} + \dfrac{1}{C}q = 10\cos t$, $\dfrac{dq}{dt} = I$

양변을 미분하면 $R\dfrac{dI}{dt} + L\dfrac{d^2I}{dt^2} + \dfrac{1}{C}I = -10\sin t$이다.

계수를 대입하여 정리하면 $4\dfrac{dI}{dt} + 120\dfrac{d^2I}{dt^2} + 2{,}000I = -10\sin t$이다.

초기 조건을 대입하면 $I(0) = 0$, $I'(0) = \dfrac{E(0)}{L} = \dfrac{10}{4} = \dfrac{5}{2}$이다.

그러므로 구하고자 하는 미분방정식은 다음과 같다.

$4\dfrac{dI}{dt} + 120\dfrac{d^2I}{dt^2} + 2{,}000I = -10\sin t$, $I(0) = 0$, $I'(0) = \dfrac{5}{2}$

정답 풀이 참조

04

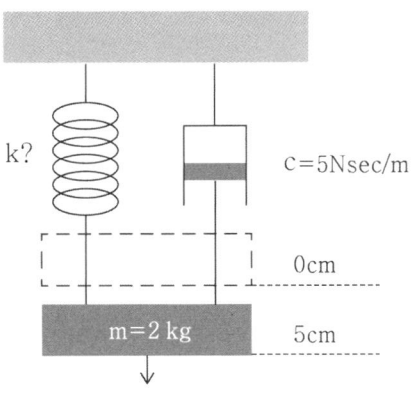

그림과 같은 질량–용수철모델에서 질량 $m = 2\text{kg}$의 물체를 매달았더니 용수철은 20cm 늘어나 평형점에 이르렀다. 감쇠상수를 $c = 5\text{N}\sec/\text{m}$라 하고, 질량에 외력 $f(t) = 0.3\cos t$ N을 작용시킨다. 이때, 중력가속도는 $9\text{m}/\sec^2$이다. 시간 $t = 0$에서 질량을 평형점의 아래쪽 5cm 위치까지 당겨 가만히 놓을 때, 질량의 운동방정식을 결정하는 미분방정식을 쓰시오.

공략 포인트

용수철 운동
$my'' + cy' + ky = f(t)$

풀이

$x(t)$를 시간 t에서 질량 m이 평형점으로부터 이탈되는 변위라고 할 때,
(여기서 평형점 아래를 양(+)으로 가정) 뉴턴의 운동법칙에 의해 다음의 식을 얻는다.
$mx'' + cx' + kx = 0.3\cos t$
$mg = ks$이므로 $2 \times 9 = 0.2k$, $k = 90$이다.
$\therefore 2x'' + 5x' + 90x = 0.3\cos t$, $x(0) = 0.05$, $x'(0) = 0$

정답 풀이 참조

3 모델링

대표출제유형

출제경향 분석
지수적 증가/감소 모델, 뉴턴 냉각법칙, 균형법칙에 대한 문제의 출제 빈도가 높기에 각각의 형태를 모델링할 수 있어야 합니다.
전기회로와 용수철 운동에 관련된 공식을 암기하는 것도 좋습니다.

01 지수변화의 법칙

🔍 개념 1. 지수적 증가, 감소 모델

배양기 속에 100마리의 박테리아가 들어 있다. 박테리아의 증가속도는 박테리아의 수에 비례한다. 2시간 후에 박테리아의 수가 144마리가 되었다면, 5시간 후의 박테리아 수의 근사치는?

① 200   ② 220   ③ 250   ④ 300

풀이

STEP A 시각 t에서의 물질의 양을 설정하기

박테리아의 수를 $y(t)$라고 하면 초기 박테리아의 수가 100이므로 $y(0)=100$이 된다.
또한, 2시간 후에 박테리아의 수가 144이므로 $y(2)=144$이다.

STEP B 주어진 조건으로 미분방정식을 세우기

주어진 조건을 가지고 식을 세워 보면
$y'(t)=ky(t)$이고, $y(t)=ce^{kt}$가 된다.

STEP C 초기 조건 대입하기

$y(0)=c=100$이므로 $y(t)=100e^{kt}$이고,
$y(2)=100e^{2k}=144$이므로 $e^{2k}=\dfrac{144}{100}$이다.

따라서 $e^{k}=\dfrac{12}{10}$이다.

STEP D 구하고자 하는 값 구하기

그러므로 다섯 시간 후의 박테리아 수는 다음과 같다.
$y(5)=100e^{5k}=100\times\left(\dfrac{12}{10}\right)^5=(12)^5\times\left(\dfrac{1}{10}\right)^3\approx 250$

정답 ③

02 열전도 법칙

🔍 개념 1. 지수적 증가, 감소 모델

뜨거운 녹차는 시간이 지남에 따라 주변 온도와의 차이에 비례하여 식는다. 처음 온도가 $95\,°C$인 녹차를 $20\,°C$의 온도로 유지하는 실내에 두었더니 30분 후에 $50\,°C$가 되었다. 녹차의 온도가 $25\,°C$까지 낮아지는 데 걸리는 총 시간은 몇 분인지 구하시오.

① $\dfrac{25(\ln 3+\ln 5)}{\ln 5-\ln 2}$ ② $\dfrac{30(\ln 3+\ln 5)}{\ln 5-\ln 2}$

③ $\dfrac{25(\ln 5+\ln 7)}{\ln 3-\ln 2}$ ④ $\dfrac{30(\ln 5+\ln 7)}{\ln 3-\ln 2}$

풀이

STEP A 시각 t에서 물질의 온도와 실내 온도를 설정하기

녹차의 온도를 $y(t)$, 실내 온도를 T_m이라 하면
$y'(t)=k\{y(t)-T_m\} \Leftrightarrow y'(t)-ky(t)=-kT_m$ 이다.
즉, $y(t)=e^{kt}\left(\int -T_m k e^{-kt}dt+c\right)=e^{kt}\left(T_m e^{-kt}+c\right)=ce^{kt}+T_m$ 이다.

STEP B 초기 조건 대입하기

실내 온도가 $20\,°C$ 이므로 $y(t)=ce^{kt}+20$ 이고,
$y(0)=95$ 이므로 $c=75$ 이다.
따라서 $y(t)=75e^{kt}+20$ 이고 30분 뒤에 $50\,°C$ 이므로
$y(30)=75e^{30k}+20=50 \Leftrightarrow k=\dfrac{1}{30}\ln\left(\dfrac{2}{5}\right)$ 이다.
$\therefore y(t)=75e^{\frac{1}{30}\ln\left(\frac{2}{5}\right)t}+20$ 이다.

STEP C 구하고자 하는 값 구하기

녹차의 온도가 $25\,°C$까지 낮아지는 데 걸리는 시간은
$75e^{\frac{1}{30}\ln\left(\frac{2}{5}\right)t}+20=25$
$\Leftrightarrow e^{\frac{1}{30}\ln\left(\frac{2}{5}\right)t}=\dfrac{1}{15}$
$\Leftrightarrow \ln\left(\dfrac{2}{5}\right)t=30\ln\left(\dfrac{1}{15}\right)$
$\Leftrightarrow t=\dfrac{30\ln\left(\dfrac{1}{15}\right)}{\ln\left(\dfrac{2}{5}\right)}$
$\Leftrightarrow t=\dfrac{30\ln(15)}{\ln\left(\dfrac{5}{2}\right)}$
$\Leftrightarrow t=\dfrac{30(\ln 3+\ln 5)}{\ln 5-\ln 2}$ 이다.

정답 ②

03 균형 법칙

🔍 개념 1. 지수적 증가, 감소 모델

아래 그림의 물탱크에 $100l$의 물이 차있고 그 안에 $20kg$의 소금이 녹아 있다. 리터당 $0.1kg$의 소금이 녹아있는 소금물이 분당 $5l$씩 탱크 안에 흘러 들어오고, 고르게 잘 휘저은 다음 분당 $10l$씩 소금물이 흘러 나간다. 흘러 나간 소금물 $10l$ 가운데 $5l$를 다시 물탱크 안에 넣는다고 할 때, t분 후 물탱크 안에 있는 소금의 양 $y(t)$는?

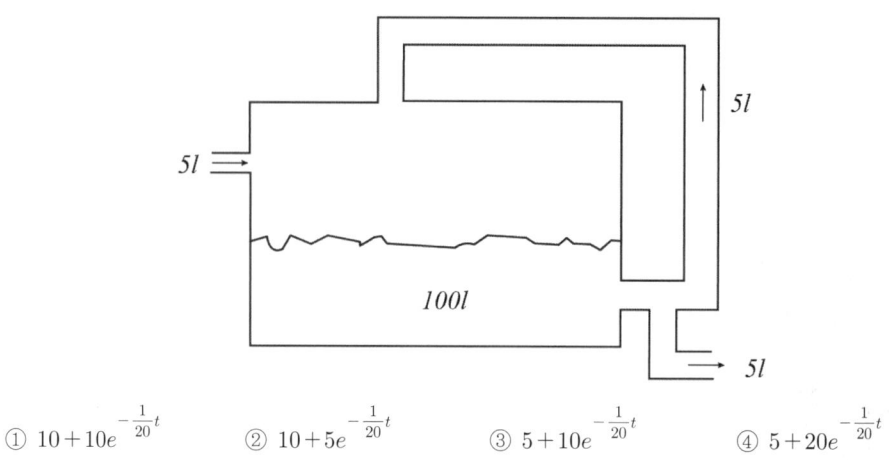

① $10 + 10e^{-\frac{1}{20}t}$ ② $10 + 5e^{-\frac{1}{20}t}$ ③ $5 + 10e^{-\frac{1}{20}t}$ ④ $5 + 20e^{-\frac{1}{20}t}$

풀이

STEP A 시각 t에서 물질의 양에 관한 식을 설정하기

$y(t)$를 시간 t에 따른 소금의 양이라 하면, 시간에 따른 변화율은 다음과 같다.
$y' = $ 소금의 유입량 $-$ 소금의 유출량

STEP B 소금의 유입량과 유출량 구하기

소금의 유입량: $0.1 \times 5 = 0.5l$
소금의 유출량: 소금물 $5l$가 유출되므로
$$\frac{5}{100}y(t) = \frac{1}{20}y(t)$$
$\therefore y'(t) = 0.5 - \frac{1}{20}y(t)$, $y(0) = 20$이다.

STEP C 일계 선형미분방정식의 일반해 구하기

주어진 미분방정식은 일계 선형미분방정식이므로
일반해는 $y(t) = 10 + ce^{-\frac{1}{20}t}$이다.
초기 조건 $y(0) = 20$이므로 $c = 10$이다.
$\therefore y(t) = 10 + 10e^{-\frac{1}{20}t}$

정답 ①

04 균형 법칙

🔍 개념 1. 지수적 증가, 감소 모델

처음에 두 탱크 A, B에 각각 100 L의 소금용액이 차있고, 탱크 A에 4 kg, 탱크 B에 2 kg의 소금이 녹아있다. 초기에 물이 분당 2 L의 유속으로 탱크 A로 유입되기 시작한 후 균일하게 혼합되어 분당 2 L의 유속으로 탱크 B에 유입된다. 균일하게 혼합된 용액이 탱크 B에서 같은 유속으로 유출되고 있을 때, 시각 $t=5$(분)에 각 탱크에 있을 소금의 양의 합은 몇 kg인가? (단, 탱크의 용액은 균일하게 혼합된다고 가정한다.)

① $\dfrac{12}{5}e^{-0.1}$ ② $\dfrac{12}{5}e^{-0.2}$ ③ $\dfrac{32}{5}e^{-0.1}$ ④ $\dfrac{32}{5}e^{-0.2}$

풀이

STEP A 변수 설정하기

탱크 A의 소금의 양을 x, 탱크 B의 소금의 양을 y라 할 때,
$x' = -0.02x$, $y' = 0.02x - 0.02y$이다.

STEP B 1계 선형미분방정식을 풀기

(i) $x' = -0.02x$(1계 선형미분방정식)를 풀면 $x = c_1 e^{-0.02t}$이고
이를 식 $y' = 0.02x - 0.02y$에 대입한다.

(ii) $y' = 0.02c_1 e^{-0.02t} - 0.02y$(1계 선형미분방정식)를 풀면
$y = 0.02c_1 t e^{-0.02t} + c_2 e^{-0.02t}$이다.

STEP C 초기 조건 대입하기

여기서 초기 조건 $x(0)=4$, $y(0)=2$를 대입하면
$c_1 = 4$, $c_2 = 2$이다.
따라서 해는 $x = 4e^{-0.02t}$, $y = 0.08te^{-0.02t} + 2e^{-0.02t}$이다.

STEP D 시각 $t=5$(분)에 각 탱크에 있을 소금양의 합 구하기

여기에 $t=5$를 대입하여 더하면 $\dfrac{32}{5}e^{-0.1}$이다.

정답 ③

4 모델링

실전문제

정답 및 풀이 p.273

01 방사능 물질 A와 B의 초기 양은 $200\,\text{mg}$으로 서로 같고, 반감기는 각각 120, 180시간이다. 두 물질 모두 임의의 시각 t일 때의 감소율은 시각 t일 때 물질의 양에 비례한다. 540시간 후 A의 남은 양은 B의 남은 양의 몇 배인가?

① $\dfrac{1}{\sqrt{2}}$ ② $\dfrac{1}{2}$ ③ $\dfrac{1}{2\sqrt{2}}$ ④ $\dfrac{1}{4}$

02 초기 온도가 $20\,°\text{C}$인 두 물체 A와 B를 온도가 $-10\,°\text{C}$로 일정한 냉장고에 넣었다. 두 물체는 뉴턴의 냉각법칙을 따르며, 1분 후에 A와 B의 온도가 각각 $5\,°\text{C}$와 $10\,°\text{C}$가 되었다. 2분 후에 A와 B의 온도를 각각 T_A와 T_B라고 할 때, $T_B - T_A$의 값은? (뉴턴의 냉각법칙: 물체 온도의 변화율은 물체의 온도와 주변 환경의 온도차에 비례한다.)

① $\dfrac{5}{6}$ ② $\dfrac{5}{2}$ ③ $\dfrac{25}{6}$ ④ $\dfrac{35}{6}$

03 물탱크에 $20\,\text{kg}$의 소금이 용해된 $100\,\text{L}$의 소금물이 들어있다. $1\,\text{L}$당 $0.25\,\text{kg}$의 소금이 용해된 소금물이 1분당 $20\,\text{L}$씩 물탱크 안으로 공급된다. 그리고 완전히 섞인 후 1분당 $20\,\text{L}$씩 물탱크 밖으로 소금물이 흘러나간다. 물탱크 안의 소금의 양이 그것의 극한값($t \to \infty$일 때)의 90%에 이르는 데 걸리는 시간은?

① $\ln 2$ ② $2\ln 2$ ③ $5\ln 2$ ④ $10\ln 2$

04 용기 안에 농도 4 g/L 의 소금물이 200 L 들어있다. 유입구를 통해 농도 3 g/L 의 소금물이 분당 8 L 씩 들어오고 있으며, 동시에 분당 8 L 의 소금물이 유출구를 통해 나가고 있다. 용기 내부의 소금물은 연속적으로 완전 혼합상태임을 가정한다. $S(t)$는 시간 t일 때 소금의 질량이다. 다음 중 옳은 문장을 고르시오.

① $S(t)$의 변화율은 $\dfrac{dS}{dt} = 24 - \dfrac{2}{25}S$로 표현된다.

② $t \to \infty$ 일 때, $S(t)$는 600 g 으로 수렴한다.

③ $S(t)$는 처음에는 증가하다 다시 감소한다.

④ $t = 0$ 일 때 용기 안의 소금물이 농도가 변하지 않은 채로 부피가 더 크다고 가정하면, $t \to \infty$ 일 때 소금물 농도의 수렴 값은 초기 부피에 비례해서 커진다.

05 두 개의 탱크가 직렬로 연결되어 있다. 탱크1에는 처음에 20lb의 소금이 용해되어 있는 100gal의 소금물이 들어있고, 탱크2에는 90lb의 소금이 용해되어 있는 150gal의 소금물이 들어있다. 이때, 0.5lb/gal의 소금이 용해되어 있는 소금물이 5gal/min의 속도로 탱크1로 유입되고 있다. 탱크1에 달린 배출구를 통해 5gal/min의 속도로 소금물이 탱크2로 유출되고, 탱크2도 마찬가지로 배출구가 있어 이를 통해 5gal/min의 속도로 소금물이 밖으로 배출된다. t분(min) 경과 후 탱크1과 탱크2에 녹아있는 소금의 양을 각각 $A(t)$, $B(t)$ lb라고 할 때, $A(t)$와 $B(t)$를 구하면?

① $A(t) = 50 - 30e^{-t/20}$, $B(t) = 75 + 90e^{-t/20} - 75e^{-t/30}$
② $A(t) = 50 - 30e^{-t/10}$, $B(t) = 75 + 90e^{-t/10} - 75e^{-t/30}$
③ $A(t) = 50 - 30e^{-t/20}$, $B(t) = 75 + 90e^{-t/10} - 75e^{-t/20}$
④ $A(t) = 50 - 30e^{-t/10}$, $B(t) = 75 + 90e^{-t/10} - 75e^{-t/20}$

라플라스 변환

출제 비중 & 빈출 키워드 리포트

단원	출제 비중	합계 18%	빈출 키워드
1. 라플라스 변환		4%	· 라플라스 변환과 역변환
2. 제1 이동 정리		2%	· 합성곱
3. 라플라스 변환의 미분과 적분		2%	
4. 미분과 적분의 라플라스 변환		2%	
5. 특수함수의 라플라스 변환		2%	
6. 제2 이동 정리		1%	
7. 합성곱		2%	
8. 라플라스 변환의 응용		3%	

1 라플라스 변환

1. 라플라스 변환과 라플라스 역변환

(1) 라플라스 변환

$t \geq 0$에서 정의된 함수 $f(t)$의 라플라스(Laplace) 변환 $F(s)$는 다음과 같이 정의한다.

$$F(s) = \mathcal{L}\{f(t)\} = \int_0^\infty e^{-st} f(t)\, dt$$

(2) 라플라스 역변환

함수 $f(t)$를 $F(s)$의 역 라플라스 변환(역변환)이라 하고 다음과 같이 나타낸다.

$$f(t) = \mathcal{L}^{-1}(F(s))$$

(단, 여기서 s는 위의 적분이 존재하는 범위의 값이다.)

(3) 예시

$f(t) = 1\,(t \geq 0)$의 라플라스 변환은 정의에 의하여 다음과 같이 전개한다.

$$F(s) = \int_0^\infty e^{-st} dt = -\frac{1}{s}\left[e^{-st}\right]_0^\infty = -\frac{1}{s}(0-1) = \frac{1}{s}$$

2. 라플라스 변환과 역변환의 선형성

(1) 라플라스 변환의 선형성

임의의 실수 a, b에 대하여 다음이 성립한다. (여기서, $\mathcal{L}\{f(t)\} = F(s)$, $\mathcal{L}\{g(t)\} = G(s)$)

$$\mathcal{L}\{af(t) + bg(t)\} = a\mathcal{L}\{f(t)\} + b\mathcal{L}\{g(t)\} = aF(s) + bG(s)$$

(2) 라플라스 역변환의 선형성

임의의 실수 a, b에 대하여 다음이 성립한다.

$$\mathcal{L}^{-1}\{aF(s) + bG(s)\} = a\mathcal{L}^{-1}\{F(s)\} + b\mathcal{L}^{-1}\{G(s)\} = af(t) + bg(t)$$

3. 기본함수들의 라플라스 변환과 역변환

시간함수 $f(t)$, $t \geq 0$	변환함수 $F(s)$
1	$\dfrac{1}{s}$
t^n	$\dfrac{n!}{s^{n+1}}$ $(s>0)$
e^{at}	$\dfrac{1}{s-a}$ $(s>a)$
e^{-at}	$\dfrac{1}{s+a}$

시간함수 $f(t)$, $t \geq 0$	변환함수 $F(s)$
$\sin at$	$\dfrac{a}{s^2+a^2}$ $(s>0)$
$\cos at$	$\dfrac{s}{s^2+a^2}$ $(s>0)$
$\sinh at$	$\dfrac{a}{s^2-a^2}$ $(s>a)$
$\cosh at$	$\dfrac{s}{s^2-a^2}$ $(s>a)$

TIP ▶ 자주 쓰이는 라플라스 변환 공식

$t \Leftrightarrow \dfrac{1}{s^2}$

$t^2 \Leftrightarrow \dfrac{2}{s^3}$

개념적용

01

다음의 라플라스 변환을 구하시오.

(1) $\mathcal{L}\{t^3 - 4\sin 2t + 5\}$

(2) $\mathcal{L}\left\{e^{-2t} + \dfrac{1}{2}\cos 2t\right\}$

공략 포인트

라플라스 변환
$\mathcal{L}\{af(t) + bg(t)\}$
$= a\mathcal{L}\{f(t)\} + b\mathcal{L}\{g(t)\}$
$= aF(s) + bG(s)$

라플라스 변환
$\mathcal{L}(t^n) = \dfrac{n!}{s^{n+1}}$

$\mathcal{L}(1) = \dfrac{1}{s}$

$\mathcal{L}(\sin at) = \dfrac{a}{s^2 + a^2}$

풀이

(1) 라플라스 변환의 선형성에 의해 다음과 같다.

$$\mathcal{L}\{t^3 - 4\sin 2t + 5\} = \mathcal{L}\{t^3\} - 4\mathcal{L}\{\sin 2t\} + 5\mathcal{L}\{1\} = \dfrac{3!}{s^4} - 4\dfrac{2}{s^2 + 2^2} + 5\dfrac{1}{s} = \dfrac{6}{s^4} - \dfrac{8}{s^2 + 2^2} + \dfrac{5}{s}$$

(2) 라플라스 변환의 선형성에 의해 다음과 같다.

$$\mathcal{L}\left\{e^{-2t} + \dfrac{1}{2}\cos 2t\right\} = \mathcal{L}\{e^{-2t}\} + \dfrac{1}{2}\mathcal{L}\{\cos 2t\} = \dfrac{1}{s-(-2)} + \dfrac{1}{2}\cdot\dfrac{s}{s^2 + 2^2} = \dfrac{1}{s+2} + \dfrac{s}{2s^2 + 8}$$

정답 풀이 참조

02

$f(t) = \sin^2 t$ 의 라플라스 변환 $\mathcal{L}\{f(t)\}$는?

① $\dfrac{2}{s^2(s^2 + 4)}$ ② $\dfrac{2}{s(s^2 + 4)}$ ③ $\dfrac{2}{s(s^2 + 1)}$ ④ $\dfrac{2}{s^2(s^2 + 1)}$

공략 포인트

삼각함수 반각 공식
$\sin^2 t = \dfrac{1 - \cos 2t}{2}$

라플라스 변환
$\mathcal{L}(1) = \dfrac{1}{s}$

$\mathcal{L}(\cos at) = \dfrac{s}{s^2 + a^2}$

풀이

$$\mathcal{L}(\sin^2 t) = \mathcal{L}\left(\dfrac{1 - \cos 2t}{2}\right) = \dfrac{1}{2}\mathcal{L}(1) - \dfrac{1}{2}\mathcal{L}(\cos 2t) = \dfrac{1}{2s} - \dfrac{s}{2(s^2 + 4)} = \dfrac{2}{s(s^2 + 4)}$$

정답 ②

03

다음의 역 라플라스 변환을 구하시오.

(1) $\mathcal{L}^{-1}\left\{\dfrac{1}{s^4}+\dfrac{1}{s^2+5}\right\}$

(2) $\mathcal{L}^{-1}\left\{\dfrac{s^2+s-3}{s^3-9s}\right\}$

공략 포인트

역 라플라스 변환(라플라스의 역변환)
라플라스 변환 공식에서 외운 형태로 s함수를 변환한 후 역변환한다.

$\mathcal{L}(t^n)=\dfrac{n!}{s^{n+1}}$

$\mathcal{L}(\sin at)=\dfrac{a}{s^2+a^2}$

$\mathcal{L}(\cos at)=\dfrac{s}{s^2+a^2}$

라플라스 역변환에서는 부분분수 변환에 관한 개념이 같이 출제되곤 한다.

풀이

(1) $\mathcal{L}^{-1}\left\{\dfrac{1}{s^4}+\dfrac{1}{s^2+5}\right\} = \mathcal{L}^{-1}\left\{\dfrac{1}{3!}\cdot\dfrac{3!}{s^{3+1}}+\dfrac{1}{\sqrt{5}}\cdot\dfrac{\sqrt{5}}{s^2+\sqrt{5}^2}\right\}$

$= \dfrac{1}{3!}\mathcal{L}^{-1}\left\{\dfrac{3!}{s^{3+1}}\right\}+\dfrac{1}{\sqrt{5}}\mathcal{L}^{-1}\left\{\dfrac{\sqrt{5}}{s^2+\sqrt{5}^2}\right\}$

$= \dfrac{t^3}{6}+\dfrac{1}{\sqrt{5}}\sin\sqrt{5}\,t$

(2) $\dfrac{s^2+s-3}{s^3-9s} = \dfrac{s^2+s-3}{s(s+3)(s-3)} = \dfrac{A}{s}+\dfrac{B}{s+3}+\dfrac{C}{s-3}$

위 식을 전개하면 $A=\dfrac{1}{3}$, $B=\dfrac{1}{6}$, $C=\dfrac{1}{2}$ 을 얻는다.

$\therefore \mathcal{L}^{-1}\left\{\dfrac{s^2+s-3}{s^3-9s}\right\} = \dfrac{1}{3}\mathcal{L}^{-1}\left\{\dfrac{1}{s}\right\}+\dfrac{1}{6}\mathcal{L}^{-1}\left\{\dfrac{1}{s+3}\right\}+\dfrac{1}{2}\mathcal{L}^{-1}\left\{\dfrac{1}{s-3}\right\} = \dfrac{1}{3}+\dfrac{1}{6}e^{-3t}+\dfrac{1}{2}e^{3t}$

정답 풀이 참조

2 제1 이동 정리

1. 제1 이동 정리: s이동

(1) $f(t)$가 라플라스 변환 $F(s)$ (여기서, $s > k$)를 갖는다면 $e^{at}f(t)$의 라플라스 변환은 $F(s-a)$ (여기서, $s-a > k$)를 갖는다. 즉, 제1 이동 정리(First shifting theorem)는 다음과 같다.

$$\mathcal{L}\{e^{at}f(t)\} = F(s-a)$$

(2) 그래프에서 s축에 대해 이동

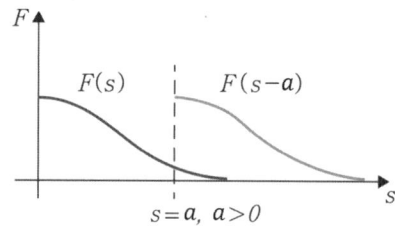

(3) 제1 이동 정리의 역변환은 다음과 같다. ($f(t) = \mathcal{L}^{-1}(F(s))$일 때)

$$e^{at}f(t) = \mathcal{L}^{-1}\{F(s-a)\}$$

TIP ① 제1 이동 정리는 e^{at}가 없어지면서 $\mathcal{L}(f(t))\mid_{s-a}$ (s 대신에 $s-a$ 대입)로 생각한다.
② 역변환을 찾는 방법: e^{at}를 만든 후 a에 해당하는 숫자를 지우고 남은 부분의 역변환을 생각한다.
• 예시

$$\mathcal{L}^{-1}\left\{\frac{s}{s^2-4s+4}\right\} = \mathcal{L}^{-1}\left\{\frac{(s-2)+2}{(s-2)^2}\right\} = e^{2t}\mathcal{L}^{-1}\left(\frac{s+2}{s^2}\right) = e^{2t}\mathcal{L}^{-1}\left(\frac{1}{s}+\frac{2}{s^2}\right) = e^{2t}(1+2t)$$

개념적용

01

$\mathcal{L}\{e^{-4t}\cosh 2t\}$ 를 구하시오.

① $\dfrac{s}{s^2+8s+12}$ ② $\dfrac{4}{s^2+8s+12}$ ③ $\dfrac{s+4}{s^2+8s+12}$ ④ $\dfrac{s^2+8s+12}{s+4}$

공략 포인트

제1 이동 정리
$\mathcal{L}\{e^{at}f(t)\}=F(s-a)$

풀이

$\mathcal{L}\{e^{-4t}\cosh 2t\}=[\mathcal{L}\{\cosh 2t\}]_{s-(-4)}=\left[\dfrac{s}{s^2-4}\right]_{s+4}=\dfrac{s+4}{(s+4)^2-4}=\dfrac{s+4}{s^2+8s+12}$

정답 ③

02

역변환 $\mathcal{L}^{-1}\{F(s)\}=e^t(t-1)$을 만족하는 함수 $F(s)$는?

① $\dfrac{2-s}{s-1}$ ② $\dfrac{2-s}{(s-1)^2}$ ③ s ④ $\dfrac{s}{(s-1)^2}$

공략 포인트

제1 이동 정리의 역변환
$e^{at}f(t)=\mathcal{L}^{-1}\{F(s-a)\}$

풀이

$\mathcal{L}^{-1}\{F(s)\}=e^t(t-1)$
$\Leftrightarrow F(s)=\mathcal{L}\{e^t(t-1)\}=\mathcal{L}\{t-1\}_{s-1}=\left[\dfrac{1}{s^2}-\dfrac{1}{s}\right]_{s-1}=\dfrac{1}{(s-1)^2}-\dfrac{1}{s-1}=\dfrac{2-s}{(s-1)^2}$

정답 ②

3 라플라스 변환의 미분과 적분

1. 라플라스 변환의 미분

(1) $n = 1, 2, 3, \cdots$에 대하여 라플라스 변환의 미분은 다음과 같다.

$$\mathcal{L}\{t^n f(t)\} = (-1)^n \frac{d^n}{ds^n} \mathcal{L}(f(t)) = (-1)^n \frac{d^n}{ds^n} F(s)$$

(2) $\mathcal{L}^{-1}\left\{\dfrac{d^n}{ds^n} F(s)\right\} = (-t)^n \mathcal{L}^{-1}\{F(s)\}$

(3) $\mathcal{L}^{-1}\{F(s)\} = \left(-\dfrac{1}{t}\right)^n \mathcal{L}^{-1}\left\{\dfrac{d^n}{ds^n} F(s)\right\}$

TIP ▶ $\mathcal{L}\{t f(t)\}$의 해법
t를 없애고 $\mathcal{L}\{f(t)\}$를 미분한 후 -1을 곱한다.
$$\mathcal{L}(t \sin t) = (-1)\{\mathcal{L}(f(t))\}' = -\left(\frac{2}{s^2+4}\right)' = \frac{4s}{(s^2+4)^2}$$

2. 라플라스 변환의 적분

① $\mathcal{L}\left\{\dfrac{1}{t} f(t)\right\} = \displaystyle\int_s^\infty \mathcal{L}\{f(t)\} du$

② $\mathcal{L}^{-1}\left\{\displaystyle\int_s^\infty \mathcal{L}\{f(t)\} du\right\} = \dfrac{1}{t} \mathcal{L}^{-1}\{F(s)\}$

개념적용

01

$\mathcal{L}\{t\sin 3t\}$ 를 구하시오.

① $\dfrac{6s}{(s^2+9)^2}$ ② $\dfrac{6}{(s^2+9)^2}$ ③ $\dfrac{3s}{(s^2+9)^2}$ ④ $\dfrac{3}{(s^2+9)^2}$

공략 포인트

라플라스 변환의 미분
$\mathcal{L}\{t^n f(t)\}$
$= (-1)^n \dfrac{d^n}{ds^n}\mathcal{L}(f(t))$
$= (-1)^n \dfrac{d^n}{ds^n}F(s)$

풀이

$\mathcal{L}\{t\sin 3t\} = (-1)\dfrac{d}{ds}\mathcal{L}\{\sin 3t\} = -\dfrac{d}{ds}\left(\dfrac{3}{s^2+3^2}\right) = \dfrac{6s}{(s^2+9)^2}$

정답 ①

02

$\mathcal{L}^{-1}\left\{\dfrac{s}{(s^2-9)^2}\right\}$ 를 구하시오.

① $\dfrac{t}{3}\sinh 3t$ ② $\dfrac{t}{6}\sinh 3t$ ③ $\dfrac{t}{6}\cosh 3t$ ④ $\dfrac{t}{3}\cosh 3t$

공략 포인트

라플라스 변환의 미분
$\mathcal{L}^{-1}\left\{\dfrac{d^n}{ds^n}F(s)\right\}$
$= (-t)^n \mathcal{L}^{-1}\{F(s)\}$

풀이

$\mathcal{L}^{-1}\left\{\dfrac{s}{(s^2-9)^2}\right\} = \mathcal{L}^{-1}\left\{-\dfrac{1}{2}\dfrac{d}{ds}\left(\dfrac{1}{s^2-9}\right)\right\}$

$= -\dfrac{1}{2}(-t)\mathcal{L}^{-1}\left\{\dfrac{1}{s^2-9}\right\}$

$= \dfrac{t}{6}\mathcal{L}^{-1}\left\{\dfrac{3}{s^2-3^2}\right\} = \dfrac{t}{6}\sinh 3t$

정답 ②

03

$\mathcal{L}^{-1}\left\{\ln\dfrac{s+2}{s+1}\right\}$ 를 구하시오.

① $-\dfrac{1}{t}(e^{-t}-e^{t})$ ② $\dfrac{1}{t}(e^{-2t}-e^{-2t})$ ③ $-\dfrac{1}{t}(e^{-2t}-e^{-t})$ ④ $\dfrac{1}{t}(e^{-t}-e^{-t})$

공략 포인트

라플라스 변환의 미분
$\mathcal{L}^{-1}\{F(s)\}$
$=\left(-\dfrac{1}{t}\right)^{n}\mathcal{L}^{-1}\left\{\dfrac{d^{n}}{ds^{n}}F(s)\right\}$

풀이

$\mathcal{L}^{-1}\left\{\ln\dfrac{s+2}{s+1}\right\}=\mathcal{L}^{-1}\{\ln(s+2)-\ln(s+1)\}$
$=\left(-\dfrac{1}{t}\right)\mathcal{L}^{-1}\left[\dfrac{d}{ds}\{(\ln(s+2)-\ln(s+1)\}\right]$
$=-\dfrac{1}{t}\mathcal{L}^{-1}\left\{\dfrac{1}{s+2}-\dfrac{1}{s+1}\right\}=-\dfrac{1}{t}(e^{-2t}-e^{-t})$

정답 ③

04

함수 $f(t)=\dfrac{1}{t}(e^{2t}-e^{t})$의 라플라스 변환을 구하시오.

① $\ln\left(\dfrac{s+1}{s-2}\right)$ ② $\ln\left(\dfrac{s+1}{s+2}\right)$ ③ $\ln\left(\dfrac{s-1}{s+2}\right)$ ④ $\ln\left(\dfrac{s-1}{s-2}\right)$

공략 포인트

라플라스 변환의 적분
$\mathcal{L}\left\{\dfrac{1}{t}f(t)\right\}=\displaystyle\int_{s}^{\infty}\mathcal{L}\{f(t)\}du$

풀이

$\mathcal{L}\{f(t)\}=\mathcal{L}\left\{\dfrac{1}{t}(e^{2t}-e^{t})\right\}$
$=\displaystyle\int_{s}^{\infty}\left(\dfrac{1}{u-2}-\dfrac{1}{u-1}\right)du$
$=[\ln(u-2)-\ln(u-1)]_{s}^{\infty}$
$=\left[\ln\left(\dfrac{u-2}{u-1}\right)\right]_{s}^{\infty}=\ln\left(\dfrac{s-1}{s-2}\right)$

정답 ④

4 미분과 적분의 라플라스 변환

1. 미분의 라플라스 변환

(1) n계 도함수에서의 라플라스 변환

$$\mathcal{L}(f^{(n)}) = s^n \mathcal{L}(f) - s^{n-1}f(0) - \cdots - f^{(n-1)}(0)$$

(2) 자주 출제되는 미분의 라플라스 변환

① $\mathcal{L}(f') = s\mathcal{L}(f) - f(0)$

② $\mathcal{L}(f'') = s^2\mathcal{L}(f) - sf(0) - f'(0)$

2. 적분의 라플라스 변환

① $\mathcal{L}\left\{\int_0^t f(\tau)d\tau\right\} = \dfrac{1}{s}\mathcal{L}\{f(t)\}$

② $\mathcal{L}^{-1}\left\{\dfrac{1}{s}\mathcal{L}\{f(t)\}\right\} = \int_0^t \mathcal{L}^{-1}\{F(s)\}d\tau$

TIP ① $\int_0^t$ 를 $\dfrac{1}{s}$ 로 바꾸고 남은 부분에 라플라스 변환을 한다.

② 라플라스 역변환은 $\dfrac{1}{s}$ 을 $\int_0^t$ 로 바꾸고 남은 부분을 적분한다.

개념적용

01

$\mathcal{L}\{f(t)\} = \dfrac{1}{s^2+1}$, $f(0) = 0$, $f'(0) = 1$일 때, $\mathcal{L}\{f''(t)\}$를 구하시오.

① $\dfrac{1}{s^2+1}$ ② $-\dfrac{1}{s^2+1}$ ③ $-\dfrac{2}{s^2+1}$ ④ $\dfrac{2}{s^2+1}$

공략 포인트

미분의 라플라스 변환
$\mathcal{L}(f'')$
$= s^2\mathcal{L}(f) - sf(0) - f'(0)$

풀이

$\mathcal{L}\{f''(t)\} = s^2\mathcal{L}\{f(t)\} - sf(0) - f'(0) = \dfrac{s^2}{s^2+1} - 1 = -\dfrac{1}{s^2+1}$

정답 ②

02

$\mathcal{L}\left\{\displaystyle\int_0^t e^{3u}\,du\right\}$ 를 구하시오.

① $\dfrac{1}{s(s-3)}$ ② $\dfrac{1}{s}$ ③ $\dfrac{1}{s(s+3)}$ ④ $\dfrac{1}{s-3}$

공략 포인트

적분의 라플라스 변환
$\mathcal{L}\left\{\displaystyle\int_0^t f(\tau)\,d\tau\right\} = \dfrac{1}{s}\mathcal{L}\{f(t)\}$

풀이

$\mathcal{L}\left\{\displaystyle\int_0^t e^{3u}\,du\right\} = \dfrac{1}{s}\mathcal{L}\{e^{3t}\} = \dfrac{1}{s(s-3)}$

정답 ①

03

$\mathcal{L}^{-1}\left\{\dfrac{1}{s(s^2-4)}\right\}$ 를 구하시오.

① $\dfrac{1}{4}(\sinh 2t - 1)$ ② $\dfrac{1}{2}(\sinh 2t + 1)$ ③ $\dfrac{1}{4}(\cosh 2t - 1)$ ④ $\dfrac{1}{2}(\sinh 2t - 1)$

공략 포인트

적분의 라플라스 변환
$\mathcal{L}^{-1}\left\{\dfrac{1}{s}\mathcal{L}\{f(t)\}\right\}$
$= \displaystyle\int_0^t \mathcal{L}^{-1}\{F(s)\}d\tau$

풀이

$$\mathcal{L}^{-1}\left\{\dfrac{1}{s(s^2-4)}\right\} = \mathcal{L}^{-1}\left\{\dfrac{1}{s}\cdot\dfrac{1}{s^2-4}\right\}$$
$$= \int_0^t \mathcal{L}^{-1}\left\{\dfrac{1}{s^2-4}\right\}du$$
$$= \dfrac{1}{2}\int_0^t \mathcal{L}^{-1}\left\{\dfrac{2}{s^2-2^2}\right\}du$$
$$= \dfrac{1}{2}\int_0^t \sinh 2u\, du$$
$$= \dfrac{1}{4}[\cosh 2u]_0^t = \dfrac{1}{4}(\cosh 2t - 1)$$

정답 ③

5. 특수함수의 라플라스 변환

1. 단위계단함수의 라플라스 변환

(1) 단위계단함수

$u(t-a) = \begin{cases} 0, & t < a \\ 1, & t > a \end{cases}$ 에 의하여 정의되는 함수 $u(t-a)$를 단위계단함수라 한다.

(2) 단위계단함수의 라플라스 변환

$$\mathcal{L}\{u(t-a)\} = \frac{e^{-as}}{s} \quad (\text{단},\ s>0)$$

2. 충격파 함수

(1) Dirac delta 함수(단위충격함수)

$\delta_a(t-t_0) = \begin{cases} \dfrac{1}{2a}, & t_0-a < t < t_0+a \\ 0, & \text{다른 경우} \end{cases}$ $(a>0,\ t_0>0)$이라 할 때, $\delta(t-t_0) = \lim_{a \to 0} \delta_a(t-t_0)$를 Dirac delta 함수 또는 단위충격함수라 한다.

(2) Dirac delta 함수의 라플라스 변환

$$\mathcal{L}\{\delta(t-t_0)\} = e^{-t_0 s}$$

(3) Dirac delta 함수의 라플라스 역변환

$$\mathcal{L}^{-1}\{e^{-t_0 s}\} = \delta(t-t_0)$$

(4) Dirac delta 함수의 라플라스 변환 및 역변환 예시

① $\mathcal{L}(\delta(t)) = e^{-0s} = 1$

② $\mathcal{L}^{-1}\{e^{-\pi s}\} = \delta(t-\pi)$

3. 주기함수의 라플라스 변환

주기가 T인 주기함수 $f(t)$의 라플라스 변환은 다음과 같다.

$$\mathcal{L}\{f(t)\} = \frac{\int_0^T e^{-st} f(t) dt}{1 - e^{-Ts}}$$

개념적용

01

주어진 함수를 단위계단함수로 표현하고, 이를 이용하여 라플라스 변환을 구하시오.

(1) $f(t) = \begin{cases} 5 & (0 < t < 1) \\ 0 & (t > 1) \end{cases}$

(2) $f(t) = \begin{cases} 2 & (\pi < t < 2\pi) \\ 0 & (t > 2\pi) \end{cases}$

공략 포인트

단위계단함수의 라플라스 변환

$\mathcal{L}\{u(t-a)\} = \dfrac{e^{-as}}{s}$

풀이

(1)

	$5u(t)$	$-5u(t-1)$	$5u(t) - 5u(t-1)$
$0 < t < 1$	5	0	5
$t > 1$	5	-5	0

$\therefore L\{f(t)\} = 5\left[L\{u(t)\} - L\{u(t-1)\}\right] = \dfrac{5}{s}(1 - e^{-s})$

(2)

	$2u(t-\pi)$	$-2u(t-2\pi)$	$2u(t-\pi) - 2u(t-2\pi)$
$\pi < t < 2\pi$	2	0	2
$2\pi < t$	2	-2	0

$\therefore L\{f(t)\} = 2\left[L\{u(t-\pi)\} - L\{u(t-2\pi)\}\right] = \dfrac{2}{s}(e^{-\pi s} - e^{-2\pi s})$

정답 풀이 참조

02

$f(t) = 2t \, (0 < t < 1)$, $f(t+1) = f(t)$일 때, $L(f(t))$를 구하시오.

공략 포인트

주기함수의 라플라스 변환

$\mathcal{L}\{f(t)\} = \dfrac{\int_0^T e^{-st} f(t) dt}{1 - e^{-Ts}}$

풀이

$f(t)$는 주기가 1인 주기함수이므로

$L\{f(t)\} = \dfrac{\int_0^1 e^{-st} f(t) dt}{1 - e^{-1 \cdot s}} = \dfrac{\int_0^1 e^{-st} \cdot 2t \, dt}{1 - e^{-s}}$

여기서 $\int_0^1 e^{-st} \cdot 2t \, dt = 2\left\{-\dfrac{1}{s}[e^{-st} t]_0^1 + \dfrac{1}{s}\int_0^1 e^{-st} dt\right\} = 2\left\{-\dfrac{e^{-s}}{s} - \dfrac{1}{s^2}(e^{-s} - 1)\right\}$ 이다.

$\therefore L\{f(t)\} = \dfrac{2\left\{-\dfrac{e^{-s}}{s} - \dfrac{1}{s^2}(e^{-s} - 1)\right\}}{1 - e^{-s}} = -\dfrac{2e^{-s}}{s(1 - e^{-s})} + \dfrac{2}{s^2}$

정답 풀이 참조

6 제2 이동 정리

1. 제2 이동 정리

(1) 라플라스 변환

이동된 함수 $\tilde{f}(t) = f(t-a)u(t-a) = \begin{cases} 0, & t < a \\ f(t-a), & t > a \end{cases}$ 의 라플라스 변환은 다음과 같다.

$$\mathcal{L}\{f(t-a)u(t-a)\} = e^{-as}F(s)$$

TIP ▶ 라플라스 변환 $\mathcal{L}\{f(t-a)u(t-a)\} = e^{-as}\mathcal{L}\{f(t)\} = e^{-as}F(s)$의 계산 순서
① $f(t-a)$의 a가 없어지면서 e^{-as}가 나온다.
② a가 없는 상태인 $f(t)$의 라플라스 변환을 계산하여 e^{-as}와 곱한다.

(2) 라플라스 역변환

이동된 함수 $\tilde{f}(t) = f(t-a)u(t-a) = \begin{cases} 0, & t < a \\ f(t-a), & t > a \end{cases}$ 의 라플라스 역변환은 다음과 같다.

$$f(t-a)u(t-a) = \mathcal{L}^{-1}\{e^{-as}F(s)\}$$

TIP ▶ 라플라스 역변환 $\mathcal{L}^{-1}\{e^{-as}F(s)\} = \left[\mathcal{L}^{-1}\{F(s)\}\right]_{(t-a)}u(t-a)$의 계산 순서
① e^{-as}가 없어지면서 $u(t-a)$를 만든다.
② $\mathcal{L}^{-1}\{F(s)\}$를 계산한 후, t 대신에 $t-a$를 대입한다.

개념적용

01

$f(t) = \begin{cases} t\,(0 < t < 2) \\ 0\,(2 < t) \end{cases}$ 의 $\mathcal{L}\{f(t)\}$를 구하시오.

공략 포인트

제2 이동 정리(라플라스 변환)
$\mathcal{L}\{f(t-a)u(t-a)\}$
$= e^{-as}F(s)$

풀이

	$t\,u(t)$	$-t\,u(t-2)$	$t\,u(t)-t\,u(t-2)$
$0 < t < 2$	t	0	t
$2 < t$	t	$-t$	0

$$\therefore \mathcal{L}\{f(t)\} = \mathcal{L}\{t\,u(t) - t\,u(t-2)\}$$
$$= \mathcal{L}\{t\,u(t) - (t+2-2)u(t-2)\}$$
$$= e^{-0s}\mathcal{L}\{t\} - e^{-2s}\mathcal{L}\{t+2\}$$
$$= \frac{1}{s^2} - e^{-2s}\left(\frac{1}{s^2} + \frac{2}{s}\right)$$

정답 풀이 참조

02

다음을 계산하시오.

(1) $\mathcal{L}\{t^2 u(t-4)\}$

(2) $\mathcal{L}\{\sin t\, u(t-2\pi)\}$

(3) $\mathcal{L}^{-1}\left\{\dfrac{8e^{-3s}}{s^2-4}\right\}$

공략 포인트

제2 이동 정리(라플라스 변환)
$\mathcal{L}\{f(t-a)u(t-a)\}$
$= e^{-as}F(s)$

제2 이동 정리(라플라스 역변환)
$f(t-a)u(t-a)$
$= \mathcal{L}^{-1}\{e^{-as}F(s)\}$

풀이

(1) $\mathcal{L}\{t^2 u(t-4)\} = \mathcal{L}\{(t+4-4)^2 u(t-4)\} = e^{-4s}\mathcal{L}\{(t+4)^2\} = e^{-4s}\mathcal{L}\{t^2+8t+16\}$
$= e^{-4s}\left(\dfrac{2}{s^3} + \dfrac{8}{s^2} + \dfrac{16}{s}\right)$

(2) $\mathcal{L}\{\sin t\, u(t-2\pi)\} = \mathcal{L}\{\sin(t+2\pi-2\pi)u(t-2\pi)\} = e^{-2\pi s}\mathcal{L}\{\sin(t+2\pi)\}$
$= e^{-2\pi s}\mathcal{L}\{\sin t\}$
$= \dfrac{e^{-2\pi s}}{s^2+1}$

(3) $\mathcal{L}^{-1}\left\{\dfrac{8e^{-3s}}{s^2-4}\right\} = 8\left[\mathcal{L}^{-1}\left\{\dfrac{1}{s^2-4}\right\}\right]_{t-3} u(t-3)$
$= 4\left[\mathcal{L}^{-1}\left\{\dfrac{2}{s^2-4}\right\}\right]_{t-3} u(t-3)$
$= 4[\sinh 2t]_{t-3} u(t-3) = 4\sinh(2t-6)u(t-3)$

정답 풀이 참조

03

$x \geq 0$에서 유한개의 불연속점을 갖는 함수 $f(t)$에 대하여 라플라스(Laplace) 변환은 $\mathcal{L}\{f(t)\} = \int_0^\infty e^{-st} f(t)\, dt$로 정의한다. $\mathcal{L}\{f(t)\} = \dfrac{e^{-2s}}{(s-1)^4}$인 함수 $f(t)$에 대하여 $f(3)$의 값은?

① $\dfrac{1}{6}e$ ② $\dfrac{3}{2}e^2$ ③ $\dfrac{4}{3}e^2$ ④ $\dfrac{5}{2}e^3$

공략 포인트

제2 이동 정리(라플라스 변환)
$\mathcal{L}\{f(t-a)u(t-a)\} = e^{-as}F(s)$

제2 이동 정리(라플라스 역변환)
$f(t-a)u(t-a) = \mathcal{L}^{-1}\{e^{-as}F(s)\}$

풀이

$f(t) = \mathcal{L}^{-1}\left\{\dfrac{e^{-2s}}{(s-1)^4}\right\}$

$= u(t-2)\left[\mathcal{L}^{-1}\left\{\dfrac{1}{(s-1)^4}\right\}\right]_{t \to t-2}$

$= u(t-2)\left[e^t \mathcal{L}^{-1}\left\{\dfrac{1}{s^4}\right\}\right]_{t \to t-2}$

$= \dfrac{1}{6}u(t-2)e^{t-2}(t-2)^3$

$\therefore f(3) = \dfrac{1}{6}e$

정답 ①

7 합성곱

1. 합성곱의 정의

함수 f와 g가 $t \geq 0$에 대하여 구분적으로 연속일 때, f와 g의 합성곱($f*g$)은 다음과 같이 정의한다.

$$f*g = \int_0^t f(x)\,g(t-x)\,dx$$

2. 합성곱의 라플라스 변환

(1) $\mathcal{L}(f(t)) = F(s)$, $\mathcal{L}(g(t)) = G(s)$이면 합성곱(Convolution)의 라플라스 변환은 다음과 같다.

① 라플라스 변환: $\mathcal{L}(f(t)*g(t)) = F(s)G(s)$

② 라플라스 역변환: $\mathcal{L}^{-1}\{F(s)G(s)\} = f(t)*g(t)$

(2) 일반적으로 $\mathcal{L}(f(t)g(t)) \neq \mathcal{L}(f(t))\mathcal{L}(g(t))$임에 주의한다. 그 예로는 $f = e^t$, $g = 1$이 있다.

3. 합성곱의 성질

(1) **교환법칙**: $f*g = g*f$

(2) **분배법칙**: $f*(g_1 + g_2) = f*g_1 + f*g_2$

(3) **결합법칙**: $(f*g)*h = f*(g*h)$

(4) $f*0 = 0 = 0*f$

(5) **주의사항**

① $f*1 \neq f$이다. 그 예로는 $t*1 = \int_0^t x \cdot 1\,dx = \dfrac{1}{2}t^2 \neq t$가 있다.

② $f*f \geq 0$이 아니다. 그 예로는 $\sin t * \sin t$가 있다.

개념적용

01

함수 $f(t) = \cos t$라 할 때, 합성곱 (convolution) $(f * f)(t)$를 구한 것은?

① $\dfrac{1}{2}(\cos t + \sin t)$

② $\dfrac{1}{2}(t\cos t + \sin t)$

③ $\cos t + t\sin t$

④ $t\cos t + \sin t$

공략 포인트

합성곱(convolution)
$f * g = \displaystyle\int_0^t f(x)\,g(t-x)\,dx$

삼각함수 곱셈 공식
$\cos\alpha\cos\beta$
$= \dfrac{1}{2}[\cos(\alpha+\beta) + \cos(\alpha-\beta)]$

풀이

$\cos t * \cos t = \displaystyle\int_0^t \cos x \cdot \cos(t-x)\,dx$

$= \dfrac{1}{2}\displaystyle\int_0^t \{\cos t + \cos(2x-t)\}dx$

$= \dfrac{1}{2}\left\{\cos t\,[x]_0^t + \displaystyle\int_0^t \cos(2x-t)dx\right\}$

$= \dfrac{1}{2}\left\{t\cos t + \dfrac{1}{2}\displaystyle\int_{-t}^t \cos u\,du\right\}$ ($\because 2x-t = u$로 치환적분)

$= \dfrac{1}{2}\left\{t\cos t + \displaystyle\int_0^t \cos u\,du\right\} = \dfrac{1}{2}(t\cos t + \sin t)$

정답 ②

02

$t \geq 0$에서 정의된 두 함수 $f(t)$와 $g(t)$에 대한 합성곱(convolution)은
$(f*g)(t) = \displaystyle\int_0^t f(\tau)g(t-\tau)d\tau$로 정의한다. $t * e^{at}$의 값은?

① $\dfrac{1}{a}(e^{at} - at - 1)$

② $\dfrac{1}{a}(e^{-at} - at - 1)$

③ $\dfrac{1}{a^2}(e^{-at} - at - 1)$

④ $\dfrac{1}{a^2}(e^{at} - at - 1)$

공략 포인트

합성곱(convolution)
$f * g = \displaystyle\int_0^t f(x)\,g(t-x)\,dx$

풀이

$t * e^{at} = \displaystyle\int_0^t (t-\tau)e^{a\tau}d\tau = t\displaystyle\int_0^t e^{a\tau}d\tau - \displaystyle\int_0^t \tau e^{a\tau}d\tau$

$= \dfrac{t}{a}[e^{a\tau}]_0^t - \displaystyle\int_0^t \tau e^{a\tau}d\tau$

$= \dfrac{t}{a}(e^{at} - 1) - \left\{\dfrac{1}{a}[\tau e^{a\tau}]_0^t - \dfrac{1}{a}\displaystyle\int_0^t e^{a\tau}d\tau\right\}$

$= \dfrac{t}{a}(e^{at} - 1) - \left\{\dfrac{1}{a}[\tau e^{a\tau}]_0^t - \dfrac{1}{a^2}[e^{a\tau}]_0^t\right\}$

$= \dfrac{te^{at}}{a} - \dfrac{t}{a} - \dfrac{te^{at}}{a} + \dfrac{e^{at}}{a^2} - \dfrac{1}{a^2}$

$= \dfrac{1}{a^2}(e^{at} - at - 1)$

정답 ④

03

역 라플라스 변환(inverse Laplace transform) $\mathcal{L}^{-1}\left(\dfrac{4}{(s^2+4)^2}\right)$를 $f(t)$라고 할 때, $f\left(\dfrac{\pi}{4}\right)$의 값은?

① 1 ② $\dfrac{1}{2}$ ③ $\dfrac{1}{3}$ ④ $\dfrac{1}{4}$

공략 포인트

합성곱의 라플라스 역변환
$\mathcal{L}^{-1}\{F(s)G(s)\} = f(t) * g(t)$

삼각함수 배각 공식
$\sin 2x = 2\sin x \cos x$

풀이

$$\begin{aligned} f(t) &= \mathcal{L}^{-1}\left(\dfrac{4}{(s^2+4)^2}\right) \\ &= \mathcal{L}^{-1}\left(\dfrac{2}{(s^2+4)} \cdot \dfrac{2}{(s^2+4)}\right) \\ &= \sin 2t * \sin 2t \\ &= \int_0^t \sin 2x \sin 2(t-x)\, dx \end{aligned}$$

$$\begin{aligned} f\left(\dfrac{\pi}{4}\right) &= \int_0^{\frac{\pi}{4}} \sin 2x \sin 2\left(\dfrac{\pi}{4}-x\right) dx \\ &= \int_0^{\frac{\pi}{4}} \sin 2x \cos 2x\, dx \\ &= \dfrac{1}{2}\int_0^{\frac{\pi}{4}} \sin 4x\, dx = \dfrac{1}{4} \end{aligned}$$

정답 ④

8. 라플라스 변환의 응용

1. 라플라스 변환을 이용한 무한적분의 계산

(1) $\mathcal{L}\{f(t)\} = \int_0^\infty e^{-st} f(t)\,dt = F(s)$에서 $s = a$라 하면 식은 다음과 같다.

$$\int_0^\infty e^{-at} f(t)\,dt = F(a) = [\mathcal{L}\{f(t)\}]_{s=a}$$

특히 $s = 0$이면, $\int_0^\infty f(t)\,dt = F(0) = [\mathcal{L}\{f(t)\}]_{s=0}$ 이다.

(2) $L\left\{\dfrac{1}{t}f(t)\right\} = \int_0^\infty e^{-st}\left\{\dfrac{f(t)}{t}\right\}dt = \int_s^\infty \mathcal{L}\{f(t)\}\,du$ 에서 $s = 0$이면 다음과 같다.

$$\int_0^\infty \frac{f(t)}{t}\,dt = \int_0^\infty \mathcal{L}\{f(t)\}\,du$$

2. 라플라스 변환을 이용한 미분, 적분방정식의 해법

① 미분 또는 적분을 포함한 방정식에 라플라스 변환을 적용한다.
② 대수적 방정식으로 변환하여 해를 구한다.
③ ②에서 구한 해의 역 라플라스 변환을 구한다. 그것이 주어진 미분 또는 적분방정식의 해이다.

개념적용

01

$\int_0^\infty te^{-2t}\cos t\,dt$ 를 계산하시오.

① $\dfrac{1}{25}$ ② $\dfrac{2}{25}$ ③ $\dfrac{3}{25}$ ④ $\dfrac{4}{25}$

공략 포인트

라플라스 변환을 이용한 무한적분 계산
$\int_0^\infty e^{-at} f(t)\,dt = F(a)$
$= [\mathcal{L}\{f(t)\}]_{s=a}$

풀이

$\int_0^\infty te^{-2t}\cos t\,dt = [\mathcal{L}(t\cos t)]_{s=2}$

$= [(-1)\{\mathcal{L}(\cos t)\}']_{s=2}$

$= \left[-\dfrac{s}{s^2+1}\right]'_{s=2}$

$= \left[\dfrac{s^2-1}{(s^2+1)^2}\right]_{s=2} = \dfrac{3}{25}$

정답 ③

02

$\int_0^\infty \dfrac{e^{-t}-e^{-3t}}{t}\,dt$ 를 계산하시오.

① 0 ② $\ln 2$ ③ $\ln 3$ ④ $\ln 4$

공략 포인트

라플라스 변환을 이용한 무한적분 계산
$\int_0^\infty \dfrac{f(t)}{t}\,dt$
$= \int_0^\infty \mathcal{L}\{f(t)\}\,du$

풀이

$\int_0^\infty \dfrac{e^{-t}-e^{-3t}}{t}\,dt = \int_0^\infty \mathcal{L}\{e^{-t}-e^{-3t}\}\,ds$

$= \int_0^\infty \left(\dfrac{1}{s+1} - \dfrac{1}{s+3}\right)ds$

$= \left[\ln\dfrac{s+1}{s+3}\right]_0^\infty$

$= 0 - \ln\dfrac{1}{3} = \ln 3$

정답 ③

03

적분방정식 $f(x) = \int_0^x f(t)\sin(x-t)dt + \sin x$를 계산하시오.

① x ② x^2 ③ $\sin x$ ④ $\cos x$

공략 포인트

라플라스 변환을 이용한 적분방정식의 해법
(i) 적분을 포함한 방정식에 라플라스 변환을 적용한다.
(ii) 대수적 방정식으로 변환하여 해를 구한다.
(iii) (ii)에서 구한 해의 역 라플라스 변환을 구한다. 이것이 주어진 적분방정식의 해이다.

풀이

우변은 합성곱에 의해 $f(x) * \sin x + \sin x$이다.
양변에 라플라스 변환을 취하면 다음과 같다.

$\mathcal{L}(f(x)) = \mathcal{L}(f(x) * \sin x + \sin x)$

$\Leftrightarrow \mathcal{L}(f(x)) = \mathcal{L}(f(x))\mathcal{L}(\sin x) + \dfrac{1}{s^2+1}$

$\Leftrightarrow \mathcal{L}(f(x)) = \mathcal{L}(f(x))\dfrac{1}{s^2+1} + \dfrac{1}{s^2+1}$

$\Leftrightarrow \left(1 - \dfrac{1}{s^2+1}\right)\mathcal{L}(f(x)) = \dfrac{1}{s^2+1}$

$\Leftrightarrow s^2 \mathcal{L}(f(x)) = 1$

$\therefore \mathcal{L}(f(x)) = \dfrac{1}{s^2} \Rightarrow f(x) = \mathcal{L}^{-1}\left(\dfrac{1}{s^2}\right) = x$

정답 ①

04

$y(t) = -2e^t \int_0^t e^{-x} y(x) dx + te^t$를 계산하시오.

① $\cosh t$ ② $\sinh t$ ③ $\cos t$ ④ $\sin t$

공략 포인트

라플라스 변환을 이용한 적분방정식의 해법
(i) 적분을 포함한 방정식에 라플라스 변환을 적용한다.
(ii) 대수적 방정식으로 변환하여 해를 구한다.
(iii) (ii)에서 구한 해의 역 라플라스 변환을 구한다. 이것이 주어진 적분방정식의 해이다.

풀이

$y(t) = -2\int_0^t e^{t-x} y(x) dx + te^t$의 양변에 라플라스 변환을 취하면 다음과 같다.

$\mathcal{L}(y(t)) = -2\mathcal{L}\{e^t * y(t)\} + \dfrac{1}{(s-1)^2}$ (∵ 제1 이동 정리)

$\Leftrightarrow \mathcal{L}(y(t)) = -2 \cdot \dfrac{1}{s-1} \mathcal{L}(y(t)) + \dfrac{1}{(s-1)^2}$

$\Leftrightarrow \dfrac{s+1}{s-1} L(y(t)) = \dfrac{1}{(s-1)^2}$

$\Leftrightarrow L(y(t)) = \dfrac{1}{(s-1)(s+1)} = \dfrac{1}{2}\left(\dfrac{1}{s-1} - \dfrac{1}{s+1}\right)$

$\therefore y(t) = \dfrac{1}{2}\mathcal{L}^{-1}\left(\dfrac{1}{s-1} - \dfrac{1}{s+1}\right) = \dfrac{1}{2}(e^t - e^{-t}) = \sinh t$

정답 ②

라플라스 변환

대표출제유형

출제경향 분석
라플라스 변환의 모든 형태가 출제되므로 변환 방법을 암기해야 합니다. 특히 제1, 2 이동 정리와 역변환문제의 출제 빈도가 높습니다.
라플라스 변환을 이용한 미적분방정식이 자주 출제됩니다.

01 기본 함수들의 라플라스 변환

 개념 1. 라플라스 변환

함수 $f(t) = 1 - e^{-t} + e^{-2t}$의 라플라스 변환(Laplace transform)을 $G(s)$라 할 때, $G(4)$의 값은?

① $\dfrac{3}{20}$ ② $\dfrac{1}{6}$ ③ $\dfrac{11}{60}$ ④ $\dfrac{13}{60}$

풀이

STEP A 주어진 함수를 라플라스 변환하기

함수 $f(t) = 1 - e^{-t} + e^{-2t}$의 라플라스 변환은 다음과 같다.

$$G(s) = \mathcal{L}\{f(t)\} = \frac{1}{s} - \frac{1}{s+1} + \frac{1}{s+2}$$

STEP B 함숫값 대입하기

$$\therefore G(4) = \frac{1}{4} - \frac{1}{5} + \frac{1}{6} = \frac{13}{60}$$

정답 ④

02 기본 함수들의 라플라스 역변환

🔍 개념 1. 라플라스 변환

함수 $F(x) = \dfrac{2s}{s^2+3s+2}$ 의 라플라스 역변환은?

① $4e^{-2t} - 2e^{-t}$ ② $4e^{-2t} + 2e^{-t}$ ③ $e^{2t} - 2e^{-t}$ ④ $4e^{-t} + e^{-2t}$

풀이

STEP A 주어진 함수를 부분분수 형태로 나타내기

$$\mathcal{L}^{-1}\{F(s)\} = \dfrac{2s}{s^2+3s+2}$$
$$= \mathcal{L}^{-1}\left\{\dfrac{2s}{(s+1)(s+2)}\right\}$$
$$= \mathcal{L}^{-1}\left\{\dfrac{-2}{s+1} + \dfrac{4}{s+2}\right\}$$

STEP B 라플라스 역변환하기

$$\mathcal{L}^{-1}\left\{\dfrac{-2}{s+1} + \dfrac{4}{s+2}\right\} = -2e^{-t} + 4e^{-2t}$$

정답 ①

03 제1 이동 정리(라플라스 역변환)

🔍 개념 2. 제1 이동 정리

$F(s) = \dfrac{1}{(s+3)^2}$ 일 때, 라플라스 역변환 관계식 $f(t) = \mathcal{L}^{-1}\{F(s)\}$ 를 이용하여 구한 $f(t)$는?

① te^{-3t}　　② te^{3t}　　③ $\dfrac{t}{3}e^{-3t}$　　④ $\dfrac{t}{3}e^{3t}$

풀이

STEP A s만큼 이동된 부분을 e^{at}로 구하기

$$f(t) = \mathcal{L}^{-1}\left\{\dfrac{1}{(s+3)^2}\right\} = e^{-3t}\mathcal{L}^{-1}\left\{\dfrac{1}{s^2}\right\}$$

STEP B 남은 부분을 역변환하기

$$e^{-3t}\mathcal{L}^{-1}\left\{\dfrac{1}{s^2}\right\} = te^{-3t}$$

정답 ①

04 제2 이동 정리(라플라스 역변환)

🔍 개념 6. 제2 이동 정리

함수 $f(t)$의 라플라스 변환이 $\mathcal{L}\{f(t)\} = \dfrac{e^{-\pi s}}{s^2+4}$ 일 때, $f\left(\dfrac{5\pi}{4}\right)$의 값은?

① $\dfrac{1}{2}$ ② $\dfrac{\sqrt{3}}{2}$ ③ 1 ④ 2

풀이

STEP A $\mathcal{L}^{-1}(e^{-\pi s})$를 $u(t-\pi)$로 구하기

$$f = \mathcal{L}^{-1}\left(\dfrac{e^{-\pi s}}{s^2+4}\right) = \mathcal{L}^{-1}\left(\dfrac{1}{s^2+4}\right) u(t-\pi)$$

STEP B 남은 부분을 역변환하고 t 대신에 $t-\pi$를 대입하기

$$\mathcal{L}^{-1}\left(\dfrac{1}{s^2+4}\right) u(t-\pi) = \dfrac{1}{2}\sin 2t \bigg|_{t \to t-\pi} u(t-\pi)$$

$$= \dfrac{1}{2}\sin 2(t-\pi)\, u(t-\pi)$$

$$= \dfrac{1}{2}\sin 2t\, u(t-\pi)$$

STEP C 함숫값 구하기

$$\therefore f\left(\dfrac{5\pi}{4}\right) = \dfrac{1}{2}\sin\dfrac{5}{2}\pi = \dfrac{1}{2}$$

정답 ①

05 라플라스를 이용한 무한적분의 계산

🔍 개념 8. 라플라스 변환의 응용

$\int_0^\infty te^{-t}\sin 3t\, dt$ 의 값은?

① 0.04　　　② 0.05　　　③ 0.06　　　④ 0.07

풀이

STEP A 무한적분을 라플라스 변환하기

$$\int_0^\infty e^{-st} t\sin 3t\, dt = \mathcal{L}\{t\sin 3t\}$$
$$= -\frac{d}{ds}\mathcal{L}\{\sin 3t\}$$
$$= -\frac{d}{ds}\left(\frac{3}{s^2+9}\right)$$
$$= -\frac{-3\times 2s}{(s^2+9)^2}$$
$$= \frac{6s}{(s^2+9)^2}$$

STEP B s값을 대입하여 적분값 구하기

$$\therefore \int_0^\infty te^{-t}\sin 3t\, dt = \left[\mathcal{L}\{t\sin 3t\}\right]_{s=1}$$
$$= \left[\frac{6s}{(s^2+9)^2}\right]_{s=1}$$
$$= \frac{6}{100}$$

정답 ③

06 라플라스 변환을 이용한 미분방정식의 해법

🔍 개념 8. 라플라스 변환의 응용

$f(t) = \begin{cases} 0, & 0 \leq t < \pi \\ t-\pi, & t \geq \pi \end{cases}$ 이고 미분방정식 $y'' + y = f(t)$, $y(0) = 0$, $y'(0) = 0$의 해가 $y(t)$일 때, $y(3\pi)$의 값은?

① π　　　　② 2π　　　　③ 3π　　　　④ 4π

풀이

STEP A 미분방정식에 라플라스 변환을 적용하기

$f(t) = \begin{cases} 0, & 0 \leq t < \pi \\ t-\pi, & t \geq \pi \end{cases} = (t-\pi)u(t-\pi)$ 이고

$\mathcal{L}\{y(t)\} = Y(s)$라 하면 주어진 미분방정식의 라플라스 변환은 다음과 같다.

$\{s^2 Y(x) - sy(0) - y'(0)\} + Y(s) = \mathcal{L}\{(t-\pi)u(t-\pi)\}$

$\Rightarrow (s^2+1)Y(s) = \dfrac{e^{-\pi s}}{s^2}$

$\Rightarrow Y(s) = \dfrac{e^{-\pi s}}{s^2(s^2+1)} = \left(\dfrac{1}{s^2} - \dfrac{1}{s^2+1}\right)e^{-\pi s}$

STEP B 역 라플라스 변환을 구하기

$\therefore y(t) = \mathcal{L}^{-1}\{Y(s)\} - [(t-\pi) - \sin(t-\pi)]u(t-\pi)$

STEP C 함숫값 구하기

따라서 $y(3\pi) = 2\pi$ 이다.

정답 ②

07 라플라스 변환을 이용한 적분방정식의 해법

○ 개념 8. 라플라스 변환의 응용

$f(t) = \dfrac{1}{2}t - \dfrac{1}{2}\displaystyle\int_0^t (e^\tau - e^{-\tau})f(t-\tau)\,d\tau$를 만족하는 $f(t)$에 대해서 $f(1)$의 값을 구하시오.

① $\dfrac{1}{4}$ ② $\dfrac{5}{12}$ ③ $\dfrac{7}{12}$ ④ $\dfrac{11}{12}$

풀이

STEP A 적분방정식에 라플라스 변환을 적용하기
방정식의 양변에 라플라스 변환을 취하면

$$\mathcal{L}\{f(t)\} = \mathcal{L}\left\{\dfrac{1}{2}t - \dfrac{1}{2}\int_0^t (e^\tau - e^{-\tau})f(t-\tau)\,d\tau\right\}$$

$$= \dfrac{1}{2s^2} - \dfrac{1}{2}\mathcal{L}\{e^t - e^{-t}\}\mathcal{L}\{f(t)\}$$

$$= \dfrac{1}{2s^2} - \dfrac{1}{2}\left(\dfrac{1}{s-1} - \dfrac{1}{s+1}\right)\mathcal{L}\{f(t)\}$$

$$= \dfrac{1}{2s^2} - \dfrac{1}{s^2-1}\mathcal{L}\{f(t)\} \text{에서}$$

$$\mathcal{L}\{f(t)\} = \dfrac{s^2-1}{2s^4} = \dfrac{1}{2}\left(\dfrac{1}{s^2} - \dfrac{1}{s^4}\right) \text{이다.}$$

STEP B 역 라플라스 변환 구하기

$$\therefore f(t) = \dfrac{1}{2}\left(t - \dfrac{t^3}{6}\right)$$

STEP C 함숫값 구하기

따라서 $f(1) = \dfrac{1}{2}\left(1 - \dfrac{1}{6}\right) = \dfrac{1}{2} \cdot \dfrac{5}{6} = \dfrac{5}{12}$ 이다.

정답 ②

10 라플라스 변환

실전문제

01 함수 $f(t)=5e^{-2t}-3\sin 4t\,(t\geq 0)$의 라플라스 변환이 $\mathcal{L}\{f(t)\}=\dfrac{b}{s-a}-\dfrac{d}{s^2+c}$일 때, $a+b+c+d$의 값은?

① 1 ② 35 ③ -1 ④ 31

02 $f(t)=\mathcal{L}^{-1}\left[\dfrac{3s+5}{s^2+2s-3}\right]$일 때, $f(\ln 2)$의 값은?

① $\dfrac{9}{4}$ ② $\dfrac{15}{16}$ ③ $\dfrac{33}{8}$ ④ $\dfrac{17}{16}$

03 역 라플라스 변환(inverse Laplace transform) $\mathcal{L}^{-1}\left\{\dfrac{3s+4\sqrt{5}}{s^2+5}\right\}$를 $f(t)$라 하고, $f(t)$의 최댓값을 α, 주기를 β라 할 때, $\alpha\beta^2$의 값은?

① $2\pi^2$ ② $4\pi^2$ ③ $6\pi^2$ ④ $8\pi^2$

04 라플라스 변환이 $F(s) = \mathcal{L}\{f(t)\} = \dfrac{5s^2}{s^4 + 3s^2 - 4}$ 인 함수 $f(t)$에 대하여 $f(0)$의 값은?

① 1   ② 2   ③ −1   ④ 0

05 함수 $F(s) = \ln\left(\dfrac{s^2+4}{s^2}\right)$의 라플라스 역변환 $\mathcal{L}^{-1}\{F(s)\}$를 $f(t)$라 할 때, $f\left(\dfrac{\pi}{4}\right)$의 값은?

① $\dfrac{1}{\pi}$ ② $\dfrac{2}{\pi}$ ③ $\dfrac{4}{\pi}$ ④ $\dfrac{8}{\pi}$

06 $f(t) = e^{3t}\sinh t$와 $g(t) = t^2 \sin 3t$의 Laplace 변환을 각각 $F(s), G(s)$라 할 때, $F(s), G(s)$를 구하면?

① $F(s) = \dfrac{1}{(s-3)(s-2)}$, $G(s) = \dfrac{18s^2 - 54}{(s^2+9)^3}$

② $F(s) = \dfrac{1}{(s-4)(s-2)}$, $G(s) = \dfrac{18s^2 - 54}{(s^2+9)^3}$

③ $F(s) = \dfrac{1}{(s-3)(s-2)}$, $G(s) = \dfrac{18s^2 - 36}{(s^2+9)^3}$

④ $F(s) = \dfrac{1}{(s-4)(s-2)}$, $G(s) = \dfrac{18s^2 - 36}{(s^2+9)^3}$

07 함수 $f(t)=e^{-t}t\cos 2t\ (t\geq 0)$의 라플라스 변환이 $\mathcal{L}\{f(t)\}=\dfrac{(s-a)^b+c}{((s-a)^b+d)^e}$일 때, $a+b+c+d+e$의 값은?

① 1   ② 2   ③ 3   ④ 4

08 $\mathcal{L}$를 라플라스 변환(Laplace transform)이라 할 때, $\mathcal{L}\left(\dfrac{e^t-e^{-t}}{t}\right)$는?

① $e^{\frac{s+1}{s-1}}$ ② $e^{\frac{s-1}{s+1}}$ ③ $\ln\left|\dfrac{s+1}{s-1}\right|$ ④ $\ln\left|\dfrac{s-1}{s+1}\right|$

09 $f(t)=\displaystyle\int_0^t \sin(2v)\,dv$의 라플라스 변환을 $F(s)$라고 할 때, $F(2)$를 구하면?

① 1   ② $\dfrac{7}{28}$ ③ $-\dfrac{1}{4}$ ④ $\dfrac{1}{8}$

10 함수 $F(s) = \dfrac{e^{-3s}s}{s^2+4}$ 의 라플라스 역변환은?

(단, $u(t)$은 $u(t) = \begin{cases} 0, & t < 0 \\ 1, & 0 < t \end{cases}$ 로 정의된 단위계단함수(unit step function)이다.)

① $\dfrac{1}{3}\sin(2t-6)u(t-3)$ ② $\cos(2t-3)u(t-3)$

③ $\cos(2t-6)u(t-3)$ ④ $\cos(2t+6)u(t-3)$

11 함수 $g(t) = e^{-2t}\cos\left(t - \dfrac{\pi}{6}\right)$의 Laplace 변환이 $G(s)$로 주어질 때, $G(-3)$의 값은?

① $\dfrac{1-2\sqrt{3}}{4}$ ② $\dfrac{1-\sqrt{3}}{4}$ ③ $\dfrac{1+\sqrt{3}}{4}$ ④ $\dfrac{1+2\sqrt{3}}{4}$

12 함수 $f(t) = \begin{cases} \sin t, & 0 \leq t \leq \pi \\ 0, & t > \pi \end{cases}$ 의 라플라스 변환 $\mathcal{L}\{f(t)\}$는?

① $\dfrac{1}{s^2+1}$ ② $\dfrac{e^{-\pi s}}{s^2+1}$ ③ $\dfrac{1+e^{-\pi s}}{s^2+1}$ ④ $\dfrac{s}{s^2+1}e^{-\pi s}$

13 $F(s) = \dfrac{s}{s^2+2s+5}e^{-\frac{\pi}{2}s}$ 가 함수 $f(t)$의 라플라스 변환 $\mathcal{L}\{f(t)\}$일 때, $f(\pi)$의 값은?

① 2 ② $\dfrac{1}{2}$ ③ $-\dfrac{1}{2}e^{-\frac{\pi}{2}}$ ④ $-e^{-\frac{\pi}{2}}$

14 함수 $f(t)$가 $t \geq 0$에서 연속인 함수일 때, $f(t)$의 라플라스 변환은 $\mathcal{L}\{f(t)\} = \displaystyle\int_0^\infty e^{-st}f(t)dt$로 정의된다. 함수 $f(t)$가 아래와 같은 주기함수일 때, 라플라스 변환은?

$$f(t) = \begin{cases} 1 & 0 \leq t < 1 \\ 0 & 1 \leq t < 2 \end{cases},\ f(t) = f(t+2)$$

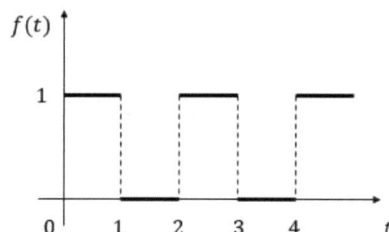

① $\dfrac{1}{s(1+e^{-s})}$ ② $\dfrac{1}{s(1-e^{-s})}$ ③ $\dfrac{1}{s(1-e^{-2s})}$ ④ $\dfrac{1}{s(1+e^{-2s})}$

15 톱니파형 신호 $f(t)$와 계단파형 신호 $g(t)$의 그래프가 다음과 같이 주어질 때, 두 신호의 Laplace 변환 $F(s)$, $G(s)$를 구하면?

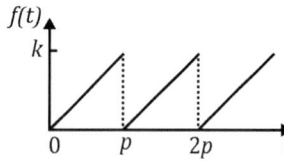 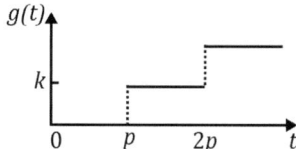

① $F(s) = \dfrac{k}{ps^2} - \dfrac{k^2 e^{-ps}}{s^2(1-e^{-ps})},\ G(s) = \dfrac{k^2 e^{-ps}}{s^2(1-e^{-ps})}$

② $F(s) = \dfrac{k}{ps^2} - \dfrac{ke^{-ps}}{s^2(1-e^{-ps})},\ G(s) = \dfrac{ke^{-ps}}{s(1-e^{-ps})}$

③ $F(s) = \dfrac{k}{ps^2} - \dfrac{ke^{-ps}}{s(1-e^{-ps})},\ G(s) = \dfrac{ke^{-ps}}{s(1-e^{-ps})}$

④ $F(s) = \dfrac{k}{ps^2} - \dfrac{ke^{-ps}}{s(1-e^{-ps})},\ G(s) = \dfrac{k^2 e^{-ps}}{s^2(1-e^{-ps})}$

16 라플라스 변환을 이용하여 다음 적분값을 구하면?

$$\int_0^\infty t^2 e^{-t} \sin t \, dt$$

① $\dfrac{1}{4}$ ② $\dfrac{1}{2}$ ③ 1 ④ 2

17 실수 전체의 집합에서 미분가능한 함수 $f(x)$가 모든 실수 x에 대하여 $\int_0^x e^{x-t}f(t)dt + f(x) = xe^x$를 만족할 때, $f(\ln 2)$의 값은?

① -1 ② 0 ③ 1 ④ 2

18 라플라스 변환을 이용하여 구한 적분방정식 $y(t) - \int_0^t y(\tau)\sin(t-\tau)d\tau = t$의 해는?

① $y(t) = t + t^3$ ② $y(t) = t + \dfrac{t^3}{6}$ ③ $y(t) = t + \sin t$ ④ $y(t) = t + \cos t$

19 $f(t)=\begin{cases} 0, & 0 \leq t < \pi \\ t-\pi, & t \geq \pi \end{cases}$ 이고 미분방정식 $y''+y=f(t)$, $y(0)=0$, $y'(0)=0$의 해가 $y(t)$일 때, $y(3\pi)$의 값은?

① π ② 2π ③ 3π ④ 4π

20 미분방정식 $y''+16y=\delta(t-2\pi)$, $y(0)=0$, $y'(0)=0$의 해는?

① $\frac{1}{4}\sin 4t \cdot u(t+2\pi)$ ② $\frac{1}{4}\cos 4t \cdot u(t-2\pi)$

③ $\frac{1}{4}\cos 4t \cdot u(t+2\pi)$ ④ $\frac{1}{4}\sin 4t \cdot u(t-2\pi)$

21 함수 $g(t)=\int_0^t \int_0^u e^{-\tau}\sinh(2\tau)\cos(u-\tau)\,d\tau du$의 라플라스 변환은?

① $\dfrac{2}{(s-1)(s+3)(s^2-1)}$ ② $\dfrac{2}{(s-1)(s+3)(s^2+1)}$

③ $\dfrac{2s}{(s-1)(s+3)(s^2-1)}$ ④ $\dfrac{2s}{(s-1)(s+3)(s^2+1)}$

10

푸리에 급수·
적분·변환

출제 비중 & 빈출 키워드 리포트

단원	출제 비중	합계 4%	빈출 키워드
1. 푸리에 급수		3%	· 푸리에 급수
2. 푸리에 적분과 푸리에 변환		1%	· 푸리에 적분
			· 푸리에 변환

1 푸리에 급수

1. 주기가 2π인 함수의 푸리에 급수

(1) 푸리에(Fourier) 급수의 정의
임의의 주기 p를 가지는 주기함수를 주파수가 서로 다른 사인함수와 코사인함수의 무한급수 형태로 나타낸 것

(2) 푸리에 급수의 전개
주기가 2π인 함수를 푸리에 급수로 전개하면 다음과 같다.

$$f(x) = a_0 + \sum_{n=1}^{\infty} a_n \cos nx + b_n \sin nx$$

(3) a_0, a_n, b_n을 푸리에 계수라 하고, 다음과 같이 표현한다.

① $a_0 = \dfrac{1}{2\pi} \displaystyle\int_{-\pi}^{\pi} f(x)\, dx$

② $a_n = \dfrac{1}{\pi} \displaystyle\int_{-\pi}^{\pi} f(x) \cos nx\, dx,\ n = 1, 2, \ldots$

③ $b_n = \dfrac{1}{\pi} \displaystyle\int_{-\pi}^{\pi} f(x) \sin nx\, dx,\ n = 1, 2, \ldots$

(4) 푸리에 급수의 다른 표현법

$f(x) = \dfrac{a_0}{2} + \displaystyle\sum_{n=1}^{\infty} \{a_n \cos nx + b_n \sin nx\}$로 표현하기도 한다. 이때의 푸리에 계수는 다음과 같다.

① $a_0 = \dfrac{1}{\pi} \displaystyle\int_{-\pi}^{\pi} f(x)\, dx$

② $a_n = \dfrac{1}{\pi} \displaystyle\int_{-\pi}^{\pi} f(x) \cos nx\, dx$

③ $b_n = \dfrac{1}{\pi} \displaystyle\int_{-\pi}^{\pi} f(x) \sin nx\, dx$

2. 주기가 p인 함수의 푸리에(Fourier) 급수

(1) 주기가 p인 함수의 푸리에 급수 전개

$$f(x) = a_0 + \sum_{n=1}^{\infty} \left(a_n \cos \frac{2n\pi}{p} x + b_n \sin \frac{2n\pi}{p} x \right)$$

(2) 푸리에 계수 a_0, a_n, b_n은 다음과 같다.

① $a_0 = \dfrac{1}{p} \int_{-\frac{p}{2}}^{\frac{p}{2}} f(x)\,dx$

② $a_n = \dfrac{2}{p} \int_{-\frac{p}{2}}^{\frac{p}{2}} f(x) \cos \dfrac{2n\pi x}{p}\,dx$

③ $b_n = \dfrac{2}{p} \int_{-\frac{p}{2}}^{\frac{p}{2}} f(x) \sin \dfrac{2n\pi x}{p}\,dx$

(3) 함수 $f(x)$의 주기가 $2L$일 때의 표현법

$f(x) = \dfrac{a_0}{2} + \sum_{n=1}^{\infty} \left\{ a_n \cos \dfrac{n\pi}{L}x + b_n \sin \dfrac{n\pi}{L}x \right\}$로 나타내기도 한다. 이때의 계수는 다음과 같다.

① $a_0 = \dfrac{1}{L} \int_{-L}^{L} f(x)\,dx$

② $a_n = \dfrac{1}{L} \int_{-L}^{L} f(x) \cos \dfrac{n\pi}{L}x\,dx$

③ $b_n = \dfrac{1}{L} \int_{-L}^{L} f(x) \sin \dfrac{n\pi}{L}x\,dx$

(4) 푸리에 급수의 수렴

함수 f와 f'이 구간 $[-L, L]$에서 조각적 연속함수일 때, f의 푸리에 급수는 연속인 점에서 f로 수렴한다.

불연속점 x_0에서의 푸리에 급수는 평균값 $\dfrac{f(x_{0+}) + f(x_{0-})}{2}$으로 수렴한다.

(여기서 $f(x_{0+}) = \lim\limits_{h \to 0} f(x_0 + h)$, $f(x_{0-}) = \lim\limits_{h \to 0} f(x_0 - h)$이다.)

3. 푸리에 코사인 급수 및 사인 급수

(1) 우함수와 기함수

① 함수 f가 우함수 $\Leftrightarrow f(-x) = f(x)$

② 함수 f가 기함수 $\Leftrightarrow f(-x) = -f(x)$

(2) 우함수와 기함수의 성질

① 우함수+우함수=우함수, 우함수−우함수=우함수, 우함수×우함수=우함수

② 기함수+기함수=기함수, 기함수−기함수=우함수, 기함수×기함수=우함수

③ 기함수×우함수=기함수

④ f가 우함수일 때, $\int_{-a}^{a} f(x)\,dx = 2\int_{0}^{a} f(x)\,dx$

⑤ f가 기함수일 때, $\int_{-a}^{a} f(x)\,dx = 0$

(3) 푸리에 코사인 급수

① $f(x)$가 우함수일 때의 푸리에 급수

$$f(x) = a_0 + \sum_{n=1}^{\infty} a_n \cos \frac{2n\pi}{p} x$$

② 푸리에 계수

- $a_0 = \dfrac{1}{p} \int_{-\frac{p}{2}}^{\frac{p}{2}} f(x)\,dx = \dfrac{2}{p} \int_{0}^{\frac{p}{2}} f(x)\,dx$

- $a_n = \dfrac{2}{p} \int_{-\frac{p}{2}}^{\frac{p}{2}} f(x) \cos \dfrac{2n\pi x}{p} dx = \dfrac{4}{p} \int_{0}^{\frac{p}{2}} f(x) \cos \dfrac{2n\pi}{p} x\,dx$

- $b_n = \dfrac{2}{p} \int_{-\frac{p}{2}}^{\frac{p}{2}} f(x) \sin \dfrac{2n\pi x}{p} dx = 0$

(4) 푸리에 사인 급수

① $f(x)$가 기함수일 때의 푸리에 급수

$$f(x) = \sum_{n=1}^{\infty} b_n \sin \frac{2n\pi}{p} x$$

② 푸리에 계수

- $a_0 = \dfrac{1}{p} \int_{-\frac{p}{2}}^{\frac{p}{2}} f(x)\,dx = 0$

- $a_n = \dfrac{2}{p} \int_{-\frac{p}{2}}^{\frac{p}{2}} f(x) \cos \dfrac{2n\pi x}{p} dx = 0$

- $b_n = \dfrac{2}{p} \int_{-\frac{p}{2}}^{\frac{p}{2}} f(x) \sin \dfrac{2n\pi x}{p} dx = \dfrac{4}{p} \int_{0}^{\frac{p}{2}} f(x) \sin \dfrac{2n\pi}{p} x\,dx$

4. 복소 푸리에 급수

주기 p인 주기함수 $f(x)$의 복소수형 푸리에 급수는 다음과 같다.

$$f(x) = \sum_{n=-\infty}^{\infty} c_n e^{i\frac{2n\pi}{p} x}$$

여기서 $c_n = \dfrac{1}{p} \int_{-\frac{p}{2}}^{\frac{p}{2}} f(x) e^{-i\frac{2n\pi}{p} x} dx$ 이다.

개념적용

01

실함수 $f(x)$에 대하여 $a_k = \dfrac{1}{\pi} \displaystyle\int_{-\pi}^{\pi} f(x) \cos kx \, dx$로 정의한다.

$f(x) = |x|$, $-\pi \leq x \leq \pi$일 때, $a_1 \times a_3 \times a_5$의 값은?

① $-\dfrac{64}{225\pi^3}$ ② $-\dfrac{4}{225\pi^3}$ ③ $\dfrac{4}{225\pi^3}$ ④ $\dfrac{64}{225\pi^3}$

공략 포인트

우함수의 성질

$\displaystyle\int_{-a}^{a} f(x) dx = 2 \int_{0}^{a} f(x) dx$

풀이

$a_k = \dfrac{1}{\pi} \displaystyle\int_{-\pi}^{\pi} |x| \cos kx \, dx$

$\quad = \dfrac{2}{\pi} \displaystyle\int_{0}^{\pi} x \cos kx \, dx$

$\quad = \dfrac{2}{\pi} \left[\dfrac{x}{k} \sin kx + \dfrac{1}{k^2} \cos kx \right]_{0}^{\pi}$ (∵ 부분적분)

$\quad = \dfrac{2}{\pi} \left(\dfrac{\pi}{k} \sin k\pi + \dfrac{1}{k^2} \cos k\pi - \dfrac{1}{k^2} \right)$

$\therefore a_k = \dfrac{2}{\pi} \left(\dfrac{\pi}{k} \sin k\pi + \dfrac{1}{k^2} \cos k\pi - \dfrac{1}{k^2} \right)$

$a_1 = \dfrac{2}{\pi}(-2)$, $a_3 = \dfrac{2}{9\pi}(-2)$, $a_5 = \dfrac{2}{25\pi}(-2)$이므로

$a_1 \times a_3 \times a_5 = -\dfrac{64}{225\pi^3}$이다.

정답 ①

02

주기가 2π인 함수 $f(x)$가 다음과 같이 주어질 때,

$$f(x) = \begin{cases} 0, & -\pi < x < 0 \\ x, & 0 < x < \pi \end{cases}$$

f의 푸리에 급수(Fourier series) $f(x) = \dfrac{1}{2}a_0 + \sum_{n=1}^{\infty}(a_n \cos nx + b_n \sin nx)$에서

$a_n (n \geq 1)$을 올바르게 나타낸 것은?

① $\dfrac{(-1)^n}{n^2 \pi}$ ② $\dfrac{(-1)^{n+1}}{n^2 \pi}$ ③ $\dfrac{(-1)^n + 1}{n^2 \pi}$ ④ $\dfrac{(-1)^n - 1}{n^2 \pi}$

공략 포인트

푸리에 계수
$a_n = \dfrac{1}{\pi}\int_{-\pi}^{\pi} f(x)\cos nx\, dx$

풀이

주기가 2π이므로

$$a_n = \dfrac{1}{\pi}\int_{-\pi}^{\pi} f(x)\cos\left(\dfrac{n\pi x}{\pi}\right)dx$$

$$= \dfrac{1}{\pi}\int_{-\pi}^{0} f(x)\cos(nx)dx + \dfrac{1}{\pi}\int_{0}^{\pi} f(x)\cos(nx)dx$$

$$= \dfrac{1}{\pi}\int_{-\pi}^{0} 0 \cdot \cos(nx)dx + \dfrac{1}{\pi}\int_{0}^{\pi} x\cos(nx)dx$$

$$= \dfrac{1}{\pi}\left[x\dfrac{1}{n}\sin(nx) + \dfrac{1}{n^2}\cos(nx)\right]_{0}^{\pi}$$

$$= \dfrac{1}{\pi}\left\{\dfrac{\cos(n\pi)}{n^2} - \dfrac{1}{n^2}\right\} = \dfrac{1}{\pi n^2}\{(-1)^n - 1\}\text{이다.}$$

정답 ④

03

주기가 4인 함수 $f(x) = x$, $-2 < x < 2$를 Fourier 사인 급수로 전개하시오.

공략 포인트

$f(x)$가 기함수일 때의 푸리에 급수
$f(x) = \sum_{n=1}^{\infty} b_n \sin\dfrac{2n\pi}{p}x$

풀이

$f(x)$는 주기 $p = 4$인 기함수이므로 푸리에 사인 급수로 전개가 가능하다.
a_0와 a_n은 모두 0이므로 푸리에 계수 b_n은 다음과 같다.

$$b_n = \dfrac{4}{p}\int_{0}^{\frac{p}{2}} f(x)\sin\dfrac{2n\pi}{p}x\, dx$$

$$= \int_{0}^{2} x\sin\dfrac{n\pi}{2}x\, dx$$

$$= \left[-\dfrac{2}{n\pi}x\cos\dfrac{n\pi}{2}x\right]_{0}^{2} + \dfrac{2}{n\pi}\int_{0}^{2}\cos\dfrac{n\pi}{2}x\, dx$$

$$= -\dfrac{4}{n\pi}\cos n\pi + \dfrac{2}{n\pi}\left\{\dfrac{2}{n\pi}\sin n\pi\right\} = \dfrac{4}{n\pi}(-1)^{n+1}$$

$$\therefore f(x) = \sum_{n=1}^{\infty}\dfrac{4}{n\pi}(-1)^{n+1}\sin\dfrac{n\pi}{2}x$$

정답 풀이 참조

04

주기가 6인 함수 $f(x) = \begin{cases} 0 & (0 \leq x < 2) \\ 1 & (2 \leq x < 4) \\ 0 & (4 \leq x < 6) \end{cases}$ 를 푸리에 코사인 급수로 전개하시오.

공략 포인트

$f(x)$가 우함수일 때의 푸리에 급수

$f(x) = a_0 + \sum_{n=1}^{\infty} a_n \cos \frac{2n\pi}{p} x$

풀이

우함수이므로 푸리에 코사인 급수로 전개가 가능하다.

$a_0 = \frac{1}{3} \int_2^3 dx = \frac{1}{3}$

$a_n = \frac{2}{3} \int_2^3 \cos \frac{n\pi x}{3} dx = \frac{2}{3} \left[\frac{3}{n\pi} \left(\sin \frac{n\pi x}{3} \right) \right]_2^3 = -\frac{2}{n\pi} \sin \frac{2n\pi}{3}$

$\therefore f(x) = \frac{1}{3} - \frac{2}{\pi} \left(\sin \frac{2\pi}{3} \cdot \cos \frac{\pi}{3} x + \frac{1}{2} \sin \frac{4\pi}{3} \cdot \cos \frac{2\pi}{3} x + \cdots \right)$

정답 풀이 참조

05

주기가 4인 함수 $f(x)$를 다음과 같이 정의한다.

$$f(x) = \begin{cases} -1, & -2 < x < 0 \\ 1, & 0 \leq x \leq 2 \end{cases}$$

$f(x)$를 복소 Fourier 급수 $f(x) = \sum_{-\infty}^{\infty} c_n e^{i\frac{n\pi x}{2}}$ 로 나타낼 때, c_n을 구하면? (단, $n \neq 0$이다.)

① $\frac{i}{n\pi} \{(-1)^n - 1\}$

② $\frac{i}{n\pi} \{1 - (-1)^n\}$

③ $\frac{i}{n\pi} \{(-1)^n + 1\}$

④ $\frac{i}{n\pi} \{(-1)^{n+1} - 1\}$

공략 포인트

복소 푸리에 급수

주기 p인 주기함수 $f(x)$의 복소수형 푸리에 급수는 다음과 같다.

$f(x) = \sum_{n=-\infty}^{\infty} c_n e^{i\frac{2n\pi}{p} x}$

여기서

$c_n = \frac{1}{p} \int_{\frac{p}{2}}^{\frac{p}{2}} f(x) e^{-i\frac{2n\pi}{p} x} dx$

풀이

$c_n = \frac{1}{2p} \int_{-p}^{p} f(x) e^{-\frac{in\pi x}{p}} dx$

$= \frac{1}{4} \int_{-2}^{2} f(x) e^{\frac{-in\pi x}{2}} dx$

$= \frac{1}{4} \int_{-2}^{2} f(x) \left\{ \cos\left(\frac{-n\pi x}{2}\right) + i\sin\left(\frac{-n\pi x}{2}\right) \right\} dx$ 이다.

$f(x)$가 기함수이므로

$c_n = \frac{1}{2} \int_0^2 i \sin\left(\frac{-n\pi x}{2}\right) dx$

$= \frac{i}{2} \left[\frac{2}{n\pi} \cos\left(\frac{-n\pi x}{2}\right) \right]_0^2$

$= \frac{i}{n\pi} (\cos n\pi - 1)$

$= \frac{i}{n\pi} \{(-1)^n - 1\}$ 이다.

정답 ①

2. 푸리에 적분과 푸리에 변환

1. 푸리에 적분

(1) 푸리에 적분의 정의

주기함수가 아닌 함수를 사인함수와 코사인함수로 일반적으로 표현하는 방법

(2) 표현

① $f(x) = \int_0^\infty \{A(w)\cos wx + B(w)\sin wx\}dw$ 일 때,

$$A(w) = \frac{1}{\pi}\int_{-\infty}^\infty f(x)\cos wx\,dx,\ B(w) = \frac{1}{\pi}\int_{-\infty}^\infty f(x)\sin wx\,dx$$

② $f(x) = \frac{1}{\pi}\int_0^\infty \{A(w)\cos wx + B(w)\sin wx\}dw$ 일 때,

$$A(w) = \int_{-\infty}^\infty f(x)\cos wx\,dx,\ B(w) = \int_{-\infty}^\infty f(x)\sin wx\,dx$$

TIP ▶ 비주기함수는 주기가 ∞인 주기함수로 간주할 수 있기 때문에 이 과정을 통해 얻어진 푸리에 급수의 일반화된 형태를 푸리에 적분이라 한다.

2. 푸리에 코사인, 사인 적분

(1) 우함수일 때의 푸리에 코사인 적분

$$f(x) = \int_0^\infty A(w)\cos wx\,dw, \quad A(w) = \frac{2}{\pi}\int_0^\infty f(x)\cos wx\,dx$$

(2) 기함수일 때의 푸리에 사인 적분

$$f(x) = \int_0^\infty B(w)\sin wx\,dw, \quad B(w) = \frac{2}{\pi}\int_0^\infty f(x)\sin wx\,dx$$

3. 푸리에 변환

(1) 실수에서 정의된 함수 $f(x)$의 푸리에 변환을 다음과 같이 정의한다.

$$\hat{f}(\omega) = \frac{1}{\sqrt{2\pi}}\int_{-\infty}^\infty f(x)e^{-i\omega x}dx$$

(2) 푸리에 변환의 선형성

$F(f) = \hat{f}$, $F(g) = \hat{g}$라 할 때, $F(af+bg) = aF(f) + bF(g)$가 성립한다.

(3) 도함수의 푸리에 변환

① $F(f'(x)) = iw F(f(x)) = \dfrac{1}{\sqrt{2\pi}} \displaystyle\int_{-\infty}^{\infty} f'(x) e^{-iwx} dx$

② $F(f''(x)) = -w^2 F(f(x))$

개념적용

01

함수 $f(x) = \begin{cases} e^{-2x}, & x > 0 \\ -e^{2x}, & x < 0 \end{cases}$ 의 푸리에 사인 적분을 구하시오.

공략 포인트

푸리에 사인 적분

$f(x) = \displaystyle\int_0^\infty B(w) \sin wx \, dw$

$B(w) = \dfrac{2}{\pi} \displaystyle\int_0^\infty f(x) \sin wx \, dx$

풀이

$B(w) = 2 \displaystyle\int_0^\infty e^{-2v} \sin wv \, dv$

$= 2 \left[\dfrac{e^{-2v}}{4+w^2} (-2\sin wv - w\cos wv) \right]_0^\infty$

$= \dfrac{2w}{4+w^2}$

$\therefore f(x) = \dfrac{2}{\pi} \displaystyle\int_0^\infty \dfrac{w}{w^2+4} \sin xw \, dw$

정답 풀이 참조

02

다음 함수의 푸리에 코사인 적분을 구하시오.

$$f(x) = \begin{cases} e^x, & x < 0 \\ e^{-x}, & x > 0 \end{cases}$$

공략 포인트

푸리에 코사인 적분
$f(x) = \int_0^\infty A(w)\cos wx\, dw$
$A(w) = \dfrac{2}{\pi}\int_0^\infty f(x)\cos wx\, dx$

풀이

$$\begin{aligned} A(w) &= 2\int_0^\infty f(v)\cos wv\, dv \\ &= 2\int_0^\infty e^{-v}\cos wv\, dv \\ &= \frac{2}{w^2+1} \end{aligned}$$

$$\therefore f(x) = \frac{2}{\pi}\int_0^\infty \frac{\cos wx}{w^2+1}\, dw$$

정답 풀이 참조

03

함수 $f(x) = \begin{cases} 0 & (x<0) \\ e^{-x} & (x>0) \end{cases}$ 의 Fourier 변환은?

공략 포인트

푸리에 변환
$\hat{f}(\omega) = \dfrac{1}{\sqrt{2\pi}}\int_{-\infty}^\infty f(x)e^{-i\omega x}\, dx$

풀이

$$\hat{f}(\omega) = \frac{1}{\sqrt{2\pi}}\int_0^\infty e^{-x}e^{-i\omega x}\, dx = \frac{1}{\sqrt{2\pi}}\left|\frac{e^{-(1+i\omega)x}}{-(1+i\omega)}\right|_0^\infty = \frac{1}{\sqrt{2\pi}(1+\omega i)}$$

$$\therefore \hat{f}(\omega) = \frac{1}{\sqrt{2\pi}(1+i\omega)}$$

정답 풀이 참조

3 푸리에 급수·적분·변환

대표출제유형

출제경향 분석
푸리에 급수·적분·변환에 대한 문제가 출제될 때, 각각의 형태를 암기하고 적분을 계산할 수 있어야 합니다.

01 주기함수의 푸리에 급수

개념 1. 푸리에 급수

주기가 2π인 함수 $f(x) = \begin{cases} x-1, & -\pi < x < 0 \\ x+1, & 0 \le x < \pi \end{cases}$ 의 Fourier 급수는?

① $\sum_{n=1}^{\infty} \left(\dfrac{2(\pi+1)}{n\pi}(-1)^{n+1} - \dfrac{2}{n\pi} \right) \cos nx$

② $\sum_{n=1}^{\infty} \left(\dfrac{2(\pi+1)}{n\pi}(-1)^{n+1} - \dfrac{2}{n\pi} \right) \sin nx$

③ $\sum_{n=1}^{\infty} \left(\dfrac{2(\pi+1)}{n\pi}(-1)^{n+1} + \dfrac{2}{n\pi} \right) \cos nx$

④ $\sum_{n=1}^{\infty} \left(\dfrac{2(\pi+1)}{n\pi}(-1)^{n+1} + \dfrac{2}{n\pi} \right) \sin nx$

풀이

STEP A 우함수/기함수 판단하기

$f(-x) = f(x)$ 이므로 $f(x)$는 기함수이다.

STEP B 푸리에 계수 구하기

$a_0 = 0$ 이고 $a_n = 0$ 이다.

$$b_n = \frac{2}{\pi} \int_0^\pi (x+1)\sin nx\, dx$$

$$= \frac{2}{\pi} \left[-\frac{x+1}{n}\cos nx + \frac{1}{n^2}\sin nx \right]_0^\pi \ (\because \text{부분적분})$$

$$= \frac{2}{\pi} \left(-\frac{\pi+1}{n}(-1)^n + \frac{1}{n} \right)$$

$$= \frac{2}{\pi} \left(\frac{\pi+1}{n}(-1)^{n+1} + \frac{1}{n} \right)$$

STEP C 푸리에 급수 구하기

$$f(x) = \sum_{n=1}^{\infty} \left(\frac{2(\pi+1)}{n\pi}(-1)^{n+1} + \frac{2}{n\pi} \right) \sin nx$$

정답 ④

02 복소 푸리에 급수

🔍 개념 1. 푸리에 급수

주기가 4인 함수 $f(x)$를 다음과 같이 정의한다.

$$f(x) = \begin{cases} -1, & -2 < x < 0 \\ 1, & 0 \leq x \leq 2 \end{cases}$$

$f(x)$를 복소 Fourier 급수 $f(x) = \sum_{-\infty}^{\infty} c_n e^{i\frac{n\pi x}{2}}$ 로 나타낼 때, c_n을 구하면? (단, $n \neq 0$이다.)

① $\dfrac{i}{n\pi}\{(-1)^n - 1\}$ ② $\dfrac{i}{n\pi}\{1 - (-1)^n\}$

③ $\dfrac{i}{n\pi}\{(-1)^n + 1\}$ ④ $\dfrac{i}{n\pi}\{(-1)^{n+1} - 1\}$

풀이

STEP A 복소 푸리에 급수의 c_n 구하기

$$c_n = \frac{1}{2p}\int_{-p}^{p} f(x)e^{-\frac{in\pi x}{p}}dx$$

$$= \frac{1}{4}\int_{-2}^{2} f(x)e^{\frac{-in\pi x}{2}}dx$$

$$= \frac{1}{4}\int_{-2}^{2} f(x)\left\{\cos\left(\frac{-n\pi x}{2}\right) + i\sin\left(\frac{-n\pi x}{2}\right)\right\}dx \text{이다.}$$

STEP B 기함수의 성질 활용하기

$f(x)$가 기함수이므로

$$c_n = \frac{1}{2}\int_{0}^{2} i\sin\left(\frac{-n\pi x}{2}\right)dx$$

$$= \frac{i}{2}\left[\frac{2}{n\pi}\cos\left(\frac{-n\pi x}{2}\right)\right]_{0}^{2}$$

$$= \frac{i}{n\pi}(\cos n\pi - 1)$$

$$= \frac{i}{n\pi}\{(-1)^n - 1\} \text{이다.}$$

정답 ①

03 푸리에 적분

🔍 개념 2. 푸리에 적분과 푸리에 변환

함수 $f(x)$를 다음과 같이 정의한다.

$$f(x) = \begin{cases} 0, & x < 0 \\ e^{-x}, & x \geq 0 \end{cases}$$

$f(x)$를 다음과 같이 Fourier 적분으로 나타낼 때, $A(\alpha) + B(\alpha)$를 계산하면?

$$f(x) = \frac{1}{\pi} \int_0^\infty \{A(\alpha)\cos\alpha x + B(\alpha)\sin\alpha x\} d\alpha$$

① $\dfrac{1+\alpha}{1+\alpha^2}$ ② $\dfrac{1-\alpha}{1+\alpha^2}$ ③ $\dfrac{-1+\alpha}{1+\alpha^2}$ ④ $\dfrac{-1-\alpha}{1+\alpha^2}$

풀이

STEP A 푸리에 적분 형태에 맞춰 $A(\alpha)$, $B(\alpha)$ 구하기

$$A(\alpha) = \int_{-\infty}^{\infty} f(x)\cos\alpha x \, dx$$

$$= \int_0^\infty e^{-x}\cos\alpha x \, dx$$

$$= \left[\frac{e^{-x}}{1+\alpha^2}(-\cos\alpha x + \alpha\sin\alpha x)\right]_0^\infty = \frac{1}{1+\alpha^2}$$

$$B(\alpha) = \int_{-\infty}^{\infty} f(x)\sin\alpha x \, dx$$

$$= \int_0^\infty e^{-x}\sin\alpha x \, dx$$

$$= \left[\frac{e^{-x}}{1+\alpha^2}(-\sin\alpha x - \alpha\cos\alpha x)\right]_0^\infty = \frac{\alpha}{1+\alpha^2}$$

$$\therefore A(\alpha) + B(\alpha) = \frac{1+\alpha}{1+\alpha^2}$$

정답 ①

04 푸리에 변환

🔍 개념 2. 푸리에 적분과 푸리에 변환

실수에서 정의된 함수 $f(x)$의 Fourier 변환을 다음과 같이 정의한다.

$$\hat{f}(\omega) = \frac{1}{\sqrt{2\pi}} \int_{-\infty}^{\infty} f(x) e^{-i\omega x} dx$$

이때, 함수 $f(x) = \begin{cases} xe^{-x}, & -1 < x < 0 \\ 0, & x \leq -1 \text{ 또는 } x \geq 0 \end{cases}$ 의 푸리에 변환은?

① $\hat{f}(\omega) = \frac{1}{\sqrt{2\pi}} \frac{(1-i\omega)e^{-i\omega} - 1}{\omega^2}$

② $\hat{f}(\omega) = \frac{1}{\sqrt{2\pi}} \left(\frac{2\sin\omega}{\omega} + \frac{2\cos\omega - 2}{\omega^2} \right)$

③ $\hat{f}(\omega) = \sqrt{\frac{2}{\pi}} \frac{\sin(\omega - 2)}{\omega - 2}$

④ $\hat{f}(\omega) = \frac{1}{\sqrt{2\pi}(-\omega+i)^2} (1 + i\omega e^{1+i\omega})$

풀이

STEP A 푸리에 변환식에 함수 대입하기

$$\hat{f}(\omega) = \frac{1}{\sqrt{2\pi}} \int_{-1}^{0} x e^{-x} e^{-i\omega x} dx$$

$$= \frac{1}{\sqrt{2\pi}} \int_{-1}^{0} x e^{-(1+i\omega)x} dx$$

$$= \frac{1}{\sqrt{2\pi}} \left[-\frac{xi}{i-w} e^{-(1+iw)x} + \frac{1}{(i-w)^2} e^{-(1+iw)x} \right]_{-1}^{0} \quad (\because \text{부분적분})$$

$$= \frac{1 + (1+iw)e^{1+iw} - e^{1+iw}}{\sqrt{2\pi}(i-w)^2}$$

$$= \frac{1}{\sqrt{2\pi}(-\omega+i)^2} (1 + i\omega e^{1+i\omega})$$

정답 ④

4. 푸리에 급수·적분·변환

실전문제

정답 및 풀이 p.279

01 주기가 2π인 함수 $f(x) = 2x^2 \ (-\pi < x < \pi)$의 푸리에 급수 표현은?

① $\dfrac{\pi^2}{3} - 4\left(\cos x - \dfrac{1}{4}\cos 2x + \dfrac{1}{9}\cos 3x - \cdots\right)$

② $\dfrac{\pi^2}{3} - 8\left(\cos x - \dfrac{1}{4}\cos 2x + \dfrac{1}{9}\cos 3x - \cdots\right)$

③ $\dfrac{2\pi^2}{3} - 4\left(\cos x - \dfrac{1}{4}\cos 2x + \dfrac{1}{9}\cos 3x - \cdots\right)$

④ $\dfrac{2\pi^2}{3} - 8\left(\cos x - \dfrac{1}{4}\cos 2x + \dfrac{1}{9}\cos 3x - \cdots\right)$

02 주기가 2인 함수 $f(x)$를 다음과 같이 정의한다.

$$f(x) = x + 5, \ -1 < x < 1$$

$f(x)$를 아래와 같이 Fourier 급수로 나타낼 때, $a_3 + b_2 + c_3$의 값은?

$$f(x) = \dfrac{a_0}{2} + \sum_{n=1}^{\infty}(a_n \cos n\pi x + b_n \sin n\pi x) = \sum_{n=-\infty}^{\infty} c_n e^{in\pi x}$$

① $\dfrac{-3-i}{3\pi}$ ② $\dfrac{-3+i}{3\pi}$ ③ $\dfrac{3-i}{3\pi}$ ④ $\dfrac{3+i}{3\pi}$

03 함수 $f(x) = \begin{cases} 1 & (0 < x \leq 2) \\ 0 & (x > 2) \end{cases}$의 푸리에 사인 적분 표현은?

① $\dfrac{2}{\pi}\displaystyle\int_0^{\infty} \dfrac{1+\sin 2\omega}{\omega}\cos \omega x\, d\omega$

② $\dfrac{2}{\pi}\displaystyle\int_0^{\infty} \dfrac{1-\cos 2\omega}{\omega}\sin \omega x\, d\omega$

③ $\dfrac{2}{\pi}\displaystyle\int_0^{\infty} \dfrac{1-\sin 2\omega}{\omega}\cos 2\omega x\, d\omega$

④ $\dfrac{2}{\pi}\displaystyle\int_0^{\infty} \dfrac{\cos 2\omega}{\omega}\sin \omega x\, d\omega$

04 함수 $f(x)$를 다음과 같이 정의한다.

$$f(x) = \begin{cases} 0 & , x < 0 \\ \sin x & , 0 \leq x \leq \pi \\ 0 & , x > \pi \end{cases}$$

$f(x)$를 다음과 같이 Fourier 적분으로 나타낼 때, $A(\alpha) + B(\alpha)$를 구하면? (단, $\alpha \neq \pm 1$이다.)

$$f(x) = \frac{1}{\pi}\int_0^\infty \{A(\alpha)\cos\alpha x + B(\alpha)\sin\alpha x\}d\alpha$$

① $\dfrac{1-\cos\alpha\pi + \sin\alpha\pi}{1-\alpha^2}$
② $\dfrac{1+\cos\alpha\pi + \sin\alpha\pi}{1-\alpha^2}$
③ $\dfrac{1+\cos\alpha\pi - \sin\alpha\pi}{1-\alpha^2}$
④ $\dfrac{1-\cos\alpha\pi - \sin\alpha\pi}{1-\alpha^2}$

05 함수 $f(x) = \begin{cases} x, & -1 < x < 1 \\ 0, & x \leq -1 \text{ 또는 } x \geq 1 \end{cases}$ 의 Fourier 변환 $\hat{f}(\omega)$를 구하면?

(단, $\hat{f}(w) = \dfrac{1}{\sqrt{2\pi}}\displaystyle\int_{-\infty}^{\infty} f(x)e^{-iwx}dx$이다.)

① $\hat{f}(w) = \sqrt{\dfrac{2}{\pi}}\dfrac{i}{w^2}(w\cos w - \sin w)$

② $\hat{f}(w) = \sqrt{\dfrac{2}{\pi}}\dfrac{i}{w^2}(w\sin w - \cos w)$

③ $\hat{f}(w) = \sqrt{\dfrac{2}{\pi}}\dfrac{i}{w^2}(w\sin w + \cos w)$

④ $\hat{f}(w) = \sqrt{\dfrac{2}{\pi}}\dfrac{i}{w^2}(w\cos w + \sin w)$

06 주기가 4인 함수 $f(x) = \begin{cases} -1, & -2 < x < 0 \\ 1, & 0 < x < 2 \end{cases}$에 대하여 복소 푸리에 급수를 이용하여

$f(x) = \displaystyle\sum_{n=-\infty}^{\infty} c_n e^{in\pi x/2}$와 같이 나타낼 때, $|c_1|+|c_2|$의 값을 구하시오. (여기서 $|c_n|$은 복소수 c_n의 크기이다.)

① 0
② $\dfrac{2}{\pi}$
③ $\dfrac{3}{\pi}$
④ $\dfrac{1}{2\pi}$

정답 및 풀이

01. 선적분

| 01 ② | 02 ② | 03 ③ | 04 ① | 05 ④ | 06 ② | 07 ① | 08 ④ | 09 ① | 10 ③ |
| 11 ④ | 12 ③ | 13 ③ | 14 ④ | 15 ② | | | | | |

01 ②

$$\int_X x\,dy = \int_0^1 \frac{2t}{\pi(1+t^2)} \cdot \frac{-16t}{(1+t^2)^2}dt$$
$$= -\frac{32}{\pi}\int_0^1 \frac{t^2}{(1+t^2)^3}dt$$
$$= -\frac{32}{\pi}\int_0^{\frac{\pi}{4}} \frac{\tan^2\theta}{\sec^6\theta}\sec^2\theta\,d\theta$$
(∵ $t=\tan\theta$로 삼각치환)
$$= -\frac{32}{\pi}\int_0^{\frac{\pi}{4}} \frac{\tan^2\theta}{\sec^4\theta}d\theta$$
$$= -\frac{32}{\pi}\int_0^{\frac{\pi}{4}} \sin^2\theta\cos^2\theta\,d\theta$$
$$= -\frac{8}{\pi}\int_0^{\frac{\pi}{4}} (1-\cos^2 2\theta)d\theta$$
$$= -\frac{8}{\pi}\int_0^{\frac{\pi}{4}} \left\{1-\frac{1}{2}(1+\cos 4\theta)\right\}d\theta$$
$$= -\frac{8}{\pi}\left[\frac{\theta}{2}-\frac{\sin 4\theta}{8}\right]_0^{\frac{\pi}{4}} = -1$$

02 ②

$$\int_C \frac{1}{x}ds = \int_0^{\frac{\pi}{4}} \frac{1}{\cos t}\sqrt{(-\sin t)^2+(\cos t)^2}\,dt$$
$$= \int_0^{\frac{\pi}{4}} \sec t\,dt$$
$$= [\ln(\sec t+\tan t)]_0^{\frac{\pi}{4}}$$
$$= \ln(\sqrt{2}+1)$$

03 ③

적분경로 $L: (t, 2t, 2t)\ (0\le t \le 1)$ 이므로
$$\int_L xyz\,ds = \int_0^1 t\cdot 2t\cdot 2t\sqrt{1^2+2^2+2^2}\,dt$$
$$= 12\int_0^1 t^3 dt$$
$$= 12\left[\frac{1}{4}t^4\right]_0^1 = 3$$

04 ①

점 $(0, 0, 1)$에서 점 $(2, 1, 0)$까지의 선분을 매개화하면
$x=2t,\ y=t,\ z=-t+1(0\le t\le 1)$이므로

힘의 장
$\vec{F}(x, y, z) = (x-y^2)\vec{i}+(y-z^2)\vec{j}+(z-x^2)\vec{k}$가
하는 일의 양은
$$\int_C \vec{F}\cdot d\vec{r} = \int_C (x-y^2)dx+(y-z^2)dy+(z-x^2)dz$$
$$= \int_0^1 (2t-t^2)2+(t-(-t+1)^2)$$
$$\quad +((-t+1)-(2t)^2)(-1)dt$$
$$= \int_0^1 (t^2+8t-2)dt$$
$$= \frac{1}{3}+4-2 = \frac{7}{3} \text{ 이다.}$$

05 ④

ㄱ. (참)
$P(x, y) = 2x+e^{-y},\ Q(x, y) = 4y-xe^{-y}$라 하면
P, Q는 미분가능하고 $P_y(x, y) = -e^{-y} = Q_x(x, y)$이므로
$\vec{F}$는 보존장이다.
ㄴ. (참)
$\vec{F}$는 보존장이므로
$\vec{F}(x, y) = \nabla\phi(x, y)$를 만족하는 잠재함수
$\phi(x, y) = x^2+xe^{-y}+2y^2+k$ (k는 상수)가 존재한다.
ㄷ. (참)
곡선 $C: y=x^4$ ($x=0$에서 $x=1$까지)의
시점은 $(0, 0)$, 종점은 $(1, 1)$이다.
또한 힘 $\vec{F}(x, y) = (2x+e^{-y})\vec{i}+(4y-xe^{-y})\vec{j}$는
보존장이므로 경로에 독립적이다.
따라서 $\vec{F}$가 곡선 C를 따라 한 일은 곡선
$y=x$ ($x=0$에서 $x=1$까지)를 따라 한 일과 같다.
즉, 보기 중 옳은 것은 ㄱ, ㄴ, ㄷ이다.

06 ②

C가 단순폐곡선이므로 C의 내부영역을 D라 하면
그린정리에 의해 다음과 같다.
$$\int_C (y+e^{\sqrt{x}})dx+(2x+\cos y^2)dy$$
$$= \iint_D 2-1\,dxdy$$
$$= \int_0^1 \int_{x^2}^{\sqrt{x}} 1\,dydx$$
$$= \int_0^1 \sqrt{x}-x^2\,dx = \frac{1}{3}$$

07 ①

C가 단순폐곡선이므로 C의 내부영역을 D라 하면
그린정리에 의해 다음과 같다.
$$\oint_C 3y^3 dx + \left(x - \frac{4}{3}x^3\right)dy = \iint_D 1 - 4x^2 - 9y^2 dxdy$$
영역 D가 $4x^2 + 9y^2 \leq 1$일 때,
$\iint_D 1 - 4x^2 - 9y^2 dxdy$의 값이 최대가 된다.
따라서 D의 넓이는 $\frac{1}{2} \times \frac{1}{3} \times \pi = \frac{\pi}{6}$이다.

08 ④

$P(x,y) = x^2 - y^3$, $Q(x,y) = x^3 + y^2$는 영역 D와 경계에서 연속인
일계편도함수를 가지므로 그린 정리를 사용할 수 있다.
$$\int_C (x^2 - y^3)dx + (x^3 + y^2)dy$$
$$= \iint_R (3x^2 + 3y^2)dA$$
$$= 3\int_0^{2\pi}\int_2^3 r^2 \cdot r\,dr\,d\theta \ (\because 극좌표계에서의 적분)$$
$$= 3 \cdot 2\pi \left[\frac{1}{4}r^4\right]_2^3 = \frac{195}{2}\pi$$

09 ①

D를 곡선 C의 내부영역이라 하면
$P = 2x^2y^2 + y^4$, $Q = ye^{-2y}$ 는 D에서 미분가능하다.
그린 정리에 의해 선적분은 다음과 같다.
$$\int_C (2x^2y^2 + y^4)dx + (ye^{-2y})dy$$
$$= -\iint_D (4x^2y + 4y^3)dxdy \ (\because 그린 정리)$$
$$= -4\iint_D y(x^2 + y^2)dxdy$$
$$= -4\int_0^{\frac{\pi}{2}}\int_1^2 r^4 \sin\theta\,dr\,d\theta \ (\because x = r\cos\theta, y = r\sin\theta)$$
$$= -\frac{124}{5}$$

10 ③

적분경로가 단순폐곡선이지만 내부에 불연속점을 포함하고 있어
그린 정리를 사용할 수 없다.
C로 둘러싸인 폐영역 내부에 속하고 원점을 둘러싸는 임의의 반시계
방향 타원을 경로 C_1이라 하고, C_1과 C 사이의 폐영역을 D라 하면
주어진 벡터장은 영역 D에서 연속인 일계편도함수를 가지므로 그린
정리를 사용할 수 있다. 이때, 영역 D의 양의 방향의 경계는
$C \cup (-C_1)$이므로
$$\oint_{C \cup (-C_1)} \vec{F} \cdot \vec{dr}$$
$$= \iint_D \left(\frac{\partial Q}{\partial x} - \frac{\partial P}{\partial y}\right)dA$$
$$= \iint_D \left(\frac{-x^2 + 4y^2}{(x^2 + 4y^2)^2} - \frac{-x^2 + 4y^2}{(x^2 + 4y^2)^2}\right)dA = 0$$

즉, $\oint_C \vec{F} \cdot \vec{dr} = \oint_{C_1} \vec{F} \cdot \vec{dr}$이 성립한다.
C_1을 $x = 2\cos t$, $y = \sin t$ $(0 \leq t \leq 2\pi)$로 매개화되는
타원으로 정하면
$$\oint_{C_1} \vec{F} \cdot \vec{dr}$$
$$= \int_0^{2\pi} \frac{1}{4}(-\sin t, 2\cos t) \cdot (-2\sin t, \cos t)dt$$
$$= \frac{1}{2}\int_0^{2\pi} dt = \pi \text{이다}.$$

11 ④

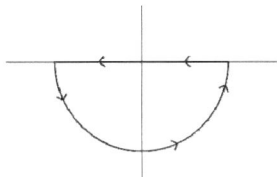

(ⅰ) 그린 정리를 활용하여 방향이 반시계방향인 폐곡선의
선적분을 하면 다음과 같다.
$$\iint_D \frac{\partial}{\partial x}(6x + \sqrt{y^6 + 1}) - \frac{\partial}{\partial y}(4y - 3x^2)dxdy$$
$$= \iint_D 2dxdy = 2 \times (D의 면적) = 2 \times (2\pi) = 4\pi$$
(D : x축과 $y = -\sqrt{4 - x^2}$으로 둘러싸인 영역)
(ⅱ) C : $r(t) = (t, 0)$ $(-2 \leq t \leq 2)$의 선적분
(방향 : 반대방향)을 하면 다음과 같다.
$$-\int_C fdr = -\int_{-2}^2 (-3t^2, 6t + 1) \cdot (1, 0)dt$$
$$= \int_{-2}^2 3t^2 dt = 16$$
∴ (ⅰ) − (ⅱ) = $4\pi - 16$

12 ③

$C_a : \mathbf{r} = \mathbf{r}_a(t) = \left\langle \frac{1}{2} + a\cos t, a\sin t \right\rangle$ $(0 \leq t \leq 2\pi)$이다.
$$\int_C F \cdot d\mathbf{r} = \int_{C_a} F \cdot d\mathbf{r}$$
$$= \int_0^{2\pi} F(\mathbf{r}_a(t)) \cdot \mathbf{r}_a'(t)dt$$
$$= \int_0^{2\pi} \left\langle \frac{-2a\sin t}{a^2}, \frac{2a\cos t}{a^2} \right\rangle \cdot \langle -a\sin t, a\cos t\rangle dt$$
$$= \int_0^{2\pi} (\sin^2 t + \cos^2 t)dt = 2\pi \text{이다}. \cdots (\text{ⅰ})$$
극곡선 $r = 1 + 2\cos\theta$의 그래프는 다음과 같다.

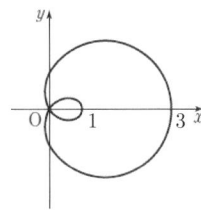

여기서 안쪽 반시계방향의 작은 단순폐곡선을 C_1, 바깥쪽 반시계방향의 큰 단순폐곡선을 C_2라 하면 $C = C_1 \cup C_2$이다.
(i)의 결과를 이용하면 다음과 같다.
$$\int_C F \cdot dr = \int_{C_1} F \cdot dr + \int_{C_2} F \cdot dr$$
$$= 2\pi + 2\pi = 4\pi$$

13 ③

$x = 2\cos t$, $y = 2\sin t$로 치환하면
$$\int_{C_1} \frac{(x^2-y^2)dx + 2xy dy}{(x^2+y^2)^2}$$
$$= \int_0^{2\pi} \frac{\{4\cos^2 t - 4\sin^2 t\}(-2\sin t) + 8\cos t \sin t(2\cos t)}{4^2} dt$$
$$= \frac{1}{16}\int_0^{2\pi} -8\cos^2 t \sin t + 8\sin^3 t + 16\cos^2 t \sin t\, dt$$
$$= \frac{1}{2}\int_0^{2\pi} \cos^2 t \sin t + \sin^3 t\, dt$$
$$= \frac{1}{2}\int_0^{2\pi} \sin t(\cos^2 t + \sin^2 t) dt$$
$$= \frac{1}{2}\int_0^{2\pi} \sin t\, dt = \frac{1}{2} \times 0 = 0 \text{이다.}$$

14 ④

주어진 선적분을 풀어 나타내면 다음과 같다.
$$\int_{C_2} \frac{(x^2-y^2)dx + 2xy dy}{(x^2+y^2)^2} + \int_{C_2} \frac{-y dx + x dy}{x^2+y^2} + \int_{C_2} y dx$$

(i) $\int_{C_2} \frac{(x^2-y^2)dx + 2xy dy}{(x^2+y^2)^2}$
$$= \int_0^{\pi} \frac{\{16\cos^2 t - 16\sin^2 t\}(-4\sin t) + 32\cos t \sin t(4\cos t)}{16^2} dt$$
$$+ \int_{-4}^{-2} \frac{(t^2-0^2)dt}{(t^2+0^2)^2}$$
$$+ \int_{\pi}^{2\pi} \frac{(4\cos^2 t - 4\sin^2 t)(-2\sin t) + 8\cos t \sin t(2\cos t)}{4^2} dt$$
$$+ \int_2^4 \frac{(t^2-0^2)dt}{(t^2+0^2)^2}$$
$$= \int_0^{\pi} \frac{64\cos^2 t \sin t + 64\sin^3 t}{16^2} dt$$
$$+ \int_{-4}^{-2} \frac{1}{t^2} dt + \int_{\pi}^{2\pi} \frac{8\cos^2 t \sin t + 8\sin^3 t}{4^2} dt + \int_2^4 \frac{1}{t^2} dt$$
$$= \frac{1}{4}\int_0^{\pi} \cos^2 t \sin t + \sin^3 t\, dt - \left[\frac{1}{t}\right]_{-4}^{-2}$$
$$+ \frac{1}{2}\int_{\pi}^{2\pi} \cos^2 t \sin t + \sin^3 t\, dt - \left[\frac{1}{t}\right]_2^4$$
$$= \frac{1}{4}\left\{\left[-\frac{1}{3}\cos^3 t\right]_0^{\pi} + 2 \times \frac{2}{3}\right\} - \left(-\frac{1}{2} + \frac{1}{4}\right)$$
$$+ \frac{1}{2}\left\{\left[-\frac{1}{3}\cos^3 t\right]_{\pi}^{2\pi} - 2 \times \frac{2}{3}\right\} - \left(\frac{1}{4} - \frac{1}{2}\right)$$
$$= \frac{1}{4}\left\{\frac{2}{3} + 2 \times \frac{2}{3}\right\} + \frac{1}{4} + \frac{1}{2}\left\{-\frac{2}{3} - 2 \times \frac{2}{3}\right\} + \frac{1}{4}$$
$$= \frac{1}{2} + \frac{1}{4} - 1 + \frac{1}{4} = 0$$

(ii) 영역 R 내부 벡터장 $\left(\frac{-y}{x^2+y^2}, \frac{x}{x^2+y^2}\right)$의 특이점 $(0, 0)$을 포함하며 반시계방향이므로 $\int_{C_2} \frac{-y dx + x dy}{x^2+y^2} = 2\pi$이다.

(iii) 그린 정리에 의하여 다음과 같다.
$$\int_{C_2} y dx = \iint_R -1 dA$$
$$= -\left\{\pi \times 4^2 \times \frac{1}{2} + \pi \times 2^2 \times \frac{1}{2}\right\} = -10\pi$$

(i), (ii), (iii)에 의하여
$0 + 2\pi - 10\pi = -8\pi$이다.

15 ②

밀도 함수를 $\rho(x, y)$라고 할 때, 밀도가 원점으로부터의 거리에 비례하기 때문에
$\rho = k\sqrt{x^2+y^2}$이므로 R의 무게중심의 y좌표를 $\bar{y}$라 할 때,
$$\bar{y} = \frac{\iint_R y\rho(x, y) dA}{\iint_R \rho(x, y) dA}$$
$$= \frac{\iint_R ky\sqrt{x^2+y^2} dA}{\iint_R k\sqrt{x^2+y^2} dA}$$
$$= \frac{\iint_R y\sqrt{x^2+y^2} dA}{\iint_R \sqrt{x^2+y^2} dA} \text{이다.}$$

(i) $\iint_R \sqrt{x^2+y^2} dA$
$$= \int_0^{\pi}\int_0^4 r^2 dr d\theta + \int_{\pi}^{2\pi}\int_0^2 r^2 dr d\theta$$
$$= \pi\left[\frac{1}{3}r^3\right]_0^4 + \pi\left[\frac{1}{3}r^3\right]_0^2$$
$$= \frac{\pi}{3} \times 64 + \frac{\pi}{3} \times 8 = \frac{72}{3}\pi = 24\pi$$

(ii) $\iint_R y\sqrt{x^2+y^2} dA$
$$= \int_0^{\pi}\int_0^4 r^3 \sin\theta\, dr d\theta + \int_{\pi}^{2\pi}\int_0^2 r^3 \sin\theta\, dr d\theta$$
$$= 2\left[\frac{1}{4}r^4\right]_0^4 - 2\left[\frac{1}{4}r^4\right]_0^2 = \frac{1}{2}(256 - 16) = 120$$

따라서 $\bar{y} = \dfrac{\iint_R y\sqrt{x^2+y^2} dA}{\iint_R \sqrt{x^2+y^2} dA} = \dfrac{120}{24\pi} = \dfrac{5}{\pi}$이다.

02. 면적분

🔍 문제 p.62

01 ③	02 ④	03 ②	04 ②	05 ①	06 ④	07 ①	08 ③	09 ①	10 ④
11 ③	12 ①	13 ③	14 ②	15 ④					

01 ③

곡면 $z = \sqrt{1-x^2-y^2}$ 라 하면

$dS = \sqrt{1+(z_x)^2+(z_y)^2}\,dA$

$= \sqrt{1+\left(\dfrac{-2x}{2\sqrt{1-x^2-y^2}}\right)^2+\left(\dfrac{-2y}{2\sqrt{1-x^2-y^2}}\right)^2}\,dA$

$= \dfrac{1}{\sqrt{1-x^2-y^2}}\,dA$ 이다.

또한 (x, y)의 영역은 곡면 $x^2+y^2+z^2=1$의 $x\geq 0,\ y\geq 0,\ z\geq \sqrt{x^2+y^2}$ 인 부분이므로 $x^2+y^2+z^2=1$과 $z\geq \sqrt{x^2+y^2}$ 을 연립하여 구하면 $x^2+y^2 \leq \dfrac{1}{2},\ x\geq 0,\ y\geq 0$이다.

이를 D라 하면

$\iint_\Sigma 24yz\,dS = \iint_D 24y\sqrt{1-x^2-y^2}\,\dfrac{1}{\sqrt{1-x^2-y^2}}\,dA$

$= \int_0^{\frac{\pi}{2}}\int_0^{\frac{1}{\sqrt{2}}} 24r\sin\theta\cdot r\,dr\,d\theta$

$= 24\int_0^{\frac{1}{\sqrt{2}}} r^2\,dr \cdot \int_0^{\frac{\pi}{2}} \sin\theta\,d\theta$

$= 24\cdot \dfrac{1}{3}\cdot \dfrac{1}{2\sqrt{2}} = 2\sqrt{2}$ 이다.

다른 풀이

곡면 Σ을 매개화하면
$r(\phi, \theta) = (\sin\phi\cos\theta,\ \sin\phi\sin\theta,\ \cos\phi)$
(단, $0\leq \theta\leq \dfrac{\pi}{2},\ 0\leq \phi\leq \dfrac{\pi}{4}$)

또한 $|r_\phi\times r_\theta| = \sin\phi$이므로

$\iint_\Sigma 24yz\,dS = \int_0^{\frac{\pi}{2}}\int_0^{\frac{\pi}{4}} 24\sin\phi\sin\theta\cos\phi|r_\phi\times r_\theta|\,d\phi\,d\theta$

$= \int_0^{\frac{\pi}{2}}\int_0^{\frac{\pi}{4}} 24\sin\phi\sin\theta\cos\phi\sin\phi\,d\phi\,d\theta$

$= 24\int_0^{\frac{\pi}{4}} \sin^2\phi\cos\phi\,d\phi \cdot \int_0^{\frac{\pi}{2}} \sin\theta\,d\theta$

$= 2\sqrt{2}$

02 ④

$\iint_S (x^2+2y)\,dS$

$= \iint_D (x^2+2y)|(-y, -x, 1)|\,dA$ (단, $D: x^2+y^2\leq 1$)

$= \iint_D (x^2+2y)\sqrt{1+x^2+y^2}\,dA$

$= \int_0^{2\pi}\int_0^1 (r^2\cos^2\theta+2r\sin\theta)\sqrt{1+r^2}\,r\,dr\,d\theta$

$= \int_0^1\int_0^{2\pi} (r^2\cos^2\theta+2r\sin\theta)\sqrt{1+r^2}\,r\,d\theta\,dr$

$= \int_0^1 \left[r^2\left(\dfrac{\theta}{2}+\dfrac{1}{4}\sin 2\theta\right)+2r(-\cos\theta)\right]_0^{2\pi}\sqrt{1+r^2}\,r\,dr$

$= \pi\int_0^1 r^2\sqrt{1+r^2}\,r\,dr$

$= \pi\int_0^1 r^3\sqrt{1+r^2}\,dr$

$= \pi\int_1^{\sqrt{2}} (t^2-1)t^2\,dt$ ($\because \sqrt{1+r^2}=t$라고 치환)

$= \pi\int_1^{\sqrt{2}} (t^4-t^2)\,dt$

$= \pi\left[\dfrac{1}{5}t^5-\dfrac{1}{3}t^3\right]_1^{\sqrt{2}}$

$= \left\{\dfrac{4\sqrt{2}}{5}-\dfrac{2\sqrt{2}}{3}-\left(\dfrac{1}{5}-\dfrac{1}{3}\right)\right\}\pi$

$= \dfrac{2\sqrt{2}+2}{15}\pi$

03 ②

$|\vec{r_u}\times\vec{r_v}| = \left\|\begin{matrix}\vec{i} & \vec{j} & \vec{k}\\ 2v & 2u & 2u\\ 2u & -2v & 2v\end{matrix}\right\|$

$= 4|\vec{i}(uv+uv)-\vec{j}(v^2-u^2)+\vec{k}(-v^2-u^2)| = 4\sqrt{2}(u^2+v^2)$

이므로 면적분의 정의에 의하여

$\iint_S x^2+y^2\,dS = \iint_D \{(2uv)^2+(u^2-v^2)^2\}|\vec{r_u}\times\vec{r_v}|\,du\,dv$

(단, $D: u^2+v^2\leq 1$)

$= \iint_D (u^2+v^2)^2\,4\sqrt{2}(u^2+v^2)\,du\,dv$

$= \int_0^{2\pi}\int_0^1 r^4\,4\sqrt{2}\,r^2\,r\,dr\,d\theta$

$= 4\sqrt{2}\int_0^{2\pi}\int_0^1 r^7\,dr\,d\theta$

$= 4\sqrt{2}\times 2\pi\times \dfrac{1}{8} = \sqrt{2}\,\pi$ 이다.

04 ②

구면 $x^2+y^2+z^2=4$
$\Leftrightarrow r(\phi, \theta) = (2\sin\phi\cos\theta, 2\sin\phi\sin\theta, 2\cos\phi)$
$(0 \leq \phi \leq \pi, 0 \leq \theta \leq 2\pi)$

$$\iint_S \frac{dS}{\sqrt{x^2+y^2+(z-1)^2}}$$
$$= \iint_S \frac{dS}{\sqrt{x^2+y^2+z^2-2z+1}}$$
$$= \iint_D \frac{1}{\sqrt{4-2\cdot 2\cdot \cos\phi+1}} |\vec{r_\phi} \times \vec{r_\theta}| d\phi d\theta$$
$$= \int_0^{2\pi}\int_0^\pi \frac{4\sin\phi}{\sqrt{5-4\cos\phi}} d\phi d\theta$$
$$= 2\pi \int_1^3 \frac{2t}{t} dt \quad (\because \sqrt{5-4\cos\phi}=t \text{ 치환})$$
$$= 2\pi \cdot 4 = 8\pi$$

05 ①

곡면 $S: g=2x+2y+z=2$에서 $\nabla g=(2, 2, 1)$, $x+y=1$과 x, y축으로 둘러싸인 영역을 D라 하면 면적분은 다음과 같다.

$$\iint_S \vec{V} \cdot \vec{n} dA = \iint_D (x^2, 0, 2y) \cdot (2, 2, 1) dA$$
$$= \iint_D 2x^2 + 2y\, dA$$
$$= \int_0^1 \int_0^{1-x} (2x^2+2y) dy dx$$
$$= \int_0^1 [2x^2 y + y^2]_0^{1-x} dx$$
$$= \int_0^1 2x^2(1-x) + (1-x)^2 dx$$
$$= \int_0^1 -2x^3 + 3x^2 - 2x + 1\, dx$$
$$= \left[-\frac{1}{2}x^4 + x^3 - x^2 + x\right]_0^1 = \frac{1}{2}$$

06 ④

S가 단위구이므로
$$\iint_S (x^2+y+z) dS$$
$$= \iint_S (x, 1, 1) \cdot (x, y, z) dS$$
$$= \iint_S (x, 1, 1) \cdot n\, dS$$

$F=(x, 1, 1)$에서 S의 내부영역을 E라 하면 발산정리에 의하여 다음과 같다.

$$\iint_S (x, 1, 1) \cdot n\, dS$$
$$= \iiint_E \text{div}\, F\, dV$$
$$= \iiint_E 1 dV = \frac{4\pi}{3}$$

[다른 풀이]

S를 매개화 하면 $r(\phi, \theta) = (\sin\phi\cos\theta, \sin\phi\sin\theta, \cos\phi)$
$0 \leq \phi \leq \pi, 0 \leq \theta \leq 2\pi$ 이므로

$$\iint_S (x^2+y+z) dS$$
$$= \iint_D (\sin^2\phi\cos^2\theta + \sin\phi\sin\theta + \cos\phi) |\vec{r_\phi} \times \vec{r_\theta}| d\phi d\theta$$
(단, $0 \leq \phi \leq \pi, 0 \leq \theta \leq 2\pi$)
$$= \iint_D (\sin^2\phi\cos^2\theta + \sin\phi\sin\theta + \cos\phi)\sin\phi d\phi d\theta$$
$$= \iint_D (\sin^3\phi\cos^2\theta + \sin^2\phi\sin\theta + \cos\phi\sin\phi) d\phi d\theta$$
$$= \int_0^\pi \sin^3\phi d\phi \cdot \int_0^{2\pi} \cos^2\theta d\theta$$
$$+ \int_0^\pi \sin^2\phi d\phi \cdot \int_0^{2\pi} \sin\theta d\theta + \int_0^\pi \cos\phi\sin\phi d\phi \cdot \int_0^{2\pi} d\theta$$
$$= 2 \cdot \frac{2}{3} \cdot 4 \cdot \frac{1}{2} \cdot \frac{\pi}{2} + 2 \cdot \frac{1}{2} \cdot \frac{\pi}{2} \cdot 0 + 0 \cdot 2\pi \quad (\because \text{왈리스 공식})$$
$$= \frac{4\pi}{3}$$

07 ①

벡터장
$$F(x, y, z) = \nabla\left(\frac{1}{\sqrt{x^2+y^2+z^2}}\right)$$
$$= \left(-x(x^2+y^2+z^2)^{-\frac{3}{2}}, -y(x^2+y^2+z^2)^{-\frac{3}{2}}, -z(x^2+y^2+z^2)^{-\frac{3}{2}}\right)$$에 대하여

구하고자 하는 값은 다음과 같다.

$$\iint_S F \cdot \vec{n} dS = \int_0^{2\pi} \int_0^{\frac{\pi}{2}} \left(-3\sin\phi\cos\theta(9)^{-\frac{3}{2}}, -3\sin\phi\sin\theta(9)^{-\frac{3}{2}},\right.$$
$$\left.-3\cos\phi(9)^{-\frac{3}{2}}\right) \cdot (9\sin^2\phi\cos\theta, 9\sin^2\phi\sin\theta, 9\sin\phi\cos\phi) d\phi d\theta$$
$$= \int_0^{2\pi} \int_0^{\frac{\pi}{2}} (-\sin\phi) d\phi d\theta$$
$$= 2\pi [\cos\phi]_0^{\frac{\pi}{2}} = 2\pi(0-1) = -2\pi$$

08 ③

ㄱ. (참)
$$curl(\nabla f) = \begin{vmatrix} \vec{i} & \vec{j} & \vec{k} \\ \frac{\partial}{\partial x} & \frac{\partial}{\partial y} & \frac{\partial}{\partial z} \\ y+x^3 & x+z\sin y & -\cos y \end{vmatrix}$$
$$= \vec{i}(\sin y - \sin y) - \vec{j}(0-0) + \vec{k}(1-1)$$
$$= (0, 0, 0) = \vec{O} \text{이므로}$$
$\nabla f = (y+x^3)\vec{i} + (x+z\sin y)\vec{j} - \cos y \vec{k}$ 를
만족하는 함수 $f: \mathbb{R}^3 \rightarrow \mathbb{R}$이 존재한다.

ㄴ. (거짓)
$div(curl\, \boldsymbol{F}) = 1 \neq 0$이므로
$curl\, F = y^2\vec{i} + x^3\vec{j} + z\vec{k}$를 만족하는 $\mathbb{R}^3$상의 벡터장 F는 존재하지 않는다.

ㄷ. (참)
S가 구면 $x^2+y^2+z^2=z$이고 S의 내부영역을 T라 할 때, F가 상수벡터장이면 해석적이다. 그러므로 가우스의 발산정리에 의하여
$$\iint_S F \cdot dS = \iiint_T div\, F\, dV = \iiint_T 0\, dV = 0\text{이다.}$$

즉, 보기 중 참인 것은 ㄱ, ㄷ이다.

09 ①

곡면 S가 폐곡면이고 벡터장 F가 S와
그 내부 영역에서 해석적이므로 발산정리를 사용하면 다음과 같다.

$$\iint_S F \cdot n\,dS = \iiint_E \nabla F\,dV$$

$$= \int_0^{2\pi} \int_0^1 \int_r^1 5r^2\sin^2\theta \cdot r\,dz\,dr\,d\theta$$

$$= \int_0^{2\pi} \sin^2\theta\,d\theta \int_0^1 \int_r^1 5r^3\,dz\,dr$$

$$= \int_0^{2\pi} \sin^2\theta\,d\theta \int_0^1 (5r^3 - 5r^4)\,dr$$

10 ④

평면 $z=1$의 아래에 있는 원뿔면
$z = \sqrt{x^2+y^2}$ 의 부분을 S,
$z=1$이고 $x^2+y^2 \le 1$인 원판을 S_0,
S와 S_0로 둘러싸인 영역을 T라고 할 때,
영역 T에서 벡터장 $F(x,y,z) = \langle -x, -y, z^3 \rangle$이 해석적이므로
가우스 발산정리에 의해 다음과 같다.

$$\iint_{S \cup S_0} F \cdot dS$$

$$= \iiint_T \operatorname{div} F\,dV$$

$$= \iiint_T (-1-1+3z^2)\,dV$$

$$= \iiint_{\sqrt{x^2+y^2}}^1 -2+3z^2\,dz\,dA \text{ (단, } D: x^2+y^2 \le 1)$$

$$= \iint_D [-2z+z^3]_{\sqrt{x^2+y^2}}^1 dA$$

$$= \iint_D -1 - \left(-2\sqrt{x^2+y^2} + (x^2+y^2)^{\frac{3}{2}}\right)dA$$

$$= \int_0^{2\pi}\int_0^1 (-1+2r-r^3)r\,dr\,d\theta$$

$$= 2\pi\left[-\frac{1}{2}r^2 + \frac{2}{3}r^3 - \frac{1}{5}r^5\right]_0^1 = 2\pi\left(-\frac{1}{2}+\frac{2}{3}-\frac{1}{5}\right)$$

$$= 2\pi\left(\frac{-15+20-6}{30}\right)$$

$$= -\frac{1}{15}\pi$$

또한,

$$\iint_{S_0} F \cdot dS = \iint_D (-x,-y,z^3) \cdot (0,0,1)\,dA$$

(단, $D: x^2+y^2 \le 1$)

$$= \iint_D z^3\,dA$$

$$= \iint_D 1\,dA = \pi 이므로$$

$$\iint_S F \cdot dS = \iint_{S \cup S_0} F \cdot dS - \iint_{S_0} F \cdot dS$$

$$= -\frac{1}{15}\pi - \pi = -\frac{16}{15}\pi 이다.$$

11 ③

S_1을 $z=0$, $x^2+y^2 \le 1$라 할 때,

(ⅰ) $S_2 = S \cup S_1$라 하면 S_2는 폐곡면이므로
E를 S_2 내부영역이라 하면 발산정리에 의하여

$$\iint_{S_2} \vec{F} \cdot \vec{n}\,dS = \iiint_E \operatorname{div} \vec{F}\,dV$$

$$= \iiint_E (1-2+1)\,dV = 0$$

(ⅱ) $\iint_{S_1} \vec{F} \cdot \vec{n}\,dS = \iint_{S_1} (x,-2y,z+1) \cdot \vec{n}\,dS$

$$= \iint_D (x,-2y,1) \cdot (0,0,-1)\,dA$$

$$= \iint_D (-1)\,dA = -\pi$$

$S_2 = S \cup S_1$이므로 $\iint_{S_2} = \iint_S + \iint_{S_1}$이다.

즉, 구하고자 하는 면적분의 계산값은

$$\iint_S \vec{F} \cdot \vec{n}\,dS = \pi 이다.$$

다른 풀이

곡면을 매개화 하여
$x = \sin\phi\cos\theta$, $y = \sin\phi\sin\theta$, $z = \cos\phi$라 하면

$$\iint_S \vec{F} \cdot \vec{n}\,dS$$

$$= \int_0^{2\pi} \int_0^{\frac{\pi}{2}} (\sin\phi\cos\theta, -2\sin\phi\sin\theta, \cos\phi+1)$$

$$\cdot (\sin^2\phi\cos\theta, \sin^2\phi\sin\theta, \sin\phi\cos\phi)\,d\phi\,d\theta$$

$$= \int_0^{2\pi} \int_0^{\frac{\pi}{2}} \sin^3\phi\cos^2\theta - 2\sin^3\phi\sin^2\theta + \sin\phi\cos\phi(\cos\phi+1)\,d\phi\,d\theta$$

$$= \int_0^{2\pi} \frac{2}{3}\cos^2\theta - \frac{4}{3}\sin^2\theta + \frac{5}{6}\,d\theta$$

$$= -\frac{2}{3} \times 4 \times \frac{1}{2} \times \frac{\pi}{2} + \frac{5}{3}\pi$$

$$= -\frac{2}{3}\pi + \frac{5}{3}\pi = \pi 이다.$$

12 ①

곡면 S는 폐곡면이지만 S의 내부 영역에 특이점이 포함되므로 발산정리를 사용할 수 없다. 여기서 S 내에 완전히 포함되는 반지름 $a<1$이고 중심이 원점인 구 S_0를 생각하면 다음과 같다.
D를 S의 내부, S_0의 외부인 영역이라 하면 D에서 주어진 벡터장은 해석적이므로 발산정리를 사용할 수 있다.
$\sqrt{x^2+y^2+z^2} = \rho$라 하면

$F = \left\langle \dfrac{x}{\rho^3}, \dfrac{y}{\rho^3}, \dfrac{z}{\rho^3} \right\rangle$이고 발산은 다음과 같다.

$\nabla \cdot F$

$= \dfrac{1}{\rho^3} - \dfrac{3x}{\rho^4} \cdot \dfrac{\partial \rho}{\partial x} + \dfrac{1}{\rho^3} - \dfrac{3y}{\rho^4} \cdot \dfrac{\partial \rho}{\partial y} + \dfrac{1}{\rho^3} - \dfrac{3z}{\rho^4} \cdot \dfrac{\partial \rho}{\partial z}$

$= 3\rho^3 - \dfrac{3}{\rho^5}(x^2+y^2+z^2) \left(\because \dfrac{\partial \rho}{\partial x} = \dfrac{x}{\rho}, \dfrac{\partial \rho}{\partial y} = \dfrac{y}{\rho}, \dfrac{\partial \rho}{\partial z} = \dfrac{z}{\rho}\right)$

$= \dfrac{3}{\rho^3} - \dfrac{3}{\rho^3} = 0$

이 결과로 S_0를 통과하여 D를 떠나는 유출은 S를 통과하여 D를 떠나는 유출과 부호가 반대임을 알 수 있다. 즉, S_0를 통과하여 원점과 멀어지는 방향으로의 유출은 S를 통과하여 원점과 멀어지는 방향으로의 유출과 일치한다. 따라서 원점을 중심으로 하는 임의의 폐곡면을 통과하는 F의 유출은 곡면의 반지름에 독립적이다. 따라서 유출은 다음과 같이 계산할 수 있다.

$\iint_{S_0} \vec{F} \cdot \vec{N} dS$에서

$x = a\sin\phi\sin\theta,\ y = a\sin\phi\cos\theta,\ z = a\cos\phi,$
$0 \leq \phi \leq \pi,\ 0 \leq \theta \leq 2\pi$로 치환하면
$\vec{r}_\phi \times \vec{r}_\theta = (a^2\sin^2\phi\cos\theta, a^2\sin^2\phi\sin\theta, a^2\sin\phi\cos\phi)$이므로

$\iint_{S_0} \vec{F} \cdot \vec{N} dS$

$= \int_0^{2\pi} \int_0^{\pi} \dfrac{(a\sin\phi\cos\theta,\ a\sin\phi\sin\theta,\ a\cos\phi)}{(a^2)^{\frac{3}{2}}}$

$\quad \cdot (a^2\sin^2\phi\cos\theta, a^2\sin^2\phi\sin\theta, a^2\sin\phi\cos\phi)d\phi d\theta$

$= \int_0^{2\pi} \int_0^{\pi} (\sin^3\phi\cos^2\theta + \sin^3\phi\sin^2\theta + \sin\phi\cos^2\phi)d\phi d\theta$

$= \int_0^{2\pi} \int_0^{\pi} \sin\phi\, d\phi d\theta = \int_0^{2\pi} 2\, d\theta = 4\pi$

13 ③

스토크스 정리에 의해
$\int_C F \cdot dr = \iint_S \text{curl} F \cdot n\, ds$이다.

$\text{curl}\, F = \begin{vmatrix} \vec{i} & \vec{j} & \vec{k} \\ \dfrac{\partial}{\partial x} & \dfrac{\partial}{\partial y} & \dfrac{\partial}{\partial z} \\ 2z & -x & e^{z^2} \end{vmatrix} = (0, 2, -1)$이므로

$\iint_S \text{curl}\, F \cdot n\, ds$
(단, $S : x^2 + y^2 \leq 1$에 있는 $z = 1 - x + y$)
$= \iint_D (0, 2, -1) \cdot (1, -1, 1) dx dy$
(단, $D : x^2 + y^2 \leq 1$)
$= -3 \iint_D dx dy$
$= -3\pi$

14 ②

$\int_C 3y\, dx + x\, dy + e^{z^2} dz\ (C: x^2 + 2y^2 = 1,\ z = 0)$
이므로 그린 정리에 의해
$\iint_S \text{curl}\, F \cdot n\, ds$
$= \iint_D \dfrac{\partial}{\partial x}(x) - \dfrac{\partial}{\partial y}(3y) dx dy\ (D : x^2 + 2y^2 \leq 1)$
$= \iint_D -2 dx dy$
$= -2 \times (D\text{의 면적})$
$= -2 \times \left(\dfrac{\sqrt{2}}{2}\pi\right) = -\sqrt{2}\pi$이다.

15 ④

$z \geq \dfrac{1}{e}$에서 정의된 곡면 $S: z = e^{-(x^2+y^2)}$를 평면 $z = \dfrac{1}{e}$ 위에 정사영한 곡면의 경계곡선을
$C: x^2 + y^2 = 1,\ z = \dfrac{1}{e}$이라 하자.

스토크스 정리에 의해 곡면 S를 지나는 벡터장 $\vec{F}$의 회전의 면적분은 $\vec{F}$를 C에 대해 선적분한 값과 같다.

$\therefore \iint_S \nabla \times \vec{F} \cdot d\vec{S} = \int_C F \cdot dr$

$\qquad = \iint_D (Q_x - P_y) dA\ \left(D: x^2 + y^2 \leq 1,\ z = \dfrac{1}{e}\right)$

$\qquad = \iint_D (e^{y+z} - e^{y+z} + 2) dA$

$\qquad = 2\pi$

03. 1계 미분방정식

01 ③	02 ③	03 ④	04 ②	05 ④	06 ②	07 ③	08 ③	09 ③	10 ④
11 ②	12 ③	13 ③	14 ①	15 ①	16 ④	17 ②			

01 ③

ㄱ. $(x+y)dy + 2xdx = 0 \Leftrightarrow (x+y)\dfrac{dy}{dx} + 2x = 0$

즉, 일계 비선형미분방정식이다.

ㄴ. $e^x \dfrac{dy}{dx} + y\sin x = 0$ 즉, 일계 선형미분방정식이다.

ㄷ. $\dfrac{d^2y}{dx^2} + xy = 0$ 즉, 이계 선형미분방정식이다.

즉, 선형미분방정식인 것은 ㄴ, ㄷ이다.

02 ③

$\dfrac{dy}{dt} = \dfrac{t^2}{y^2}$, $y(0) = 2 \Leftrightarrow t^2 dt - y^2 dy = 0$

$\Leftrightarrow \dfrac{1}{3}t^3 - \dfrac{1}{3}y^3 = c \Leftrightarrow t^3 - y^3 = c$이고

초기 조건 $y(0) = 2$이므로 $c = -8$이다.

즉, 미분방정식의 해는 $y = \sqrt[3]{t^3 + 8}$이다.

03 ④

$\dfrac{dx}{y^2} = \dfrac{dy}{\sin(\ln x)} \Rightarrow y^2 dy = \sin(\ln x) dx$이므로

변수분리형 미분방정식이다.

해를 구하기 위해 양변을 적분하면

$\dfrac{1}{3}y^3 = \dfrac{1}{2}x\sin(\ln x) - \dfrac{1}{2}x\cos(\ln x) + C$에서

초기 조건 $y(1) = 1$이므로 $C = \dfrac{5}{6}$이다.

$\therefore y^3 = \dfrac{3}{2}x\sin(\ln x) - \dfrac{3}{2}x\cos(\ln x) + \dfrac{5}{2}$이다.

구하고자 하는 값은 다음과 같다.

$y^3\left(e^{\frac{\pi}{3}}\right) = \dfrac{3\sqrt{3}-3}{4}e^{\frac{\pi}{3}} + \dfrac{5}{2}$

$\therefore y\left(e^{\frac{\pi}{3}}\right) = \left(\dfrac{3\sqrt{3}-3}{4}e^{\frac{\pi}{3}} + \dfrac{5}{2}\right)^{\frac{1}{3}}$

TIP ▶ $\int \sin(\ln x) dx = \int e^u \sin u\, du\,(\ln x = u, dx = e^u du)$
$= e^u \sin u - \int e^u \cos u\, du$
$= e^u \sin u - e^u \cos u - \int e^u \sin u\, du$

$\therefore \int \sin(\ln x) dx = \dfrac{1}{2}x\{\sin(\ln x) - \cos(\ln x)\}$

04 ②

$y' = (x-y+1)^2$ ($x-y+1 = u$라고 치환) $\Rightarrow$

$1 - \dfrac{du}{dx} = u^2 \Leftrightarrow dx = \dfrac{1}{1-u^2}du$

$\Leftrightarrow dx = \left\{\dfrac{\frac{1}{2}}{1+u} + \dfrac{\frac{1}{2}}{1-u}\right\}du$는 변수 분리형이다.

그러므로 일반해는

$x + c = \dfrac{1}{2}\{\ln(1+u) - \ln(1-u)\}$

$\Leftrightarrow \ln\left(\dfrac{1+u}{1-u}\right) = 2x + c \Leftrightarrow \dfrac{1+u}{1-u} = ce^{2x}$

$\Leftrightarrow u(1 + ce^{2x}) = ce^{2x} - 1 \Leftrightarrow u = \dfrac{ce^{2x}-1}{ce^{2x}+1}$이다.

따라서 $x - y + 1 = \dfrac{ce^{2x}-1}{ce^{2x}+1} \Leftrightarrow y = x + 1 - \dfrac{ce^{2x}-1}{ce^{2x}+1}$이고

초기 조건 $y(0) = 1$을 대입하면 $c = 1$이다.

그러므로 $y = x + 1 - \dfrac{e^{2x}-1}{e^{2x}+1}$이다.

$\therefore y(1) = 2 - \dfrac{e^2-1}{e^2+1} = \dfrac{e^2+3}{e^2+1}$이다.

05 ④

$xy'' = y' + 4x(y')^2$에서 $y' = u$라고 치환하면

$xu' = u + 4xu^2 \Leftrightarrow xu' - u = 4xu^2 \Leftrightarrow u' - \dfrac{1}{x}u = 4u^2$이다.

양변을 u^2으로 나누면 $u^{-2}u' - \dfrac{1}{x}u^{-1} = 4$이고,

$u^{-1} = w$라 하면 $-u^{-2}u' = w'$이므로 대입하면

$-w' - \dfrac{1}{x}w = 4 \Leftrightarrow w' + \dfrac{1}{x}w = -4$이다.

1계 선형 미분방정식이므로

$w = e^{-\int \frac{1}{x}dx}\left(\int -4e^{\int \frac{1}{x}dx}dx + c_1\right)$

$= e^{-\ln x}\left(\int -4e^{\ln x}dx + c_1\right)$

$= \dfrac{1}{x}\left(\int -4x\, dx + c_1\right)$

$= \dfrac{1}{x}(-2x^2 + c_1)$이다.

따라서 $\dfrac{1}{u} = -2x + \dfrac{c_1}{x} = \dfrac{-2x^2+c_1}{x}$이고 $y' = u = \dfrac{x}{-2x^2+c_1}$이다.

즉, $\dfrac{dy}{dx} = \dfrac{x}{-2x^2+c_1}$이고 $dy = \left(\dfrac{x}{-2x^2+c_1}\right)dx \Leftrightarrow$

$y = -\dfrac{1}{4}\ln|-2x^2+c_1| + c_2$이다.

06 ②

$M = 4xy^3 + \cos y$, $N = 3kx^2y^2 - x\sin y$ 라 하면
$M_y = 12xy^2 - \sin y$, $N_x = 6kxy^2 - \sin y$ 이므로
$M_y = N_x$ 에서 $k = 2$ 이다.

07 ③

$(2y\sin x\cos x - y + 2y^2 e^{xy^2})dx + (-x + \sin^2 x + 4xye^{xy^2})dy = 0$ 에서
$\frac{\partial}{\partial y}(2y\sin x\cos x - y + 2y^2 e^{xy^2}) = \frac{\partial}{\partial x}(-x + \sin^2 x + 4xye^{xy^2})$ 이므로
완전미분방정식이다.
따라서 일반해는 $y\sin^2 x - xy + 2e^{xy^2} = c$ 이다.

08 ③

$M(x,y) = (2x-1)(y-1)$, $N(x,y) = (x+2)(x-3)$ 이라 하면
$M_y = N_x = 2x - 1$ 이므로 완전방정식이다.
일반해는 $(x^2 - x)(y-1) - 6y = c$ 꼴이고,
초기 조건에 의해 $y = \frac{x^2 - x + 6}{(x-3)(x+2)}$ 이다.
따라서 $y(4) = 3$ 이다.

09 ③

③ $\lambda(x) = \frac{1}{x^2}$ 이라 하면
$-\frac{2y}{x^3}dx + \left(y\cos y + \frac{1}{x^2}\right)dy = 0$ 이고
$\frac{\partial}{\partial y}\left(-\frac{2y}{x^3}\right) = -\frac{2}{x^3} = \frac{\partial}{\partial x}\left(y\cos y + \frac{1}{x^2}\right)$ 이므로
$\lambda(x) = \frac{1}{x^2}$ 은 적분인자이다.

TIP ▶ 보기의 값을 주어진 미분방정식에 곱하여 완전미분방정식이
되는지 역으로 구하면 된다.

10 ④

$y'(t) = \frac{2t^2 + y(t)^2}{ty(t)}$
$\Leftrightarrow \{2t^2 + y(t)^2\}dt - ty(t)dy = 0$ 일 때,
$\frac{-y(t) - 2y(t)}{-ty(t)} = \frac{3}{t}$ 이므로 적분인자는
$\lambda(t) = e^{-\int \frac{3}{t}dt} = e^{-3\ln t} = \frac{1}{t^3}$ 이다.
$\{2t^2 + y(t)^2\}dt - ty(t)dy = 0$ 에서 양변을 $\frac{1}{t^3}$ 으로 나누면
$\left(\frac{2}{t} + \frac{y(t)^2}{t^3}\right)dt - \frac{y(t)}{t^2}dy = 0$ 이고
$\left(\frac{2}{t} + \frac{y(t)^2}{t^3}\right)dt - \frac{y(t)}{t^2}dy = 0$ 은 $\frac{2y(t)}{t^3} = \frac{2y(t)}{t^3}$ 이므로
완전미분방정식이다.
따라서 일반해는

$2\ln t - \frac{1}{2}\frac{y(t)^2}{t^2} = c \Leftrightarrow -4t^2 \ln t + y(t)^2 = ct^2$
$\Leftrightarrow y(t)^2 = ct^2 + 4t^2\ln t$
$\Leftrightarrow y(t) = t\sqrt{4\ln t + c}$ 이고
초기 조건 $y(1) = 6$ 을 대입하면 $c = 36$ 이므로
$y(t) = t\sqrt{4\ln t + 36}$ 이다.
그러므로 $y(e) = e\sqrt{40} = 2e\sqrt{10}$ 이다.

11 ②

$xy' + 2y = x\cosh x \Leftrightarrow y' + \frac{2}{x}y = \cosh x$ 는
1계 선형 미분방정식이므로 일반해는
$y = e^{-\int \frac{2}{x}dx}\left\{\int \cosh x \cdot e^{\int \frac{2}{x}dx}dx + C\right\}$
$= \frac{1}{x^2}\left\{\int x^2 \cosh x\, dx + C\right\}$
$= \frac{1}{x^2}\{x^2 \sinh x - 2x\cosh x + 2\sinh x + C\}$
$= \sinh x - \frac{2}{x}\cosh x + \frac{2\sinh x}{x^2} + \frac{C}{x^2}$
$= \frac{e^x - e^{-x}}{2} - \frac{1}{x}(e^x + e^{-x}) + \frac{e^x - e^{-x}}{x^2} + \frac{C}{x^2}$

초기 조건 $y(1) = \frac{e - 5e^{-1}}{2}$ 이므로 $C = 0$ 이다.
그러므로
$y(x) = \frac{e^x - e^{-x}}{2} - \frac{1}{x}(e^x + e^{-x}) + \frac{e^x - e^{-x}}{x^2}$ 이다.
$y(2) = -\frac{5}{4}e^{-2} + \frac{1}{4}e^2$ 이므로 $a + b = -1$ 이다.

12 ③

주어진 미분방정식의 형태는 베르누이 미분방정식이므로
$y' + 2xy = 3xy^2$ 의 양변을 y^2 으로 나누면
$y^{-2}y' + 2xy^{-1} = 3x$ 이다.
$y^{-1} = u$ 라고 치환하면 $y^{-2}y' = -u'$ 이므로
$\Rightarrow -u' + 2xu = 3x \Leftrightarrow u' - 2xu = -3x$ 이다.
이는 1계 선형미분방정식이므로 일반해는
$u = e^{-\int -2x\,dx}\left\{\int -3xe^{\int -2x\,dx}dx + c\right\}$
$= e^{x^2}\left\{\int -3xe^{-x^2}dx + c\right\}$
$= e^{x^2}\left\{\frac{3}{2}e^{-x^2} + c\right\}$
$= \frac{3}{2} + ce^{x^2}$ 이다.

따라서 $u = \frac{1}{y} = \frac{3}{2} + ce^{x^2} \Leftrightarrow y = \frac{2}{3 + ce^{x^2}}$ 이고
초기 조건 $y(0) = 1$ 을 대입하면 $c = -1$ 이므로 $y = \frac{2}{3 - e^{x^2}}$ 이다.
그러므로 $y(\sqrt{\ln 2}) = \frac{2}{3 - e^{\ln 2}} = \frac{2}{3 - 2} = 2$ 이다.

13 ③

$xy^2 y' = y^3 + x^3 \to y' - \frac{1}{x}y = x^2 y^{-2}$ 이므로

$n = -2$인 베르누이 방정식이다.

양변에 y^2을 곱하면 $y^2 y' - \frac{1}{x}y^3 = x^2$ 이다.

$y^3 = u$라고 치환하면

$3y^2 y' = u' \to \frac{1}{3}u' - \frac{1}{x}u = x^2 \Leftrightarrow u' - \frac{3}{x}u = 3x^2$

$u = e^{-\int \frac{-3}{x}dx} \left\{ \int 3 \cdot x^2 e^{\int \frac{-3}{x}dx} dx + c \right\}$

$= x^3 \left\{ \int \frac{3}{x} dx + c \right\}$

$= x^3 (3\ln x + c)$

∴ $y^3 = x^3 (3\ln x + c)$

초기 조건 $y(1) = 1$에 의하여 $c = 1$이다.

∴ $y(2)^3 = 8(3\ln 2 + 1) = 24\ln 2 + 8$

즉, $y(2) = \sqrt[3]{24\ln 2 + 8}$ 이다.

14 ①

$\frac{dy}{dx} + y = \frac{1}{y^2} \Rightarrow y^2 \frac{dy}{dx} + y^3 = 1$에서 $u = y^3$ 이라 치환하면

$\frac{du}{dx} = 3y^2 \frac{dy}{dx}$ 이다.

$\frac{du}{dx} + 3u = 3 \Rightarrow e^{3x}\frac{du}{dx} + 3e^{3x}u = 3e^{3x}$

$\Rightarrow \frac{d}{dx}(e^{3x}u) = 3e^{3x} \Rightarrow e^{3x}u = e^{3x} + C$

$\Rightarrow u = Ce^{-3x} + 1 \Rightarrow y^3 Ce^{-3x} + 1$

초기 조건 $y(0) = 2$ 에서 $C = 7$ 이다.

따라서 해는 $y^3 = 7e^{-3x} + 1$ 이다.

15 ①

자율미분방정식 $\frac{dy}{dt} = y^5 - 2y^4 - y^3 + 2y^2$ 에서

$f(y) = y^5 - 2y^4 - y^3 + 2y^2$ 이라 하면 임계점
(critical point: 평형점)은

$f(y) = y^2(y+1)(y-1)(y-2) = 0$

$\Rightarrow y = 0, -1, 1, 2$이고, $f(y)$의 그래프는 다음과 같다.

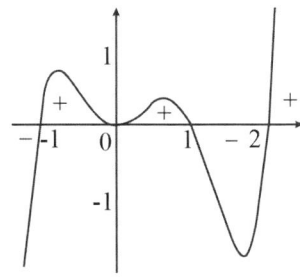

위상선(또는 위상도)을 그리면 다음과 같다.

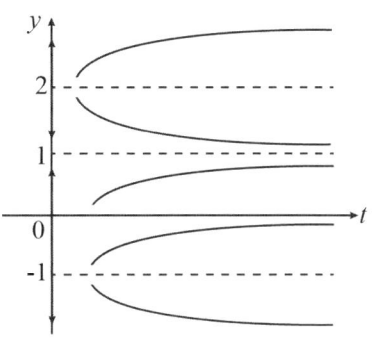

그러므로 점근적으로 안정한 평형점(임계점)은 $y = 1$이고, 준안정적 평형점(임계점)은 $y = 0$이다. 즉, 점근적으로 안정한 평형점의 개수는 1개다.

16 ④

자율방정식 $y' = (y^2 - 1)e^{2023y+1}$의 임계점(평형점)은
$y = -1$, $y = 1$이다.

또한, $y(0) = \frac{1}{2}$을 포함한 구간 $-1 < y < 1$에서

$y'(t) < 0$이므로 해의 꼴은 다음과 같다.

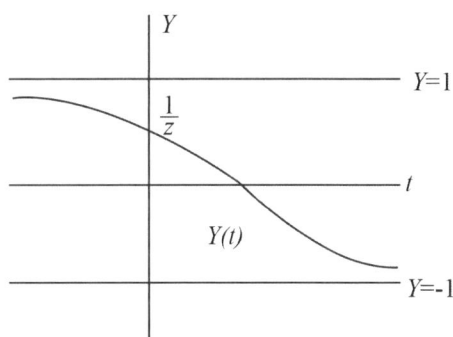

그러므로 $\lim_{t \to \infty} y(t) = -1$이고 모든 t에 대하여

$-1 < y(t) < 1$이 성립한다.

즉, 보기에서 참인 것을 고르면 다음과 같다.

ㄱ. $\lim_{t \to \infty} y(t) = -\infty$ (거짓)

ㄴ. $\lim_{t \to \infty} y(t) = 1$ (거짓)

ㄷ. $\lim_{t \to \infty} y(t) = -1$ (참)

ㄹ. 모든 t에 대하여 $-1 < y(t) < 1$ (참)

ㅁ. 모든 t에 대하여 $|y(t)| > 1$ (거짓)

17 ②

$y = (x+c)^{-1}$의 양변을 미분하면

$y' = -\frac{1}{(x+c)^2}$ …(∗)이다.

$y = (x+c)^{-1}$에서 $c = \frac{1}{y} - x$이므로 이를 (∗)에 대입하면

$y' = -y^2$이다.

수직인 접선의 기울기는

$-\frac{1}{y'} = \frac{1}{y^2}$이므로 $y' = \frac{1}{y^2}$이다.

$\dfrac{dy}{dx} = \dfrac{1}{y^2} \Leftrightarrow y^2 dy = dx$를 풀면

$\dfrac{1}{3}y^3 = x + k \Rightarrow y^3 = 3(x+k)$이다.

$y = \sqrt[3]{3}(x+k)^{\frac{1}{3}}$이므로 직교절선이 되기 위한 실수 $a = \sqrt[3]{3}$이다.

04. 2계 미분방정식

🔍 문제 p.127

| 01 ② | 02 ① | 03 ② | 04 ③ | 05 ① | 06 ④ | 07 ② | 08 ② | 09 ④ | 10 ① |
| 11 ④ | 12 ② | 13 ③ | 14 ① | 15 ④ | 16 ② | 17 ② | 18 ① | 19 ① | 20 ① |

01 ②

ㄱ. $x^2 dy + (x+y^2)dx = 0 \Leftrightarrow x^2 \dfrac{dy}{dx} + x + y^2 = 0$

y에 대한 일차가 아닌 항 y^2이 존재하므로
선형미분방정식이 아니다.

ㄴ. $e^x \dfrac{d^2 y}{dx^2} + x^2 y = 0$은 y에 대한 모든 항이 일차이므로
선형미분방정식이다.

ㄷ. $\left(\dfrac{dy}{dx}\right)^3 + xy = 0$에서

y에 대한 일차가 아닌 항 $\left(\dfrac{dy}{dx}\right)^3$이 존재한다.
따라서 선형미분방정식이 아니다.

즉, 선형미분방정식인 것은 ㄴ이다.

02 ①

문제에서 주어진 그래프는 주기가 2π이다.
① $y'' + y = 0$에서의 보조방정식이 $m^2 + 1 = 0$이므로 주기가 2π인 일반해 $y = c_1 \cos x + c_2 \sin x$를 얻는다.

03 ②

제차 미분방정식 $2y'' + 3y' + y = 0$의 보조방정식
$2t^2 + 3t + 1 = 0 \Leftrightarrow (2t+1)(t+1) = 0$에서 서로
다른 두 실근 $t = -\dfrac{1}{2}, -1$을 가지므로 일반해는

$y = c_1 e^{-t} + c_2 e^{-\frac{1}{2}t}$이다.
초기 조건 $y(0) = 2$와 $y'(0) = 0$을 대입하면
$c_1 = -2, c_2 = 4$이므로 $y = -2e^{-t} + 4e^{-\frac{1}{2}t}$이다.
그러므로 $2y(2) + y(4) = 8e^{-1} - 2e^{-4}$이다.

04 ③

$y'' + 6y' + (\pi^2 + 9)y = 0$의 보조방정식
$t^2 + 6t + (\pi^2 + 9) = 0 \Leftrightarrow t = -3 \pm \sqrt{9 - (\pi^2 + 9)}$
$= -3 \pm \pi i$의 서로 다른 두 허근을 갖는다.
그러므로 $y = e^{-3x}\{c_1 \cos(\pi x) + c_2 \sin(\pi x)\}$이다.
초기 조건 $y(0) = 0$, $y'(0) = e\pi$를 대입하면
$c_1 = 0, c_2 = e$이므로 $y = e e^{-3x} \sin(\pi x)$이다.
$y\left(\dfrac{1}{3}\right) = e e^{-1} \sin\left(\dfrac{\pi}{3}\right) = \dfrac{\sqrt{3}}{2}$이다.

05 ①

특성방정식 $t^2 - 5t - 14 = 0 \Leftrightarrow (t+2)(t-7) = 0$에서
서로 다른 실근이 $t = 7, -2$이므로
일반해는 $x(t) = c_1 e^{7t} + c_2 e^{-2t}$이다.
따라서 초기 조건 $x(0) = 5$, $x'(0) = -1$을 대입하면
$c_1 = 1, c_2 = 4$이므로
$x(t) = e^{7t} + 4e^{-2t}$이다.
$x'(t) = 7e^{7t} - 8e^{-2t} = 0 \Leftrightarrow 7e^{7t} = 8e^{-2t}$
$\Leftrightarrow e^{9t} = \dfrac{8}{7} \Leftrightarrow 9t = \ln\dfrac{8}{7} \Leftrightarrow t = \dfrac{1}{9}\ln\dfrac{8}{7}$이며,

$x''\left(\dfrac{1}{9}\ln\dfrac{8}{7}\right) > 0$이므로 $x(t)$가 최소가 되는 t는 다음과 같다.

$t = \dfrac{1}{9}\ln\dfrac{8}{7} \Leftrightarrow \dfrac{1}{9}\ln 8 - \dfrac{1}{9}\ln 7 \Leftrightarrow t = \dfrac{1}{3}\ln 2 - \dfrac{1}{9}\ln 7$

06 ④

제차 미분방정식 $y'' + 2iy' - y = 0$의 보조방정식은
$t^2 + 2it - 1 = 0$이므로
$t = -i \pm \sqrt{-1 + 1} = -i$이다.
따라서 일반해는 $y = c_1 e^{-ix} + c_2 x e^{-ix}$이고
초기 조건 $f(0) = 2$, $f'(0) = 0$을 대입하면
$c_1 = 2, c_2 = 2i$이므로 $y = 2e^{-ix} + 2ix e^{-ix}$이다. 그러므로

$f\left(\dfrac{\pi}{6}\right) = 2e^{-\frac{\pi}{6}i} + 2i\dfrac{\pi}{6} e^{-\frac{\pi}{6}i}$

$= 2\left(\cos\left(-\dfrac{\pi}{6}\right) + i\sin\left(-\dfrac{\pi}{6}\right)\right) + \dfrac{\pi}{3}i\left(\cos\left(-\dfrac{\pi}{6}\right) + i\sin\left(-\dfrac{\pi}{6}\right)\right)$

$= 2\left(\cos\left(\dfrac{\pi}{6}\right) - i\sin\left(\dfrac{\pi}{6}\right)\right) + \dfrac{\pi}{3}i\left(\cos\left(\dfrac{\pi}{6}\right) - i\sin\left(\dfrac{\pi}{6}\right)\right)$

이고 $f\left(\dfrac{\pi}{6}\right)$의 실수부는 다음과 같다.

$2\cos\left(\dfrac{\pi}{6}\right) + \dfrac{\pi}{3}\sin\left(\dfrac{\pi}{6}\right) = 2\dfrac{\sqrt{3}}{2} + \dfrac{\pi}{3}\dfrac{1}{2} = \sqrt{3} + \dfrac{\pi}{6}$

07 ②

(ⅰ) 제차 미분방정식 $y'' + 2y' + y = 0$의 보조방정식이
$t^2 + 2t + 1 = 0 \Leftrightarrow (t+1)^2 = 0$에서
$t = -1$의 중근을 가지므로 보조해는
$y_c = c_1 e^{-t} + c_2 t e^{-t}$이다.

(ⅱ) 역연산자를 이용하여 특수해를 구하면

$y_p = \dfrac{1}{D^2 + 2D + 1}\{2e^{-t}\} = 2\dfrac{1}{(D+1)^2}\{e^{-t}\} = t^2 e^{-t}$이다.

그러므로 미분방정식 $y'' + 2y' + y = 2e^{-t}$의 일반해는
$y = y_c + y_p = c_1 e^{-t} + c_2 t e^{-t} + t^2 e^{-t}$이고

초기 조건 $y(0)=1$, $y'(0)=0$을 대입하면
$c_1=1$, $c_2=1$이므로 $y=e^{-t}+te^{-t}+t^2e^{-t}$이다.
따라서 $y(1)=3e^{-1}$이다.

08 ②

(i) 보조방정식을 살펴보면
$t^2-2t+1=0 \Leftrightarrow (t-1)^2=0$에서 $t=1$의 중근을 가지므로
주어진 미분방정식의 보조해는 $y_c=c_1e^x+c_2xe^x$이다.

(ii) 역연산자를 이용하여 특수해를 구하면 다음과 같다.
$$y_p=\frac{1}{(D-1)^2}\{x^3e^x\}=e^x\frac{1}{D^2}\{x^3\}=\frac{1}{20}e^xx^5$$

즉, 주어진 미분방정식의 해는
$y=y_c+y_p=c_1e^x+c_2xe^x+\frac{x^5}{20}e^x$ 가 된다.

초기 조건 $y(0)=0$, $y'(0)=1$을 대입하면
$c_1=0$, $c_2=1$이므로 $y(x)=xe^x+\frac{x^5}{20}e^x$이다.

$\therefore y(1)=e+\frac{1}{20}e=\frac{21}{20}e$

09 ④

(i) $f''(x)+2f'(x)+5f(x)=0$의 보조방정식이
$t^2+2t+5=0 \Leftrightarrow t=-1\pm\sqrt{1-5}$
$\Leftrightarrow t=-1\pm 2i$이므로 보조해는
$f_c(x)=e^{-x}(c_1\cos 2x+c_2\sin 2x)$이다.

(ii) 역연산법을 이용하면
$$f_p=\frac{1}{D^2+2D+5}(9)+\frac{1}{D^2+2D+5}(10x)$$
$$=\frac{1}{5}\cdot 9+\frac{1}{5}\frac{1}{1+\frac{2}{5}D+\frac{1}{5}D^2}(10x)$$
$$=\frac{9}{5}+\frac{1}{5}\left(1-\frac{2}{5}D\cdots\right)(10x)$$
$$=\frac{9}{5}+\frac{1}{5}(10x-4)$$
$$=2x+1\text{이다.}$$

그러므로 일반해는 다음과 같다.
$f(x)=e^{-x}(c_1\cos 2x+c_2\sin 2x)+2x+1$
초기 조건 $f(0)=-1$, $f'(0)=10$을 대입하면
$c_1=-2$, $c_2=3$이다.
$\therefore f(x)=e^{-x}(-2\cos 2x+3\sin 2x)+2x+1$이므로
$A+B+C+D=-2+3+2+1=4$이다.

다른 풀이

미정계수법으로 풀어보면 다음과 같다.
$f_p(x)=Ax+B$라고 가정하면
$f''(x)+2f'(x)+5f(x)=2A+5(Ax+B)$
$=5Ax+(2A+5B)$
$=10x+9$이므로
$A=2$, $B=1$이다. 따라서 $f_p(x)=2x+1$이다.
일반해는 $f(x)=e^{-x}(c_1\cos 2x+c_2\sin 2x)+2x+1$이고 초기 조건

$f(0)=-1$, $f'(0)=10$을 대입하면 $c_1=-2$, $c_2=3$이다.
$\therefore f(x)=e^{-x}(-2\cos 2x+3\sin 2x)+2x+1$이므로
$A+B+C+D=-2+3+2+1=4$이다.

10 ①

(i) $y''-y'-2y=0$의 보조방정식이
$t^2-t-2=0 \Leftrightarrow (t-2)(t+1)=0$이므로
보조해는 $y_c=c_1e^{-x}+c_2e^{2x}$이다.

(ii) $y_p=Ax+B$라고 할 때,
$y''-y'-2y=-A-2(Ax+B)$
$=-2Ax+(-A-2B)=-4x$이므로
$A=2$, $B=-1$이다. 따라서 $y_p=2x-1$이다.

(i)과 (ii)에 의하여 일반해는
$y=c_1e^{-x}+c_2e^{2x}+2x-1$이므로
초기 조건 $y(0)=-1$, $y'(0)=-1$을 대입하면
$c_1=1$, $c_2=-1$이다.
$\therefore y=e^{-x}-e^{2x}+2x-1$에서
$y(1)=e^{-1}-e^2+2-1=\frac{1}{e}-e^2+1$이다.

11 ④

특성다항식 $m^2-2m+1=0$에서 $m=1$의 중근을 가지므로
$y_c=(c_1+c_2x)e^x$이다.
특수해를 $y_p=A+Bx+Cx^2$으로 놓으면
$C=1, B=3, A=1$이다. 따라서 일반해
$y=1+3x+x^2+e^x(c_1+c_2x)$를 갖는다.
초깃값 조건을 대입하면
$y=1+3x+x^2-e^x(3-x)$이다.
따라서 구하고자 하는 값 $y(2)=11-e^2$이다.

12 ②

보조방정식 $\lambda^2-2\lambda-3=0$에서 $\lambda=-1, 3$이므로
보조해는 $y_h=c_1e^{-x}+c_2e^{3x}$이다.
특수해를 구하면
$$y_p=\frac{1}{(D-3)(D+1)}\{2e^x-10\sin x\}$$
$$=\frac{1}{(D-3)(D+1)}\{2e^x\}+\frac{1}{D^2-2D-3}\{-10\sin x\}$$
$$=\frac{2}{(-2)\cdot 2}e^x+\frac{5}{2+D}\{\sin x\}$$
$$=-\frac{e^x}{2}+(2-D)\{\sin x\}$$
$$=-\frac{e^x}{2}+2\sin x-\cos x$$

$\therefore y(x)=c_1e^{-x}+c_2e^{3x}-\frac{e^x}{2}+2\sin x-\cos x$

초기 조건 $y(0)=2$에서
$c_1+c_2-\frac{1}{2}-1=0 \Rightarrow c_1+c_2=\frac{3}{2}$이고

$y'(0) = 4$에서

$-c_1 + 3c_2 - \frac{1}{2} + 2 = 4 \Rightarrow -c_1 + 3c_2 = \frac{5}{2}$ 이다.

두 식을 연립하면 $c_1 = 2, c_2 = \frac{3}{2}$ 이다.

$\therefore y(x) = 2e^{-x} + \frac{3}{2}e^{3x} - \frac{e^x}{2} + 2\sin x - \cos x$

즉, $y(\pi) = 2e^{-\pi} + \frac{3}{2}e^{3\pi} - \frac{e^\pi}{2} + 1$

$= \frac{1}{2}e^{-\pi}(3e^{4\pi} + 4 - e^{2\pi}) + 1$

$\therefore abcd = 3 \cdot 4 \cdot (-1) \cdot 1 = -12$

13 ③

(i) $y'' - 4y' + 3y = 0$의 보조방정식이
$t^2 - 4t + 3 = 0 \Leftrightarrow (t-3)(t-1) = 0$이므로
보조해는 $y = c_1 e^x + c_2 e^{3x}$ 이다.

(ii) 특수해를 y_p라 하고 역연산자를 이용하면

$y_p = \frac{1}{D^2 - 4D + 3}\{10\cos x\}$

$= 10Re\left\{\frac{1}{D^2 - 4D + 3}\{e^{ix}\}\right\}$

$= 10Re\left\{\frac{1}{-1 - 4i + 3}\{e^{ix}\}\right\}$

$= 10Re\left\{\frac{1}{2 - 4i}\{e^{ix}\}\right\}$

$= 10Re\left\{\frac{2 + 4i}{20}\{\cos x + i\sin x\}\right\}$

$= Re\{(1+2i)\{\cos x + i\sin x\}\}$

$= \cos x - 2\sin x$ 이다.

(i), (ii)에 의하여 일반해는

$y = c_1 e^x + c_2 e^{3x} + \cos x - 2\sin x$이고
초기 조건 $y(0) = 1, y'(0) = 0$을 대입하면
$c_1 = -1, c_2 = 1$이므로
$y = -e^x + e^{3x} + \cos x - 2\sin x$이다.

$\therefore y'\left(\frac{\pi}{2}\right) = -e^{\frac{\pi}{2}} + 3e^{\frac{3\pi}{2}} - 1$

14 ①

$f''(t) = 2f'(t) + 3\cos t$이므로
$f''(0) = 2f'(0) + 3 = 3$

15 ④

$y_p = \frac{1}{(D-2)^2}\{e^{2x}\} + \frac{1}{(D-2)^2}\{\sin x\}$

$= \frac{1}{(D-2)^2}\{e^{2x}\} + Im\frac{1}{(D-2)^2}\{e^{ix}\}$

$= \frac{1}{2}x^2 e^{2x} + \frac{3}{25}\sin x + \frac{4}{25}\cos x$

16 ②

$W(f, g) = \begin{vmatrix} f(x) & x \\ f'(x) & 1 \end{vmatrix} = f(x) - xf'(x) = -3x^4$이므로

$xf'(x) - f(x) = 3x^4 \Leftrightarrow f'(x) - \frac{1}{x}f(x) = 3x^3$은

1계 선형미분방정식이다. 따라서 일반해는

$f(x) = e^{-\int -\frac{1}{x}dx}\left(\int 3x^3 e^{\int -\frac{1}{x}dx}dx + c\right)$

$\Leftrightarrow f(x) = e^{\ln x}\left(\int 3x^3 e^{-\ln x}dx + c\right)$

$\Leftrightarrow f(x) = x\left(\int 3x^2 dx + c\right)$

$\Leftrightarrow f(x) = x(x^3 + c)$

$\Leftrightarrow f(x) = x^4 + cx$이고

초기 조건 $f(-1) = 0$을 대입하면 $c = 1$이므로
$f(x) = x^4 + x$이다. 그러므로 $f(1) = 2$이다.

17 ②

$y_2(x) = e^{-2x}\int \frac{e^{-\int \frac{4x}{1+2x}dx}}{e^{-4x}}dx$

$= e^{-2x}\int e^{4x} e^{-2\int \frac{2x+1}{1+2x} - \frac{1}{1+2x}dx}dx$

$= e^{-2x}\int e^{4x}e^{\int -2 + \frac{2}{1+2x}dx}dx = e^{-2x}\int e^{4x}e^{-2x + \ln(1+2x)}dx$

$= e^{-2x}\int e^{2x}(1+2x)dx = e^{-2x}\left\{(1+2x)\frac{1}{2}e^{2x} - 2\frac{1}{4}e^{2x}\right\} = x$

18 ①

매개변수변화법을 이용하면 다음과 같다.

$W = \det\begin{pmatrix} \cos 3x & \sin 3x \\ -3\sin 3x & 3\cos 3x \end{pmatrix} = 3$

$W_1 R = \det\begin{pmatrix} 0 & \sin 3x \\ \csc 3x & 3\cos 3x \end{pmatrix} = -1$

$W_2 R = \det\begin{pmatrix} \cos 3x & 0 \\ -3\sin 3x & \csc 3x \end{pmatrix} = \cot 3x$

$\therefore y_p = (\cos 3x)\int -\frac{1}{3}dx + (\sin 3x)\int \frac{\cot 3x}{3}dx$

$= -\frac{1}{3}x\cos 3x + \frac{1}{9}\sin 3x \ln|\sin 3x|$

19 ①

$2\cosh x - 2\sinh x = 2e^{-x}$이므로

$\frac{d^2 y}{dx^2} + 2\frac{dy}{dx} + y = 2e^{-x}$를 풀면 된다.

제차 미분방정식의 특성방정식
$t^2 + 2t + 1 = 0$ 의 근은 $t = -1$이므로
$y_c = (c_1 + c_2 x)e^{-x}$이다.

비제차 미분방정식의 특수해는

$y_p = \frac{1}{(D+1)^2}\{2e^{-x}\} = \frac{2x^2}{2!}e^{-x} = x^2 e^{-x}$이다.

따라서 주어진 미분방정식의 일반해는

$y = y_c + y_p = (c_1 + c_2 x + x^2)e^{-x}$ 이다.

초기 조건을 대입하면 다음과 같다.

$y(0) = 1 \Rightarrow c_1 = 1$, $y'(0) = -1 \Rightarrow c_2 = 0$

$\therefore y = (1+x^2)e^{-x}$

$\int_0^\infty y(x)\,dx = \int_0^\infty (1+x^2)e^{-x}\,dx = 0! + 2! = 3$

($\because$ 감마함수)

20 ①

$y'' + 4y = \sin^2(2x) = \dfrac{1}{2} - \dfrac{1}{2}\cos 4x$

$t^2 + 4 = 0 \Rightarrow t = \pm 2i \Rightarrow y_c = c_1 \cos 2x + c_2 \sin 2x$

$y_p = A + B\cos 4x + C\sin 4x$라 하고

주어진 미분방정식에 대입하여 계수를 비교하면

$A = \dfrac{1}{8}$, $B = \dfrac{1}{24}$, $C = 0$이다.

$\therefore y = c_1 \cos 2x + c_2 \sin 2x + \dfrac{1}{8} + \dfrac{1}{24}\cos 4x$

초깃값 $y(0) = 0$, $y'(0) = 0$이므로

$c_1 = -\dfrac{1}{6}$, $c_2 = 0$이다.

$\therefore y = -\dfrac{1}{6}\cos 2x + \dfrac{1}{8} + \dfrac{1}{24}\cos 4x$

$\quad = -\dfrac{1}{6}(1 - 2\sin^2 x) + \dfrac{1}{8} + \dfrac{1}{24}(\cos^2(2x) - \sin^2(2x))$

$\quad = -\dfrac{1}{6}(1 - 2\sin^2 x) + \dfrac{1}{8} + \dfrac{1}{24}(1 - 2\sin^2(2x))$

$\quad = \dfrac{1}{3}\sin^2 x - \dfrac{1}{12}\sin^2(2x)$

$\quad = \dfrac{1}{3}\sin^2 2x - \dfrac{1}{12}(4\sin^2 x - 4\sin^4 x) = \dfrac{\sin^4 x}{3}$

$\therefore y = y(x)$의 최솟값은 0이다.

05. 고계 미분방정식

| 01 ③ | 02 ① | 03 ② | 04 ③ | 05 ④ | 06 ③ | 07 ① | | |

01 ③

$y_1 = e^{\frac{1}{3}x}$, $y_2 = e^{-x}\cos(\sqrt{3}x)$, $y_3 = e^{-x}\sin(\sqrt{3}x)$가 미분방정식 $ay''' + by'' + cy' - 4y = 0$의 해가 되기 위해서는 특성방정식 $at^3 + bt^2 + ct - 4 = 0$의 해가 $\frac{1}{3}$, $-1 \pm \sqrt{3}i$이어야 한다.

따라서 특성방정식은
$3\left(t - \frac{1}{3}\right)(t - (-1 + \sqrt{3}i))(t - (-1 - \sqrt{3}i)) = 0$
$\Leftrightarrow 3t^3 + 5t^2 + 10t - 4 = 0$이다.
그러므로 $a = 3$, $b = 5$, $c = 10$이고
$a + b + c = 18$이다.

02 ①

특성방정식 $t^3 + 8t^2 + 16t = 0$에서
$t = 0$, -4(중근)을 가지므로
$y = c_1 + e^{-4x}(c_2 + c_3 x)$이다.
초기 조건에 의하여
$c_1 = \frac{1}{16}$, $c_2 = -\frac{1}{16}$, $c_3 = -\frac{1}{4}$

$\therefore y(x) = \frac{1}{16} + e^{-4x}\left(-\frac{1}{16} - \frac{1}{4}x\right)$
$= e^{-4x}\left(\frac{1}{16}e^{4x} - \frac{1}{4}x - \frac{1}{16}\right)$

$\therefore A = 1$, $B = \frac{1}{16}$, $C = -\frac{1}{4}$, $D = -\frac{1}{16}$이고,
$A \div (B + C + D) = -4$이다.

03 ②

$t^3 + t = 0 \Rightarrow t = 0, \pm i$
$\Rightarrow y_c = c_1 + c_2 \cos x + c_3 \sin x$이다.
$y_p = Ae^x \Rightarrow y_p' = Ae^x$, $y_p'' = Ae^x$, $y_p''' = Ae^x$를
$y^{(3)} + y' = e^x$에 대입하여 계수를 비교하면 $A = \frac{1}{2} \Rightarrow y_p = \frac{1}{2}e^x$이다.

$\therefore$ 일반해는 $y = c_1 + c_2 \cos x + c_3 \sin x + \frac{1}{2}e^x$이다.
초기 조건 $y(0) = y'(0) = y''(0) = 0$이므로
$c_1 = -1$, $c_2 = \frac{1}{2}$, $c_3 = -\frac{1}{2}$이다.

$\therefore y = -1 + \frac{1}{2}\cos x - \frac{1}{2}\sin x + \frac{1}{2}e^x$이고
$y' = -\frac{1}{2}\sin x - \frac{1}{2}\cos x + \frac{1}{2}e^x$에서
$\Rightarrow y' - y = 1 - \cos x = 0$
$\Rightarrow \cos x = 1$이다.
$\therefore [0, 2\pi]$에서 근의 개수는 2개이다.

04 ③

$y_p = Ax^2 + Bx + C\cos x + D\sin x + Ee^{-x}$라고 가정하면
$y^{(3)} - 4y'$
$= C\sin x + D(-\cos x) - Ee^{-x}$
$\quad - 4(2Ax + B - C\sin x + D\cos x - Ee^{-x})$
$= -8Ax - 4B + (C + 4C)\sin x + (-D - 4D)\cos x + 3Ee^{-x}$
$= -8Ax - 4B + 5C\sin x - 5D\cos x + 3Ee^{-x}$
$= 2x + 4\sin x + e^{-x}$이므로
$A = -\frac{1}{4}$, $B = 0$, $C = \frac{4}{5}$, $D = 0$, $E = \frac{1}{3}$이다.

따라서 $y_p = -\frac{1}{4}x^2 + \frac{4}{5}\cos x + \frac{1}{3}e^{-x}$이고
$y_p(0) = \frac{4}{5} + \frac{1}{3} = \frac{17}{15}$이다.
그러므로 $a + b = 15 + 17 = 32$이다.

05 ④

$\dfrac{d^4y}{dx^4} + \dfrac{d^3y}{dx^3} = 1 - x^3 e^{-x} \Leftrightarrow (D^4 + D^3)y = 1 - x^3 e^{-x}$에서

$y_p = \dfrac{1}{D^4 + D^3}\{1 - x^3 e^{-x}\}$

$= \dfrac{1}{D^4 + D^3}\{1\} - \dfrac{1}{D^4 + D^3}\{x^3 e^{-x}\}$

$= \dfrac{1}{D^4 + D^3}\{1e^{0x}\} - e^{-x}\dfrac{1}{(D-1)^4 + (D-1)^3}\{x^3\}$

$= \dfrac{1}{D^3(D+1)}\{1e^{0x}\} - e^{-x}\dfrac{1}{(D-1)^4 + (D-1)^3}\{x^3\}$

$= \dfrac{x^3}{3!(0+1)}\cdot 1e^{0x} - e^{-x}\dfrac{1}{D(D-1)^3}\{x^3\}$

$= \dfrac{x^3}{3!} - e^{-x}\displaystyle\int \dfrac{1}{D^3 - 3D^2 + 3D - 1}\{x^3\}dx$

$= \dfrac{x^3}{3!} + e^{-x}\displaystyle\int (1 - 3D + \cdots)\{x^3\}dx$

$= \dfrac{x^3}{3!} + e^{-x}\displaystyle\int (x^3 - 9x^2 + \cdots)dx$이므로

$y_p(x) = Ax^3 + Bx^4 e^{-x} + Cx^3 e^{-x} + Dx^2 e^{-x} + Exe^{-x}$의 형태가 된다.

06 ③

특성방정식이 $r^5 - 3r^4 + 3r^3 - r^2 = 0$이므로
$r = 0, 0, 1, 1, 1$이다.
각 항들이 일차독립이므로 항등식의 미정계수법에 의해 해의 형태는
$y = c_1 + c_2 x + (c_3 + c_4 x + c_5 x^2)e^x$이다.

07 ①

① (거짓)

$y_p = x+1+e^x$ 이면

$(y_p)'' - 4(y_p)' + 4y_p = x+1+e^x$ 가 성립한다.

$y_p' = 1+e^x$, $y_p'' = e^x$ 이므로

$e^x - 4(1+e^x) + 4(x+1+e^x) \neq x+1+e^x$

∴ $x+1+e^x$ 는 특수해가 아니다.

② (참)

2계 제차 방정식 $y'' + ay' + by = 0$ 이라 할 때,

$(2x+3e^{-x})' = 2-3e^{-x}$, $(2x+3e^{-x})'' = 3e^{-x}$ 를 대입하면

$3e^{-x} + a(2-3e^{-x}) + b(2x+3e^{-x})$

$\Rightarrow 3(1-a+b)e^{-x} + 2bx + 2a = 0$ 이다.

x값에 관계없이 성립하는 항등식이 될 수 없다.

따라서 $2x+3e^{-x}$ 는 2계 이하 제차방정식의 해가 될 수 없다.

③ (참)

$y = x$, $y = e^{-x}$ 를 대입하면 등식이 성립한다.

∴ $y = x$, $y = e^{-x}$ 는 주어진 방정식의 해이고,

그 일차결합 $c_1 x + c_2 e^{-x}$ 도 해가 된다.

④ (참)

$y'' = -\dfrac{2}{3}(6x + e^x + e^{-x})$, $y^{(4)} = -\dfrac{2}{3}(e^x + e^{-x})$ 이므로

$y^{(4)} - y'' = 4x$ 가 성립한다.

06. 변수계수를 가지는 미분방정식

🔍 문제 p.158

01 ④	02 ④	03 ①	04 ③	05 ④	06 ④	07 ③	08 ②	09 ④	10 ②
11 ④	12 ①								

01 ④

보조방정식이 $t(t-1)-3t+5=0 \Leftrightarrow t^2-4t+5=0$이므로
$t=2\pm\sqrt{4-5}=2\pm i$이다. 따라서 일반해는
$y=x^2(c_1\cos(\ln x)+c_2\sin(\ln x))$이고
초기 조건 $y(e^{\pi/2})=e^\pi$, $y(e^\pi)=2e^{2\pi}$를 대입하면
$c_1=-2$, $c_2=1$이므로
$y=x^2(-2\cos(\ln x)+\sin(\ln x))$이다.
$\therefore y(e^{\frac{\pi}{4}})=e^{\frac{\pi}{2}}\left(-2\frac{1}{\sqrt{2}}+\frac{1}{\sqrt{2}}\right)=-\frac{1}{\sqrt{2}}e^{\frac{\pi}{2}}$

02 ④

$x^2y''-5xy'+12y=0$의 보조방정식이
$t(t-1)-5t+12=0 \Leftrightarrow t^2-6t+12=0$이고
$t=3\pm\sqrt{3}i$이다. 따라서 일반해는
$y=x^3\{c_1\cos(\sqrt{3}\ln x)+c_2\sin(\sqrt{3}\ln x)\}$이고
초기 조건 $y(1)=1$, $y'(1)=5$를 대입하면
$c_1=1$, $c_2=\frac{2}{\sqrt{3}}$이므로
$y=x^3\left\{\cos(\sqrt{3}\ln x)+\frac{2}{\sqrt{3}}\sin(\sqrt{3}\ln x)\right\}$이다.
$\therefore pabc=3\times 1\times\frac{2}{\sqrt{3}}\times\sqrt{3}=6$

03 ①

$x-3=w$라고 치환하면
$\frac{dy}{dx}=\frac{dw}{dx}$, $\frac{d^2y}{dx^2}=\frac{d^2w}{dx^2}$이므로
$(x-3)^2y''-5(x-3)y'+9y=0$
$\Rightarrow w^2y''-5wy'+9y=0$이다.
코시-오일러 미분방정식 $u^2y''-5wy'+9y=0$의 보조방정식이
$t(t-1)-5t+9=0 \Leftrightarrow (t-3)^2=0$이므로
일반해는 $y=c_1w^3+c_2w^3\ln w$이다.
즉, $y(x)=c_1(x-3)^3+c_2(x-3)^3\ln(x-3)$이므로
초기 조건 $y(4)=1$, $y'(4)=5$을 대입하면
$c_1=1$, $c_2=2$이다.
$y(5)=8+16\ln 2$, $y'(5)=20+24\ln 2$이므로
$3y(5)-2y'(5)=-16$이다.

04 ③

보조 방정식이
$t(t-1)(t-2)+5t(t-1)+7t+8=0$
$\Leftrightarrow t^3+2t^2+4t+8=0$
$\Leftrightarrow (t+2)(t^2+4)=0$이므로 일반해는
$y=c_1x^{-2}+c_2\cos(2\ln x)+c_3\sin(2\ln x)$이다.
초기 조건 $y(1)=1+e^\pi$, $y(e^{-\frac{\pi}{2}})=0$,
$y(e^{-\frac{\pi}{4}})=e^{\frac{\pi}{2}}-e^{-\pi}$를 대입하면
$c_1=1$, $c_2=e^\pi$, $c_3=e^{-\pi}$이므로 특수해는
$y=x^{-2}+e^\pi\cos(2\ln x)+e^{-\pi}\sin(2\ln x)$이다.
$\therefore y(e^{-\frac{\pi}{8}})=e^{\frac{\pi}{4}}+e^\pi\cos\left(-\frac{\pi}{4}\right)+e^{-\pi}\sin\left(-\frac{\pi}{4}\right)$
$=e^{\frac{\pi}{4}}+\frac{\sqrt{2}}{2}e^\pi-\frac{\sqrt{2}}{2}e^{-\pi}$

05 ④

$x=e^t$로 치환하면
$x^2y''+xy'-y=2\ln x \Rightarrow y''(t)-y(t)=2t$이다.
$\therefore y(t)=c_1e^t+c_2e^{-t}-2t \Rightarrow y(x)=c_1x+c_2x^{-1}-2\ln x$이므로
초기 조건에 의하여 $c_1=\frac{3}{2}$, $c_2=-\frac{1}{2}$이다.
따라서 $y(x)=\frac{3}{2}x-\frac{1}{2}x^{-1}-2\ln x$이므로
$y\left(\frac{1}{2}\right)=\frac{3}{4}-1-2\ln\frac{1}{2}$
$=-0.25+2\ln 2$
$=-0.25+1.4=1.15$

06 ④

$x^2y''+xy'+4y=2x\ln x$에서 $x=e^t$로 치환하면
$y''+4y=2te^t$이므로
$y=\frac{1}{D^2+4}(2te^t)$
$=e^t\frac{1}{(D+1)^2+4}(2t)$
$=e^t\frac{1}{D^2+2D+5}(2t)$이고 $y=At+B$라고 하여
$y''+2y'+5y=2t$에 대입하면
$y''+2y'+5y=2(A)+5(At+B)=5At+(2A+5B)$이므로
$A=\frac{2}{5}$, $B=-\frac{4}{25}$이다.

따라서 $y_p = e^t\left(\dfrac{2}{5}t - \dfrac{4}{25}\right)$이고

$y(t) = c_1\cos(2t) + c_2\sin(2t) + \dfrac{e^t}{5}\left(2t - \dfrac{4}{5}\right) \Rightarrow$

$y(x) = c_1\cos(2\ln x) + c_2\sin(2\ln x) + \dfrac{x}{5}\left(2\ln x - \dfrac{4}{5}\right)$이다.

초기 조건 $y(1) = 0$과 $y\left(e^{\frac{3}{4}\pi}\right) = \dfrac{3}{10}\pi e^{\frac{3}{4}\pi}$를 대입하면

$c_1 = \dfrac{4}{25}$, $c_2 = -\dfrac{4}{25}e^{\frac{3}{4}\pi}$이다.

$\therefore y(x) = \dfrac{4}{25}\cos(2\ln x) - \dfrac{4}{25}e^{\frac{3}{4}\pi}\sin(2\ln x) + \dfrac{x}{5}\left(2\ln x - \dfrac{4}{5}\right)$에서

$y(e) = \dfrac{4}{25}\cos 2 - \dfrac{4}{25}e^{\frac{3}{4}\pi}\sin 2 + \dfrac{6e}{25}$이다.

07 ③

$y = c_0 + c_1 x + c_2 x^2 + c_3 x^3 + c_4 x^4 + \cdots$을 해라고 가정하여
$y'' - (\sin x)y = 0$에 대입하면
$y'' - (\sin x)y = 0$
$\Leftrightarrow (2c_2 + 6c_3 x + 12c_4 x^2 + \cdots)$
$\quad - \left(x - \dfrac{1}{3!}x^3 + \cdots\right)(c_0 + c_1 x + c_2 x^2 + c_3 x^3 + \cdots) = 0$
$\Leftrightarrow 2c_2 + (6c_3 - c_0)x + (12c_4 - c_1)x^2 + \cdots = 0$이므로
$c_2 = 0$, $6c_3 = c_0$, $12c_4 = c_1$을 만족해야 한다.
또한 초기 조건 $y(0) = 0$, $y'(0) = 1$을 대입하면 $c_0 = 0$, $c_1 = 1$이므로
$c_0 = c_2 = c_3 = 0$이고 $c_1 = 1$, $c_4 = \dfrac{1}{12}$이다.

$\therefore c_0 + c_1 + c_2 + c_3 + c_4 = \dfrac{13}{12}$

08 ②

$(1-x^2)y'' - xy' + 10y = 0$은 특이점을 포함하지 않으므로
$y = \sum_{n=0}^{\infty}a_n x^n$꼴을 해로 갖는다.
초기 조건 $y(0) = 1$, $y'(0) = 3$을 대입하면 $a_0 = 1$, $a_1 = 3$이다.
$y = \sum_{n=0}^{\infty}a_n x^n$을 $(1-x^2)y'' - xy' + 10y = 0$에 대입하면
$(1-x^2)(2a_2 + 6a_3 x + 12a_4 x^2 + \cdots)$
$-x(a_1 + 2a_2 x + 3a_3 x^2 + 4a_4 x^3 + \cdots)$
$+ 10(a_0 + a_1 x + a_2 x^2 + a_3 x^3 + a_4 x^4 + \cdots) = 0$
$\Leftrightarrow (2a_2 + 10a_0) + (6a_3 - a_1 + 10a_1)x$
$+ (12a_4 - 2a_2 - 2a_2 + 10a_2)x^2 + \cdots = 0$이므로

(i) $2a_2 + 10a_0 = 0 \Rightarrow a_2 = -5a_0 \Leftrightarrow a_2 = -5$

(ii) $6a_3 + 9a_1 = 0 \Rightarrow a_3 = -\dfrac{9a_1}{6} = -\dfrac{27}{6} = -\dfrac{9}{2}$

(iii) $12a_4 + 6a_2 = 0 \Leftrightarrow a_4 = -\dfrac{1}{2}a_2$

$\Leftrightarrow a_4 = -\dfrac{1}{2}(-5) = \dfrac{5}{2}$이다.

$\therefore \dfrac{y^{(4)}(0)}{4!} = \dfrac{4! \cdot \dfrac{5}{2}}{4!} = \dfrac{5}{2}$

09 ④

$y = a_0 + a_1 x + a_2 x^2 + a_3 x^3 + a_4 x^4 + \cdots$
$y' = a_1 + 2a_2 x + 3a_3 x^2 + 4a_4 x^3 + \cdots$
$y'' = 2a_2 + 3 \cdot 2a_3 x + 4 \cdot 3a_4 x^2 + \cdots$에서
$y(0) = 0$, $y'(0) = 1$이므로 $a_0 = 0$, $a_1 = 1$이다.
$y'' + xy = 2a_2 + (6a_3 + a_0)x + (12a_4 + a_1)x^2 + \cdots = 0$
$\Rightarrow a_2 = 0$, $6a_3 + a_0 = 0$, $12a_4 + a_1 = 0$이므로
$a_3 = 0$, $a_4 = -\dfrac{1}{12}$이다.

$\therefore (a_3, a_4) = \left(0, -\dfrac{1}{12}\right)$이다.

10 ②

$y = \sum_{n=0}^{\infty}c_n x^n$

$y' = \sum_{n=1}^{\infty}n \cdot c_n x^{n-1}$

$y'' = \sum_{n=2}^{\infty}n(n-1)c_n x^{n-2}$를 주어진 미분방정식에 대입하면 다음과 같다.

$y'' - 2xy' + 8y$
$= \sum_{n=2}^{\infty}n(n-1)c_n x^{n-2} - 2\sum_{n=1}^{\infty}nc_n x^n + 8\sum_{n=0}^{\infty}c_n x^n$
$= \sum_{n=0}^{\infty}(n+2)(n+1)c_{n+2}x^n - 2\sum_{n=1}^{\infty}nc_n x^n + 8\sum_{n=0}^{\infty}c_n x^n$
$= 2c_2 + 8c_0 + \sum_{n=1}^{\infty}\{(n+2)(n+1)c_{n+2} + (-2n+8)c_n\}x^n$

$\therefore 2c_2 + 8c_0 = 0$
$(n+2)(n+1)c_{n+2} = 2(n-4)c_n$
$\Leftrightarrow c_{n+2} = \dfrac{2(n-4)}{(n+2)(n+1)}c_n$

초기 조건에 의하여 $c_0 = 1$, $c_1 = 0$, $c_2 = -4$이다.
점화식에 의하면 다음과 같다.

$\begin{cases} c_3 = \dfrac{-6}{3 \cdot 2}c_1 = 0 \\ c_5 = \dfrac{-2}{5 \cdot 4}c_3 = 0, \\ \vdots \\ c_{2n+1} = 0 \end{cases}$ $\begin{cases} c_4 = \dfrac{-4}{4 \cdot 3}c_2 = \dfrac{4}{3} \\ c_6 = \dfrac{0}{6 \cdot 5}c_4 = 0 \\ c_8 = \dfrac{4}{8 \cdot 7}c_6 = 0 \\ \vdots \\ c_{2n} = 0 \end{cases}$

$\therefore y = 1 - 4x^2 + \dfrac{4}{3}x^4$이고 $y(1) = 1 - 4 + \dfrac{4}{3} = -\dfrac{5}{3}$이다.

11 ④

$y = \sum_{n=0}^{\infty} a_n x^n$

$y' = \sum_{n=1}^{\infty} n a_n x^{n-1}$

$y'' = \sum_{n=2}^{\infty} n(n-1) a_n x^{n-2}$를 주어진 미분방정식에 대입하면 다음과 같다.

$(1-x^2)\dfrac{d^2y}{dx^2} - 2x\dfrac{dy}{dx} + 6y = 0$

$\Leftrightarrow (1-x^2)\sum_{n=2}^{\infty} n(n-1)a_n x^{n-2} - 2x\sum_{n=1}^{\infty} na_n x^{n-1} + 6\sum_{n=0}^{\infty} a_n x^n = 0$

$\Leftrightarrow \sum_{n=2}^{\infty} n(n-1)a_n x^{n-2} - \sum_{n=2}^{\infty} n(n-1)a_n x^n - 2\sum_{n=1}^{\infty} na_n x^n$

$\quad + 6\sum_{n=0}^{\infty} a_n x^n = 0$

$\Leftrightarrow \sum_{n=0}^{\infty} (n+2)(n+1)a_{n+2} x^n - \sum_{n=2}^{\infty} n(n-1)a_n x^n$

$\quad - 2\sum_{n=1}^{\infty} na_n x^n + 6\sum_{n=0}^{\infty} a_n x^n = 0$

$\Leftrightarrow (2a_2 + 6a_0) + (6a_3 + 4a_1)x$

$\quad + \sum_{n=2}^{\infty} \{(n+2)(n+1)a_{n+2} - (n-2)(n+3)a_n\}x^n = 0$이므로

$2a_2 + 6a_0 = 0$, $6a_3 + 4a_1 = 0$,

$a_{n+2} = \dfrac{(n-2)(n+3)}{(n+2)(n+1)} a_n$, $n \geq 2$이다.

$a_2 = -3a_0$, $a_3 = -\dfrac{2}{3}a_1$이므로

$a_{n+2} = \dfrac{(n-2)(n+3)}{(n+2)(n+1)} a_n$, $n \geq 0$ 또는

$a_n = \dfrac{(n-4)(n+1)}{n(n-1)} a_{n-2}$, $n \geq 2$이다.

12 ①

(i) $x = 0$에서 특이점을 가지므로

해의 형태는 $y(x) = \sum_{m=0}^{\infty} a_m x^{m+r}$이다.

(ii) $x^2 y'' + x \cdot \dfrac{2-x}{3} y' - \dfrac{x}{3} y = 0$에서

$p(x) = \dfrac{2-x}{3}$, $q(x) = -\dfrac{x}{3}$라 하면 결정방정식은

$r(r-1) + p(0)r + q(0) = 0$

$\Rightarrow r^2 - \dfrac{1}{3}r = 0 \Rightarrow 3r^2 - r = 0$이다.

즉, (가), (나)가 바르게 짝지어진 것은 ①이다.

07. 연립미분방정식과 상평면

| 01 ③ | 02 ① | 03 ④ | 04 ① | 05 ② | 06 ③ | 07 ② | 08 ③ | 09 ① |

01 ③

$\begin{vmatrix} 2-\lambda & 1 \\ 1 & 2-\lambda \end{vmatrix} = \lambda^2 - 4\lambda + 3 = 0$에서 $\lambda = 1, 3$이다.

대응되는 고유벡터는 각각 $\begin{bmatrix} 1 \\ -1 \end{bmatrix}, \begin{bmatrix} 1 \\ 1 \end{bmatrix}$ 이므로

미분방정식의 해는

$\begin{bmatrix} y_1 \\ y_2 \end{bmatrix} = c_1 \begin{bmatrix} 1 \\ -1 \end{bmatrix} e^t + c_2 \begin{bmatrix} 1 \\ 1 \end{bmatrix} e^{3t}$ 이다.

초기 조건에 의해 $c_1 = -1, c_2 = 2$이므로 해는

$\begin{bmatrix} y_1 \\ y_2 \end{bmatrix} = -\begin{bmatrix} 1 \\ -1 \end{bmatrix} e^t + 2\begin{bmatrix} 1 \\ 1 \end{bmatrix} e^{3t}$ 이다. 따라서

$y_1(1) + y_2(1) = (-e + 2e^3) + (e + 2e^3) = 4e^3$ 이다.

다른 풀이

$\begin{cases} y_1' = 2y_1 + y_2 \\ y_2' = y_1 + 2y_2 \end{cases} \Leftrightarrow \begin{cases} (D-2)y_1 - y_2 = 0 \\ -y_1 + (D-2)y_2 = 0 \end{cases}$

$\Rightarrow \begin{cases} (D-2)y_1 - y_2 = 0 \\ -(D-2)y_1 + (D-2)^2 y_2 = 0 \end{cases}$

$\Rightarrow (D^2 - 4D + 3)y_2 = 0$이므로

$y_2 = c_1 e^x + c_2 e^{3x}$ 이고

$y_1 = y_2' - 2y_2$
$= (c_1 e^x + 3c_2 e^{3x}) - 2(c_1 e^x + c_2 e^{3x})$
$= -c_1 e^x + c_2 e^{3x}$ 이다.

초기 조건 $y_1(0) = 1, y_2(0) = 3$을 대입하면
$c_1 = 1, c_2 = 2$ 이므로
$y_1 = -e^x + 2e^{3x}, y_2 = e^x + 2e^{3x}$ 이다.
그러므로 $y_1(1) + y_2(1) = 4e^3$ 이다.

02 ①

$x' = 3x - 18y, \ y' = 2x - 9y$
$\Leftrightarrow (D-3)x + 18y = 0, \ -2x + (D+9)y = 0$
$\Rightarrow 2(D-3)x + 36y = 0, \ -2(D-3)x + (D-3)(D+9)y = 0$이므로
$\{D^2 + 6D + 9\}y = 0 \Leftrightarrow (D+3)^2 y = 0$이고
$y = c_1 e^{-3t} + c_2 t e^{-3t}$ 이다.
초기 조건 $y(0) = 1$을 대입하면 $c_1 = 1$이므로
$y(t) = e^{-3t} + c_2 t e^{-3t}$ 이다.
또한, $x(t) = \frac{1}{2}(y' + 9y) = \frac{1}{2}\{(6+c_2)e^{-3t} + 6c_2 t e^{-3t}\}$이고
$x(0) = 1$을 대입하면 $c_2 = -4$이므로
$x(t) = e^{-3t} - 12te^{-3t}, \ y(t) = e^{-3t} - 4te^{-3t}$ 이다.
그러므로 구하고자 하는 값

$X(1) = \begin{pmatrix} e^{-3} - 12e^{-3} \\ e^{-3} - 4e^{-3} \end{pmatrix} = \begin{pmatrix} -11e^{-3} \\ -3e^{-3} \end{pmatrix}$ 이다.

03 ④

$\dfrac{dx}{dt} = -7x + 2y, \ \dfrac{dy}{dt} = -12x + 7y$

$\Leftrightarrow \begin{pmatrix} x' \\ y' \end{pmatrix} = \begin{pmatrix} -7 & 2 \\ -12 & 7 \end{pmatrix} \begin{pmatrix} x \\ y \end{pmatrix}$ 일 때,

$\begin{vmatrix} -7-\lambda & 2 \\ -12 & 7-\lambda \end{vmatrix} = \lambda^2 - 25 = (\lambda+5)(\lambda-5)$ 이다.

(i) $\lambda = 5$ 일 때,

$\begin{pmatrix} -12 & 2 \\ -12 & 2 \end{pmatrix} \begin{pmatrix} x \\ y \end{pmatrix} = \begin{pmatrix} 0 \\ 0 \end{pmatrix} \Leftrightarrow -12x + 2y = 0$ 이므로

고유벡터는 $\begin{pmatrix} 1 \\ 6 \end{pmatrix}$ 이다.

(ii) $\lambda = -5$ 일 때,

$\begin{pmatrix} -2 & 2 \\ -12 & 12 \end{pmatrix} \begin{pmatrix} x \\ y \end{pmatrix} = \begin{pmatrix} 0 \\ 0 \end{pmatrix} \Leftrightarrow -2x + 2y = 0$ 이므로

고유벡터는 $\begin{pmatrix} 1 \\ 1 \end{pmatrix}$ 이다.

즉, $\begin{pmatrix} x(t) \\ y(t) \end{pmatrix} = c_1 \begin{pmatrix} 1 \\ 6 \end{pmatrix} e^{5t} + c_2 \begin{pmatrix} 1 \\ 1 \end{pmatrix} e^{-5t}$ 이다.

또한 초기 조건 $x(0) = 2021, y(0) = 1.08$을 대입했을 때, $c_1 \neq 0$ 이므로

$\lim_{t \to \infty} \dfrac{y(t)}{x(t)} = \lim_{t \to \infty} \dfrac{6c_1 e^{5t} + c_2 e^{-5t}}{c_1 e^{5t} + c_2 e^{-5t}} = 6$ 이다.

04 ①

$\begin{cases} x'(t) = y(t) \\ y'(t) = -x(t) - 2y(t) \end{cases}$ 이면

$x''(t) = -x(t) - 2x'(t) \Leftrightarrow x''(t) + 2x'(t) + x(t) = 0$이다.

$x''(t) + 2x'(t) + x(t) = 0$의 보조방정식이

$D^2 + 2D + 1 = 0 \Leftrightarrow (D+1)^2 = 0$이므로

$x(t) = c_1 e^{-t} + c_2 t e^{-t}$이고 $x(0) = 1$을 대입하면

$x(t) = e^{-t} + c_2 t e^{-t}$이다.

또한, $y(t) = x'(t) = -e^{-t} + c_2(e^{-t} - te^{-t})$이고

$y(0) = 2$를 대입하면 $c_2 = 3$이다.

따라서 $x(t) = e^{-t} + 3te^{-t}, \ y(t) = 2e^{-t} - 3te^{-t}$이고

$x(t) + y(t) = 3e^{-t}$이다.

그러므로 $x(2) + y(2) = 3e^{-2}$이다.

05 ②

$\begin{cases} 2x' + y' - 2x = 1 \\ x' + y' - 3x - 3y = 2 \end{cases}$ 를 연립하면

$\begin{cases} x' = -x - 3y - 1 \\ y' = 4x + 6y + 3 \end{cases}$ 이다.

(i) $\begin{cases} x' = -x - 3y \\ y' = 4x + 6y \end{cases}$ 의 계수행렬 $A = \begin{pmatrix} -1 & -3 \\ 4 & 6 \end{pmatrix}$ 의

특성방정식 $\lambda^2 - 5\lambda + 6 = 0$ 의 고유치는

2, 3이고 대응하는 고유벡터는 $\begin{pmatrix} 1 \\ -1 \end{pmatrix}, \begin{pmatrix} 3 \\ -4 \end{pmatrix}$ 이다.

따라서 보조해는 $X_c = c_1 \begin{pmatrix} 1 \\ -1 \end{pmatrix} e^{2t} + c_2 \begin{pmatrix} 3 \\ -4 \end{pmatrix} e^{3t}$ 이다.

(ii) $X_p = \begin{pmatrix} A \\ B \end{pmatrix}$ 라 할 때,

$\begin{pmatrix} D+1 & 3 \\ -4 & D-6 \end{pmatrix} \begin{pmatrix} A \\ B \end{pmatrix} = \begin{pmatrix} -1 \\ 3 \end{pmatrix}$ 에서 크래머 공식을 이용하면

$A = \dfrac{\begin{vmatrix} -1 & 3 \\ 3 & D-6 \end{vmatrix}}{(D-2)(D-3)} = -\dfrac{1}{2}$

$B = \dfrac{\begin{vmatrix} D+1 & -1 \\ -4 & 3 \end{vmatrix}}{(D-2)(D-3)} = -\dfrac{1}{6}$ 이다.

즉, 일반해는 다음과 같다.

$X(t) = c_1 \begin{pmatrix} 1 \\ -1 \end{pmatrix} e^{2t} + c_2 \begin{pmatrix} 3 \\ -4 \end{pmatrix} e^{3t} + \begin{pmatrix} -\dfrac{1}{2} \\ -\dfrac{1}{6} \end{pmatrix}$

초기 조건에 의하여 $c_1 = \dfrac{5}{2}, c_2 = -\dfrac{2}{3}$ 이므로

$x(1) + y(1) = \dfrac{2}{3} e^3 - \dfrac{2}{3}$ 이다.

06 ③

$\begin{cases} y_1' = 4y_2 - 8\cos 4t \\ y_2' = -3y_1 - 9\sin 4t \end{cases}$

$\Leftrightarrow \begin{cases} Dy_1 - 4y_2 = -8\cos 4t \\ 3y_1 + Dy_2 = -9\sin 4t \end{cases}$

$\Rightarrow \begin{cases} 3Dy_1 - 12y_2 = -24\cos 4t \\ 3Dy_1 + D^2 y_2 = -36\cos 4t \end{cases}$

에서 $(D^2 + 12)y_2 = -12\cos 4t$ 가 성립한다.

따라서 보조해는

$(y_2)_c = c_1 \cos\sqrt{12}\,t + c_2 \sin\sqrt{12}\,t$ 이다.

특수해는

$(y_2)_p = \dfrac{1}{D^2 + 12}\{-12\cos 4t\}$

$= -12 Re\left\{\dfrac{1}{D^2 + 12}\{e^{4it}\}\right\}$

$= -12 Re\left\{\dfrac{1}{-4}(\cos 4t + i\sin 4t)\right\}$

$= 3\cos 4t$ 이다.

$y_2 = c_1 \cos(\sqrt{12}\,t) + c_2 \sin(\sqrt{12}\,t) + 3\cos 4t$ 이고

$y_2(0) = 3$ 이므로 $c_1 = 0$ 이다.

그러므로 $y_2 = c_2 \sin(\sqrt{12}\,t) + 3\cos 4t$ 이고

$y_1 = \dfrac{1}{3}\{-y_2' - 9\sin 4t\}$

$= \dfrac{1}{3}\{-(\sqrt{12}\,c_2\cos(\sqrt{12}\,t) - 12\sin 4t) - 9\sin 4t\}$

$= \dfrac{1}{3}\{-\sqrt{12}\,c_2\cos(\sqrt{12}\,t) + 3\sin 4t\}$

$= -\dfrac{2\sqrt{3}}{3} c_2\cos(\sqrt{12}\,t) + \sin 4t$ 이다.

초기 조건 $y_1(0) = 0$ 을 대입하면 $c_2 = 0$ 이므로

$y_1 = \sin 4t$, $y_2 = 3\cos 4t$ 이다.

그러므로 $y_1\left(-\dfrac{\pi}{8}\right) + y_2\left(\dfrac{\pi}{8}\right) = -1$ 이다.

07 ②

k_1, k_2, k_3 는 제차계

$\begin{bmatrix} y_1' \\ y_2' \\ y_3' \end{bmatrix} = \begin{bmatrix} 1 & 2 & 0 \\ -1 & -1 & 1 \\ 3 & 2 & -2 \end{bmatrix} \begin{bmatrix} y_1 \\ y_2 \\ y_3 \end{bmatrix}$ 의 실고웃값이고

$\vec{p_1}, \vec{p_2}, \vec{p_3}$ 는 단위 고유벡터이다.

$A = \begin{bmatrix} 1 & 2 & 0 \\ -1 & -1 & 1 \\ 3 & 2 & -2 \end{bmatrix}$ 라 하면

$trA = -2$, $\det A = 2$ 이고

$C_{11} + C_{22} + C_{33} = (2-2) + (-2-0) + (-1+2) = -1$ 이므로

삼차방정식 근과 계수의 관계에 의해 특성방정식은

$\lambda^3 + 2\lambda^2 - \lambda - 2 = 0 \Rightarrow (\lambda^2 - 1)(\lambda + 2) = 0$ 에서

$\lambda = -2, -1, 1$ 이다.

$\vec{p_2}$ 는 $\lambda = -1$ 에 대응하는 고유벡터이므로

$A + I = \begin{bmatrix} 2 & 2 & 0 \\ -1 & 0 & 1 \\ 3 & 2 & -1 \end{bmatrix} \sim \begin{bmatrix} 1 & 1 & 0 \\ 0 & 1 & 1 \\ 0 & 0 & 0 \end{bmatrix}$ 이므로

$(A+I)v = \vec{0}$ 에서 $\vec{p_2} = \dfrac{1}{\sqrt{3}} \begin{bmatrix} 1 \\ -1 \\ 1 \end{bmatrix}$

$A - I = \begin{bmatrix} 0 & 2 & 0 \\ -1 & -2 & 1 \\ 3 & 2 & -3 \end{bmatrix} \sim \begin{bmatrix} 1 & 2 & -1 \\ 0 & 1 & 0 \\ 0 & 0 & 0 \end{bmatrix}$ 이므로 $\vec{p_3} = \dfrac{1}{\sqrt{2}} \begin{bmatrix} 1 \\ 0 \\ 1 \end{bmatrix}$,

$\therefore |\vec{p_2} \cdot \vec{p_3}| = \left| \dfrac{1}{\sqrt{2}} \cdot \dfrac{1}{\sqrt{3}} \begin{bmatrix} 1 \\ -1 \\ 1 \end{bmatrix} \cdot \begin{bmatrix} 1 \\ 0 \\ 1 \end{bmatrix} \right| = \dfrac{2}{\sqrt{6}}$

08 ③

$A = \begin{pmatrix} 7 & -1 & 6 \\ -10 & 4 & -12 \\ -2 & 1 & -1 \end{pmatrix}$

A의 고웃값은 2, 3, 5이고

대응 고유벡터는 $\begin{pmatrix} 1 \\ -1 \\ -1 \end{pmatrix}, \begin{pmatrix} 1 \\ -2 \\ -1 \end{pmatrix}, \begin{pmatrix} 3 \\ -6 \\ -2 \end{pmatrix}$ 이므로

해는

$\begin{pmatrix} x \\ y \\ z \end{pmatrix} = c_1 \begin{pmatrix} 1 \\ -1 \\ -1 \end{pmatrix} e^{2t} + c_2 \begin{pmatrix} 1 \\ -2 \\ -1 \end{pmatrix} e^{3t} + c_3 \begin{pmatrix} 3 \\ -6 \\ -2 \end{pmatrix} e^{5t}$ 꼴이다.

초기 조건 $\begin{pmatrix} x(0) \\ y(0) \\ z(0) \end{pmatrix} = \begin{pmatrix} -1 \\ 4 \\ 2 \end{pmatrix}$ 에 의해

$c_1 = 2, c_2 = -6, c_3 = 1$ 이다.

따라서 해는
$\begin{pmatrix} x \\ y \\ z \end{pmatrix} = 2 \begin{pmatrix} 1 \\ -1 \\ -1 \end{pmatrix} e^{2t} - 6 \begin{pmatrix} 1 \\ -2 \\ -1 \end{pmatrix} e^{3t} + 1 \begin{pmatrix} 3 \\ -6 \\ -2 \end{pmatrix} e^{5t}$ 이다.

$x(1) + y(1) + z(1) = -2e^2 + 12e^3 - 5e^5$ 이므로
$a + b + c + l + m + n = 15$ 이다.

09 ①

$F = -y_1 + y_2 - y_2^2 = 0$, $G = -y_1 - y_2 = 0$을 연립하면
임계점은 $(y_1, y_2) = (0, 0), (-2, 2)$이고
$A = \begin{pmatrix} F_{y_1} & F_{y_2} \\ G_{y_1} & G_{y_2} \end{pmatrix} = \begin{pmatrix} -1 & 1-2y_2 \\ -1 & -1 \end{pmatrix}$이다.

(i) $(0, 0)$일 때,

계수행렬 $A = \begin{pmatrix} -1 & 1 \\ -1 & -1 \end{pmatrix}$의 고윳값을 구하면 $\lambda = -1 \pm i$이다.

따라서 나선점을 갖고 안정적이다.

(ii) $(-2, 2)$일 때,

계수행렬 $A = \begin{pmatrix} -1 & -3 \\ -1 & -1 \end{pmatrix}$의 고윳값을 구하면 $\lambda = -1 \pm \sqrt{3}$ 이다.

따라서 안장점을 갖고 불안정하다.

08. 모델링

| 01 ③ | 02 ④ | 03 ③ | 04 ② | 05 ① | | | | | |

01 ③

$y_A(t) = 200e^{k_1 t}$, $y_B(t) = 200e^{k_2 t}$ 라 하면

$\frac{1}{2} = e^{120k_1}$ 에서 $k_1 = -\frac{\ln 2}{120}$ 이므로

$y_A(t) = 200e^{-\frac{\ln 2}{120}t}$ 이다.

$\frac{1}{2} = e^{180k_2}$ 에서 $k_2 = -\frac{\ln 2}{180}$ 이므로

$y_B(t) = 200e^{-\frac{\ln 2}{180}t}$ 이다.

540시간 후의 양은 각각

$y_A(540) = 200e^{-\frac{9}{2}\ln 2}$, $y_B(540) = 200e^{-3\ln 2}$ 이므로

$\frac{y_A(540)}{y_B(540)} = \frac{e^{-\frac{9}{2}\ln 2}}{e^{-3\ln 2}} = 2^{-\frac{9}{2}+3} = 2^{-\frac{3}{2}} = \frac{1}{2\sqrt{2}}$ 이다.

02 ④

물체 A의 온도를 구하면 뉴턴의 냉각법칙에 의하여 다음과 같다.

$\frac{dT}{dt} = k(T+10)$ (단, k는 비례상수)

변수를 분리하여 양변을 적분하면

$\frac{dT}{T+10} = k dt$

$\Rightarrow \ln|T+10| = kt + c$

$\Rightarrow T = -10 + e^{kt+c} = -10 + Ce^{kt}$ ($e^c = C$)이다.

초기 온도가 $20\,°C$이므로

$T(0) = 20 = -10 + C$

$\therefore C = 30$

1분 후 물체 A의 온도는 $5\,°C$이므로

$T_A(1) = 5 = -10 + 30e^k$

$\therefore k = \ln\frac{1}{2}$

$\therefore T_A(2) = -10 + 30e^{2\ln\frac{1}{2}} = -\frac{5}{2}$

같은 방법으로 물체 B의 온도를 구하면

$T_B = -10 + 30e^{t\ln\frac{2}{3}}$ 이므로

$T_B(2) = -10 + 30e^{\ln\left(\frac{2}{3}\right)^2} = -10 + \frac{40}{3} = \frac{10}{3}$

$\therefore T_B - T_A = \frac{10}{3} + \frac{5}{2} = \frac{35}{6}$

03 ③

소금의 양을 $y(t)$라고 할 때,

$y'(t) = 5 - \frac{20}{100}y(t)$를 만족한다.

미분방정식 $y' + \frac{1}{5}y = 5$는 1계 선형미분방정식이므로

$y = e^{-\frac{1}{5}t}\left\{\int 5e^{\int \frac{1}{5}dt}dt + c\right\}$

$= e^{-\frac{1}{5}t}\left\{25e^{\frac{1}{5}t} + c\right\}$

$= 25 + ce^{-\frac{1}{5}t}$ 이다.

초기 조건 $y(0) = 20$을 대입하면 $c = -5$이므로 $y = 25 - 5e^{-\frac{1}{5}t}$이다.

또한 $\lim_{t\to\infty} y(t) = \lim_{t\to\infty} 25 - 5e^{-\frac{1}{5}t} = 25$이므로

극한값의 90%에 이르는 양은 $25 \times \frac{9}{10} = \frac{45}{2}$이다.

따라서 $\lim_{t\to\infty} y(t)$의 값에 90%에 이르는 데 걸리는 시간은 다음과 같다.

$25 - 5e^{-\frac{1}{5}t} = \frac{45}{2} \Leftrightarrow -5e^{-\frac{1}{5}t} = -\frac{5}{2}$

$\Leftrightarrow t = -5\ln\left(\frac{1}{2}\right) \Leftrightarrow t = 5\ln 2$

04 ②

t분 후 탱크 속의 소금의 양을 $S(t)$라 하면

초기 소금의 양: $S(0) = 800$,

소금의 분당 유입량: $3 \times 8 = 24$,

소금의 분당 유출량: $\frac{S(t)}{200} \times 8 = \frac{1}{25}S(t)$이다.

$S'(t) = 24 - \frac{1}{25}S(t)$, $S(0) = 800$

$\Leftrightarrow S'(t) + \frac{1}{25}S(t) = 24$, $S(0) = 800$이다.

이것은 1계 비제차 선형미분방정식이고, 일반해는 다음과 같다.

$S(t) = e^{-\int \frac{1}{25}dt}\left[\int 24e^{\int \frac{1}{25}dt}dt + c\right]$

$= e^{-\frac{1}{25}t}\left[24\int e^{\frac{1}{25}t}dt + c\right]$

$= e^{-\frac{1}{25}t}\left(24 \times 25 e^{\frac{1}{25}t} + c\right)$

$= 600 + ce^{-\frac{1}{25}t}$ 이다.

여기에 초기 조건 $S(0) = 800$을 대입하면

$600 + c = 800 \Rightarrow c = 200$을 얻는다.

따라서 t분 후의 탱크 속의 소금의 양은

$S(t) = 600 + 200e^{-\frac{1}{25}t}$ 이고,

$S(t) = 600 + 200e^{-\frac{1}{25}t} \xrightarrow[t \to \infty]{} 600$ 이다.

따라서 보기 중 옳은 것은 ②이다.

05 ①

문제를 모델링하면

$A' = 0.5 \cdot 5 - \dfrac{5A}{100}$

$B' = \dfrac{5A}{100} - \dfrac{5B}{150}$

$A(0) = 20$, $B(0) = 90$ 이다.

(i) $A' = 2.5 - \dfrac{A}{20}$

$\Rightarrow A' + \dfrac{1}{20}A = 2.5$

$\Rightarrow A = e^{-\int \frac{1}{20}dt}\left[\int 2.5 e^{\int \frac{1}{20}dt}dt + C\right]$

$\quad = e^{-\frac{t}{20}}\left(50e^{\frac{t}{20}} + C\right)$

$A(0) = 20$이므로 $C = -30$이다.

$\therefore A(t) = 50 - 30e^{-\frac{t}{20}}$

(ii) $B' + \dfrac{1}{30}B = \dfrac{1}{20}A = 2.5 - 1.5e^{-\frac{t}{20}}$

$\Rightarrow B = e^{-\int \frac{1}{30}dt}\left[\int \left(2.5 - 1.5e^{-\frac{t}{20}}\right)e^{\int \frac{1}{30}dt}dt + C\right]$

$\quad = e^{-\frac{t}{30}}\left[\int \left(2.5e^{\frac{t}{30}} - 1.5e^{-\frac{t}{60}}\right)dt + C\right]$

$\quad = e^{-\frac{t}{30}}\left(75e^{\frac{t}{30}} + 90e^{-\frac{t}{60}} + C\right)$

$\quad = 75 + 90e^{-\frac{t}{20}} + Ce^{-\frac{t}{30}}$

$B(0) = 90$이므로 $C = -75$이다.

$\therefore B(t) = 75 + 90e^{-\frac{t}{20}} - 75e^{-\frac{t}{30}}$

09. 라플라스 변환

01 ④	02 ③	03 ②	04 ④	05 ④	06 ②	07 ③	08 ③	09 ④	10 ③
11 ②	12 ③	13 ④	14 ①	15 ③	16 ②	17 ③	18 ②	19 ②	20 ④
21 ②									

01 ④

$$\begin{aligned}\mathcal{L}\{f(t)\} &= \mathcal{L}\{5e^{-2t}-3\sin 4t\} \\ &= 5\cdot\frac{1}{s+2}-3\cdot\frac{4}{s^2+16} \\ &= \frac{5}{s+2}-\frac{12}{s^2+16}\text{이므로}\end{aligned}$$

$a+b+c+d = -2+5+16+12 = 31$이다.

02 ③

$$\begin{aligned}f(t) &= \mathcal{L}^{-1}\left[\frac{3s+5}{s^2+2s-3}\right] \\ &= \mathcal{L}^{-1}\left[\frac{3s+5}{(s+3)(s-1)}\right] \\ &= \mathcal{L}^{-1}\left[\frac{1}{s+3}+\frac{2}{s-1}\right] \\ &= e^{-3t}+2e^t\text{이므로}\end{aligned}$$

$f(\ln 2) = e^{-3\ln 2}+2e^{\ln 2} = \frac{1}{8}+4 = \frac{33}{8}$이다.

03 ②

$$\begin{aligned}\mathcal{L}^{-1}\left\{\frac{3s+4\sqrt{5}}{s^2+5}\right\} &= 3\mathcal{L}^{-1}\left\{\frac{s}{s^2+(\sqrt{5})^2}\right\}+4\mathcal{L}^{-1}\left\{\frac{\sqrt{5}}{s^2+(\sqrt{5})^2}\right\} \\ &= 3\cos\sqrt{5}t+4\sin\sqrt{5}t \\ &= 5\sin(\sqrt{5}t+\gamma)\end{aligned}$$

$\therefore \alpha=5,\ \beta=\frac{2\pi}{\sqrt{5}}$에서 $\alpha\beta^2=4\pi^2$이다.

04 ④

$$\begin{aligned}f(t) &= \mathcal{L}^{-1}\left\{\frac{5s^2}{s^4+3s^2-4}\right\} \\ &= \mathcal{L}^{-1}\left\{\frac{5s^2}{(s^2+4)(s^2-1)}\right\} \\ &= \mathcal{L}^{-1}\left\{\frac{1}{s^2-1}+\frac{4}{s^2+4}\right\} \\ &= \sinh t+2\sin 2t\end{aligned}$$

$\therefore f(0)=0$

05 ④

$$\begin{aligned}f(t) &= \mathcal{L}^{-1}\{F(s)\} \\ &= \mathcal{L}^{-1}\{\ln(s^2+4)-2\ln s\} \\ &= -\frac{1}{t}\mathcal{L}^{-1}\left\{\frac{2s}{s^2+4}-\frac{2}{s}\right\} \\ &= -\frac{1}{t}\{2\cos 2t-2\}\end{aligned}$$

$\therefore f\left(\frac{\pi}{4}\right) = -\frac{1}{\frac{\pi}{4}}\left(2\cos\frac{\pi}{2}-2\right) = -\frac{4}{\pi}\times(-2) = \frac{8}{\pi}$

06 ②

$$\begin{aligned}F(s) &= \mathcal{L}\{e^{3t}\sinh t\} \\ &= [\mathcal{L}\{\sinh t\}]_{s-3} \\ &= \left[\frac{1}{s^2-1}\right]_{s-3} \\ &= \frac{1}{(s-3)^2-1} = \frac{1}{(s-4)(s-2)}\end{aligned}$$

$$\begin{aligned}G(s) &= \mathcal{L}\{t^2\sin 3t\} \\ &= (-1)^2\cdot\frac{d^2}{ds^2}\mathcal{L}\{\sin 3t\} \\ &= \frac{d^2}{ds^2}\left(\frac{3}{s^2+3^2}\right) = \frac{18s^2-54}{(s^2+9)^3}\end{aligned}$$

07 ③

$$\begin{aligned}\mathcal{L}\{e^{-t}t\cos 2t\} &= [\mathcal{L}\{t\cos 2t\}]_{s+1} \\ &= \left[(-1)\frac{d}{ds}\mathcal{L}\{\cos 2t\}\right]_{s+1} \\ &= -\left[\frac{d}{ds}\left(\frac{s}{s^2+4}\right)\right]_{s+1} \\ &= -\left[\frac{4-s^2}{(s^2+4)^2}\right]_{s+1} = -\frac{4-(s+1)^2}{\{(s+1)^2+4\}^2}\end{aligned}$$

$\therefore a=-1,\ b=2,\ c=-4,\ d=4,\ e=2$
$\therefore a+b+c+d+e = 3$

08 ③

$$\mathcal{L}\left(\frac{e^t - e^{-t}}{t}\right) = \int_s^\infty \mathcal{L}\{e^t - e^{-t}\} ds$$
$$= \int_s^\infty \frac{1}{s-1} - \frac{1}{s+1} ds$$
$$= [\ln(s-1) - \ln(s+1)]_s^\infty$$
$$= \left[\ln\left(\frac{s-1}{s+1}\right)\right]_s^\infty$$
$$= \ln 1 - \ln\left(\frac{s-1}{s+1}\right)$$
$$= \ln\left|\frac{s+1}{s-1}\right|$$

09 ④

$$F(s) = \mathcal{L}\{f(t)\} = \mathcal{L}\left\{\int_0^t \sin(2v) dv\right\} = \frac{1}{s}\mathcal{L}\{\sin(2t)\} = \frac{1}{s} \cdot \frac{2}{s^2+4}$$

이므로 $F(2) = \frac{1}{8}$ 이다.

10 ③

$$\mathcal{L}^{-1}\{F(s)\} = \mathcal{L}^{-1}\left\{\frac{e^{-3s}s}{s^2+4}\right\}$$
$$= \left[\mathcal{L}^{-1}\left\{\frac{s}{s^2+4}\right\}\right]_{t=t-3} u(t-3)$$
$$= [\cos 2t]_{t=t-3} u(t-3)$$
$$= \cos 2(t-3) u(t-3)$$
$$= \cos(2t-6) u(t-3)$$

11 ②

$$G(s) = \mathcal{L}\left\{e^{-2t}\cos\left(t - \frac{\pi}{6}\right)\right\}$$
$$= \mathcal{L}\left\{e^{-2t}\left(\frac{\sqrt{3}}{2}\cos t + \frac{1}{2}\sin t\right)\right\}$$
$$= \mathcal{L}\left\{\frac{\sqrt{3}}{2}\cos t + \frac{1}{2}\sin t\right\}_{s+2}$$
$$= \frac{\sqrt{3}}{2} \cdot \frac{s}{s^2+1} + \frac{1}{2} \cdot \frac{1}{s^2+1}\bigg|_{s+2}$$
$$= \frac{\sqrt{3}}{2} \cdot \frac{(s+2)}{(s+2)^2+1} + \frac{1}{2} \cdot \frac{1}{(s+2)^2+1}$$

$$\therefore G(-3) = \frac{\sqrt{3}}{2} \cdot \frac{-1}{2} + \frac{1}{2} \cdot \frac{1}{2} = \frac{1-\sqrt{3}}{4}$$

12 ③

$f(t) = \begin{cases} \sin t & 0 \leq t \leq \pi \\ 0 & t > \pi \end{cases}$ 을 단위계단함수를 이용하여 표현하면

$f(t) = \sin t - \sin t \, u(t - \pi)$ 이므로

$$\mathcal{L}\{f(t)\} = \mathcal{L}\{\sin t - \sin t \, u(t - \pi)\}$$
$$= \mathcal{L}\{\sin t\} - \mathcal{L}\{\sin t \, u(t-\pi)\}$$
$$= \mathcal{L}\{\sin t\} - \mathcal{L}\{\sin(t - \pi + \pi) u(t - \pi)\}$$
$$= \mathcal{L}\{\sin t\} - e^{-\pi s}\mathcal{L}\{\sin(t+\pi)\}$$
$$= \mathcal{L}\{\sin t\} + e^{-\pi s}\mathcal{L}\{\sin t\}$$
$$= \frac{1}{s^2+1} + e^{-\pi s}\frac{1}{s^2+1}$$
$$= \frac{1}{s^2+1}(1 + e^{-\pi s}) \text{이다.}$$

13 ④

$$f(t) = \mathcal{L}^{-1}\left\{\frac{s}{s^2+2s+5}e^{-\frac{\pi}{2}s}\right\}$$
$$= \mathcal{L}^{-1}\left\{\frac{s}{(s+1)^2+4}e^{-\frac{\pi}{2}s}\right\}$$
$$= \left[\mathcal{L}^{-1}\left\{\frac{s}{(s+1)^2+4}\right\}\right]_{t=t-\frac{\pi}{2}} u\left(t - \frac{\pi}{2}\right)$$
$$= \left[e^{-t}\mathcal{L}^{-1}\left\{\frac{s-1}{s^2+4}\right\}\right]_{t=t-\frac{\pi}{2}} u\left(t - \frac{\pi}{2}\right)$$
$$= \left[e^{-t}\left\{\cos 2t - \frac{1}{2}\sin 2t\right\}\right]_{t=t-\frac{\pi}{2}} u\left(t - \frac{\pi}{2}\right)$$

$$\therefore f(\pi) = \left[e^{-t}\left\{\cos 2t - \frac{1}{2}\sin 2t\right\}\right]_{t=\frac{\pi}{2}} u\left(\frac{\pi}{2}\right)$$
$$= e^{-\frac{\pi}{2}}\left\{\cos \pi - \frac{1}{2}\sin \pi\right\} = -e^{-\frac{\pi}{2}}$$

14 ①

$f(t) = f(t+2)$에서 $f(t)$의 주기가 2이므로

$$\mathcal{L}\{f(t)\} = \frac{\int_0^2 e^{-st} f(t) dt}{1 - e^{-2s}}$$
$$= \frac{\frac{1}{s}(1 - e^{-s})}{(1-e^{-s})(1+e^{-s})} = \frac{1}{s(1+e^{-s})} \text{이다.}$$

$$\left(\because \int_0^2 e^{-st} f(t) dt = \int_0^1 e^{-st} dt + \int_1^2 0 \cdot e^{-st} dt\right.$$
$$= \left[-\frac{1}{s}e^{-st}\right]_0^1$$
$$\left.= -\frac{1}{s}(e^{-s} - 1) = \frac{1}{s}(1 - e^{-s})\right)$$

15 ③

함수 $f(t)$는 주기가 p인 주기함수이므로

$f(t) = \frac{k}{p}t$ (단, $0 < t < p$)이다.

함수 $f(t)$의 라플라스 변환은 다음과 같다.

$$\mathcal{L}\{f(t)\} = \frac{\int_0^p f(t)e^{-st}dt}{1-e^{-ps}}$$

$$= \frac{\int_0^p \frac{k}{p}te^{-st}dt}{1-e^{-ps}}$$

$$= \frac{k}{p}\frac{\left[t\left(-\frac{1}{s}e^{-st}\right)-\left(\frac{1}{s^2}e^{-st}\right)\right]_0^p}{1-e^{-ps}}$$

$$= \frac{k}{p}\times\frac{-\frac{p}{s}e^{-sp}-\frac{1}{s^2}e^{-sp}+\frac{1}{s^2}}{1-e^{-ps}}$$

$$= \frac{k}{p}\times\left\{-\frac{pe^{-sp}}{s(1-e^{-ps})}+\frac{1}{s^2}\frac{1-e^{-sp}}{1-e^{-sp}}\right\}$$

$$= -\frac{ke^{-sp}}{s(1-e^{-ps})}+\frac{k}{ps^2}$$

함수 $g(t) = \begin{cases} 0, & 0<t<p \\ k, & p<t<2p \\ 2k, & 2p<t<2p \\ \vdots & \vdots \end{cases}$

$= 0U(t)+kU(t-p)+kU(t-2p)+kU(t-3p)+\cdots$
$= k\{U(t-p)+U(t-2p)+U(t-3p)+\cdots\}$ 이므로

함수 $g(t)$의 라플라스 변환은 다음과 같다.

$$\mathcal{L}\{g(t)\} = k\left[\frac{e^{-ps}}{s}+\frac{e^{-2ps}}{s}+\frac{e^{-3ps}}{s}+\cdots\right]$$

$$= \frac{k}{s}\left[\frac{e^{-ps}}{1-e^{-ps}}\right]$$

$$= \frac{ke^{-ps}}{s(1-e^{-ps})}$$

16 ②

$f(t)=t^2\sin t$ 라 할 때, $f(t)=t^2\sin t$ 의 라플라스 변환 $F(s)$는 다음과 같다.

$$F(s) = \int_0^\infty t^2\sin t\, e^{-st}dt$$

$$= \mathcal{L}\{t^2\sin t\}$$

$$= (-1)^2\frac{d^2}{ds^2}\mathcal{L}\{\sin t\}$$

이때,

$\frac{d^2}{ds^2}\mathcal{L}\{\sin t\} = \frac{d^2}{ds^2}\left(\frac{1}{s^2+1}\right) = \frac{6s^2-2}{(s^2+1)^3}$ 이므로

$F(s) = \frac{6s^2-2}{(s^2+1)^3}$ 이다.

$\therefore \int_0^\infty t^2\sin t\, e^{-t}dt = F(1) = \frac{1}{2}$ 이다.

17 ③

양변에 라플라스 변환을 취하면

$$\int_0^x e^{x-t}f(t)dt + f(x) = xe^x$$

$$\mathcal{L}\left\{\int_0^x e^{x-t}f(t)dt + f(x)\right\} = \mathcal{L}\{xe^x\}$$

$\Leftrightarrow \mathcal{L}\left\{\int_0^x e^{x-t}f(t)dt\right\} + \mathcal{L}\{f(x)\} = \mathcal{L}\{xe^x\}$

$\Leftrightarrow \mathcal{L}\{e^x * f(x)\} + \mathcal{L}\{f(x)\} = \mathcal{L}\{xe^x\}$

$\Leftrightarrow \mathcal{L}\{e^x\}\mathcal{L}\{f(x)\} + \mathcal{L}\{f(x)\} = \mathcal{L}\{xe^x\}$

$\Leftrightarrow (\mathcal{L}\{e^x\}+1)\mathcal{L}\{f(x)\} = \mathcal{L}\{xe^x\}$

$\Leftrightarrow \left(\frac{1}{s-1}+1\right)\mathcal{L}\{f(x)\} = [\mathcal{L}\{x\}]_{s=s-1}$

$\Leftrightarrow \frac{s}{s-1}\mathcal{L}\{f(x)\} = \left[\frac{1}{s^2}\right]_{s=s-1}$

$\Leftrightarrow \frac{s}{s-1}\mathcal{L}\{f(x)\} = \frac{1}{(s-1)^2}$

$\Leftrightarrow \mathcal{L}\{f(x)\} = \frac{1}{s(s-1)}$ 이므로

$f(x) = \mathcal{L}^{-1}\left\{\frac{1}{s(s-1)}\right\}$ 이다.

즉, $f(x) = \mathcal{L}^{-1}\left\{\frac{-1}{s}+\frac{1}{s-1}\right\}$

$\Leftrightarrow f(x) = -1+e^x$ 이다.

그러므로 $f(\ln 2) = -1+e^{\ln 2} = -1+2 = 1$이다.

18 ②

양변에 라플라스 변환을 취하면

$$y(t) - \int_0^t y(\tau)\sin(t-\tau)d\tau = t$$

$\mathcal{L}\{y(t)\} - \mathcal{L}\left\{\int_0^t y(\tau)\sin(t-\tau)d\tau\right\} = \mathcal{L}\{t\}$

$\Leftrightarrow \mathcal{L}\{y(t)\} - \mathcal{L}\{y(t)*\sin t\} = \mathcal{L}\{t\}$

$\Leftrightarrow \mathcal{L}\{y(t)\} - \mathcal{L}\{y(t)\}\mathcal{L}\{\sin t\} = \frac{1}{s^2}$

$\Leftrightarrow \mathcal{L}\{y(t)\} - \mathcal{L}\{y(t)\}\frac{1}{s^2+1} = \frac{1}{s^2}$

$\Leftrightarrow \mathcal{L}\{y(t)\}\left(1-\frac{1}{s^2+1}\right) = \frac{1}{s^2}$

$\Leftrightarrow \mathcal{L}\{y(t)\}\left(\frac{s^2}{s^2+1}\right) = \frac{1}{s^2}$

$\Leftrightarrow \mathcal{L}\{y(t)\} = \frac{1}{s^2}+\frac{1}{s^4}$ 이다.

양변에 역 라플라스 변환을 취하면

$y(t) = \mathcal{L}^{-1}\left\{\frac{1}{s^2}+\frac{1}{s^4}\right\} \Leftrightarrow y(t) = t+\frac{1}{6}t^3$ 이다.

19 ②

$f(t) = \begin{cases} 0, & 0 \leq t < \pi \\ t-\pi, & t \geq \pi \end{cases} = (t-\pi)u(t-\pi)$ 이고

$\mathcal{L}\{y(t)\} = Y(s)$라 하면 주어진 미분방정식의 라플라스 변환은 다음과 같다.

$\{s^2 Y(x) - sy(0) - y'(0)\} + Y(s) = \mathcal{L}\{(t-\pi)u(t-\pi)\}$

$\Rightarrow (s^2+1)Y(s) = \dfrac{e^{-\pi s}}{s^2}$

$\Rightarrow Y(s) = \dfrac{e^{-\pi s}}{s^2(s^2+1)} = \left(\dfrac{1}{s^2} - \dfrac{1}{s^2+1}\right)e^{-\pi s}$

$\therefore y(t) = \mathcal{L}^{-1}\{Y(s)\} - [(t-\pi) - \sin(t-\pi)]u(t-\pi)$

따라서 $y(3\pi) = 2\pi$ 이다.

20 ④

$Y = \mathcal{L}\{y\}$라 하고, $y'' + 16y = \delta(t-2\pi)$의 양변에 라플라스를 취하면 다음과 같다.

$s^2 Y - sy(0) - y'(0) + 16Y = e^{-2\pi s}$

따라서 $Y = \dfrac{e^{-2\pi s}}{s^2+16}$이다.

여기에 역변환을 취하면 다음과 같다.

$\begin{aligned} y(t) &= \mathcal{L}^{-1}\left\{\dfrac{e^{-2\pi s}}{s^2+16}\right\} \\ &= \mathcal{L}^{-1}\left\{\dfrac{1}{s^2+16}\right\}_{t-2\pi} \cdot u(t-2\pi) \\ &= \dfrac{1}{4}\sin 4(t-2\pi) \cdot u(t-2\pi) \\ &= \dfrac{1}{4}\sin 4t \cdot u(t-2\pi) \end{aligned}$

21 ②

$f(u) = \displaystyle\int_0^u e^{-\tau}\sinh(2\tau)\cos(u-\tau)d\tau$라 하면

$g(t) = \displaystyle\int_0^t f(u)du$이므로

$\begin{aligned} \mathcal{L}\{g(t)\} &= \mathcal{L}\left\{\int_0^t f(u)du\right\} \\ &= \dfrac{1}{s}\mathcal{L}\{f(t)\} \\ &= \dfrac{1}{s}\mathcal{L}\left\{\int_0^t e^{-\tau}\sinh(2\tau)\cos(t-\tau)d\tau\right\} \\ &= \dfrac{1}{s}\mathcal{L}\{e^{-t}\sinh(2t) * \cos t\} \\ &= \dfrac{1}{s}\mathcal{L}\{e^{-t}\sinh(2t)\}\mathcal{L}\{\cos t\} \\ &= \dfrac{1}{s}[\mathcal{L}\{\sinh(2t)\}]_{s=s+1}\dfrac{s}{s^2+1} \\ &= \dfrac{1}{s}\left[\dfrac{2}{s^2-4}\right]_{s=s+1}\dfrac{s}{s^2+1} \\ &= \dfrac{2}{s^2+2s-3}\dfrac{1}{s^2+1} = \dfrac{2}{(s-1)(s+3)(s^2+1)} \text{ 이다.} \end{aligned}$

10. 푸리에 급수·적분·변환

🔍 문제 p.247

| 01 ④ | 02 ① | 03 ② | 04 ② | 05 ① | 06 ② | | | |

01 ④

$f(x) = 2x^2$은 우함수이고 주기가 2π이므로

(ⅰ) $a_0 = \dfrac{1}{\pi} \int_{-\pi}^{\pi} f(x) dx = \dfrac{2}{\pi} \int_{0}^{\pi} 2x^2 dx = \dfrac{4}{3}\pi^2$

(ⅱ) $a_n = \dfrac{1}{\pi} \int_{-\pi}^{\pi} f(x) \cos(nx) dx$

$= \dfrac{1}{\pi} \int_{-\pi}^{\pi} 2x^2 \cos(nx) dx$

$= \dfrac{4}{\pi} \int_{0}^{\pi} x^2 \cos(nx) dx$

$= \dfrac{4}{\pi} \left[x^2 \left(\dfrac{1}{n}\sin nx\right) - 2x\left(-\dfrac{1}{n^2}\cos nx\right) + 2\left(-\dfrac{1}{n^3}\sin nx\right) \right]_0^{\pi}$

$= \dfrac{4}{\pi} \times \dfrac{2\pi}{n^2} \cos n\pi = \dfrac{(-1)^n 8}{n^2}$ 이다.

$\therefore f(x) = \dfrac{a_0}{2} + \sum_{n=1}^{\infty} a_n \cos(nx)$

$= \dfrac{2}{3}\pi^2 + \sum_{n=1}^{\infty} (-1)^n \dfrac{8}{n^2} \cos nx$

$= \dfrac{2}{3}\pi^2 - 8\left(\cos x - \dfrac{1}{4}\cos 2x + \dfrac{1}{9}\cos 3x - \cdots \right)$

02 ①

(ⅰ) $a_n = \int_{-1}^{1} f(x) \cos n\pi x \, dx$

$= \int_{-1}^{1} (x+5) \cos n\pi x \, dx$

$= \int_{-1}^{1} x \cos n\pi x + 5\cos n\pi x \, dx$

$= 2\int_{0}^{1} 5 \cos n\pi x \, dx$

($\because x\cos n\pi x$: 기함수, $5\cos n\pi x$: 우함수)

$= \dfrac{10}{n\pi} [\sin n\pi x]_0^1 = 0$

(ⅱ) $b_n = \int_{-1}^{1} f(x) \sin n\pi x \, dx$

$= \int_{-1}^{1} (x+5) \sin n\pi x \, dx$

$= \int_{-1}^{1} x \sin n\pi x + 5 \sin n\pi x \, dx$

$= 2 \int_{0}^{1} x \sin n\pi x \, dx$

($\because 5\sin n\pi x$: 기함수, $x\sin n\pi x$: 우함수)

$= 2\left[\dfrac{-x}{n\pi}\cos n\pi x + \dfrac{1}{(n\pi)^2}\sin n\pi x \right]_0^1$

$= \dfrac{-2}{n\pi} \cos n\pi$

(ⅲ) $c_n = \dfrac{1}{2} \int_{-1}^{1} f(x) e^{-in\pi x} dx$

$= \dfrac{1}{2} \int_{-1}^{1} (x+5) e^{-in\pi x} dx$

$= \dfrac{1}{2} \int_{-1}^{1} (x+5)(\cos n\pi x - i \sin(n\pi x)) dx$

$= \dfrac{1}{2} \cdot 2 \int_{0}^{1} 5\cos n\pi x - ix \sin n\pi x \, dx$

$= \left[\dfrac{5}{n\pi}\sin(n\pi x) - i\left\{ \dfrac{-x}{n\pi}\cos n\pi x + \dfrac{1}{(n\pi)^2}\sin n\pi x \right\} \right]_0^1$

$= \dfrac{i}{n\pi} \cos n\pi$

따라서 $a_3 = 0$, $b_2 = -\dfrac{1}{\pi}$, $c_3 = -\dfrac{i}{3\pi}$ 이다.

$\therefore a_3 + b_2 + c_3 = \dfrac{-3-i}{3\pi}$

03 ②

구간 $(-\infty, \infty)$에서 정의되는 함수 $f(x)$가 기함수일 때, 푸리에 사인 적분은

$f(x) = \int_{0}^{\infty} B(\omega) \sin \omega x \, d\omega$, $B(\omega) = \dfrac{2}{\pi} \int_{0}^{\infty} f(x) \sin \omega x \, dx$ 이다.

$B(\omega) = \dfrac{2}{\pi} \int_{0}^{2} \sin \omega x \, dx$

$= \dfrac{2}{\pi} \left[-\dfrac{1}{\omega} \cos \omega x \right]_0^2$

$= \dfrac{2}{\pi} \left(-\dfrac{1}{\omega} \cos 2\omega + \dfrac{1}{\omega} \right)$

$= \dfrac{2}{\pi} \dfrac{1-\cos 2\omega}{\omega}$ 이므로

$f(x) = \int_{0}^{\infty} B(w) \sin wx \, dw = \dfrac{2}{\pi} \int_{0}^{\infty} \dfrac{1-\cos 2w}{w} \sin wx \, dw$ 이다.

04 ②

$f(x) = \dfrac{1}{\pi} \int_{0}^{\infty} [A(\alpha)\cos \alpha x + B(\alpha)\sin \alpha x] d\alpha$

(ⅰ) $A(\alpha) = \int_{0}^{\pi} \sin x \cos(\alpha x) dx$

$= \dfrac{1}{2} \int_{0}^{\pi} \{\sin(1+\alpha)x + \sin(1-\alpha)x\} dx$

$= -\dfrac{1}{2} \left[\dfrac{\cos(1+\alpha)x}{1+\alpha} + \dfrac{\cos(1-\alpha)x}{1-\alpha} \right]_0^{\pi}$

$= -\dfrac{1}{2} \left\{ \dfrac{\cos(1+\alpha)\pi}{1+\alpha} + \dfrac{\cos(1-\alpha)\pi}{1-\alpha} - \left(\dfrac{1}{1+\alpha} + \dfrac{1}{1-\alpha} \right) \right\}$

$= \dfrac{1}{2}(\cos \alpha\pi + 1)\left(\dfrac{1}{1+\alpha} + \dfrac{1}{1-\alpha} \right)$

$$= \frac{1+\cos\alpha\pi}{1-\alpha^2}$$

(ii) $B(\alpha) = \int_{-\infty}^{\infty} f(x)\sin(\alpha x)dx$

$$= \int_0^\pi \sin x \sin(\alpha x)dx$$

$$= -\frac{1}{2}\int_0^\pi \{\cos(1+\alpha)x - \cos(1-\alpha)x\}dx$$

$$= -\frac{1}{2}\left[\frac{\sin(1+\alpha)x}{1+\alpha} - \frac{\sin(1-\alpha)x}{1-\alpha}\right]_0^\pi$$

$$= -\frac{1}{2}\left\{\frac{\sin(1+\alpha)\pi}{1+\alpha} - \frac{\sin(1-\alpha)\pi}{1-\alpha}\right\}$$

$$= -\frac{1}{2}\left(-\frac{\sin\alpha\pi}{1+\alpha} - \frac{\sin\alpha\pi}{1-\alpha}\right)$$

$$= \frac{1}{2}\sin\alpha\pi\left(\frac{1}{1+\alpha} + \frac{1}{1-\alpha}\right)$$

$$= \frac{\sin\alpha\pi}{1-\alpha^2}$$

$\therefore A(\alpha) + B(\alpha) = \dfrac{1+\cos\alpha\pi + \sin\alpha\pi}{1-\alpha^2}$

05 ①

$\hat{f}(w) = \dfrac{1}{\sqrt{2\pi}} \int_{-\infty}^{\infty} f(x) e^{-iwx} dx$

$= \dfrac{1}{\sqrt{2\pi}} \int_{-1}^{1} e^{-iwx} x\, dx$

$= \dfrac{1}{\sqrt{2\pi}} \left[-\dfrac{x}{wi} e^{-iwx} + \dfrac{1}{w^2} e^{-iwx}\right]_{-1}^{1}$

($\because$ 부분적분)

$= \dfrac{1}{\sqrt{2\pi}} \left(-\dfrac{1}{wi} e^{-iw} + \dfrac{1}{w^2} e^{-iw} - \dfrac{1}{wi} e^{iw} - \dfrac{1}{w^2} e^{iw}\right)$

$= \dfrac{1}{\sqrt{2\pi}} \left\{-\dfrac{1}{wi}(e^{iw} + e^{-iw}) - \dfrac{1}{w^2}(e^{iw} - e^{-iw})\right\}$

$= \dfrac{1}{\sqrt{2\pi}} \left\{\dfrac{wi}{w^2}(e^{iw} + e^{-iw}) - \dfrac{1}{w^2}(e^{iw} - e^{-iw})\right\}$

$= \dfrac{1}{\sqrt{2\pi}} \left\{\dfrac{wi}{w^2}(2\cos w) - \dfrac{1}{w^2}(2i\sin w)\right\}$

($\because e^{iw} + e^{-iw} = 2\cos w,\ e^{iw} - e^{-iw} = 2i\sin w$)

$\therefore \hat{f}(w) = \sqrt{\dfrac{2}{\pi}} \dfrac{i}{w^2}(w\cos w - \sin w)$이다.

06 ②

$c_n = \dfrac{1}{2p} \int_{-p}^{p} f(x) e^{-\frac{in\pi x}{p}} dx$

$= \dfrac{1}{4} \int_{-2}^{2} f(x) e^{-\frac{in\pi x}{2}} dx$

$= \dfrac{1}{4} \int_{-2}^{2} f(x) \left\{\cos\left(\dfrac{-n\pi x}{2}\right) + i\sin\left(\dfrac{-n\pi x}{2}\right)\right\} dx$이고,

$f(x)$가 기함수이므로

$c_n = \dfrac{1}{2} \int_0^2 i\sin\left(\dfrac{-n\pi x}{2}\right) dx$

$= \dfrac{i}{2}\left[\dfrac{2}{n\pi}\cos\left(\dfrac{-n\pi x}{2}\right)\right]_0^2$

$= \dfrac{i}{n\pi}(\cos n\pi - 1) = \dfrac{i}{n\pi}\{(-1)^n - 1\}$이다.

$\therefore c_1 = -\dfrac{2}{\pi}i,\ c_2 = 0$

$\therefore |c_1| + |c_2| = \dfrac{2}{\pi}$